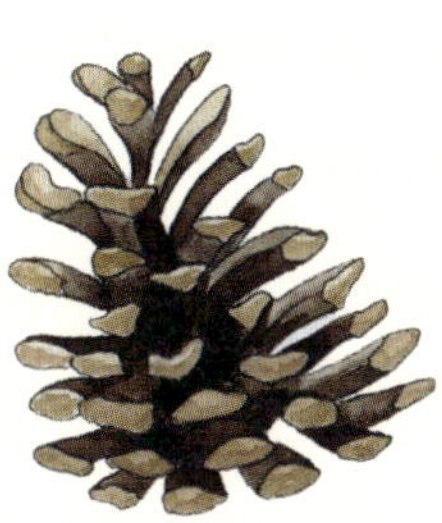

Watercolor
ZAUBERHAFTE BAUMHÄUSER

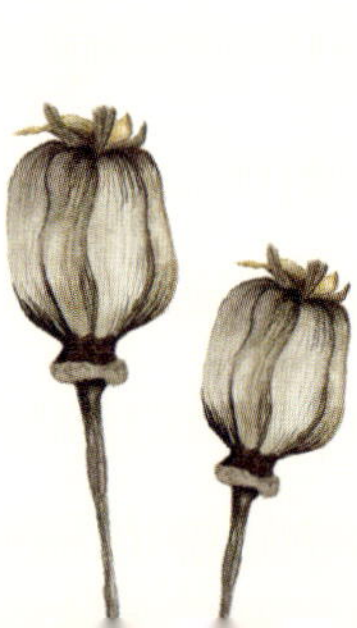

Victoria Florentina

Watercolor

ZAUBERHAFTE BAUMHÄUSER

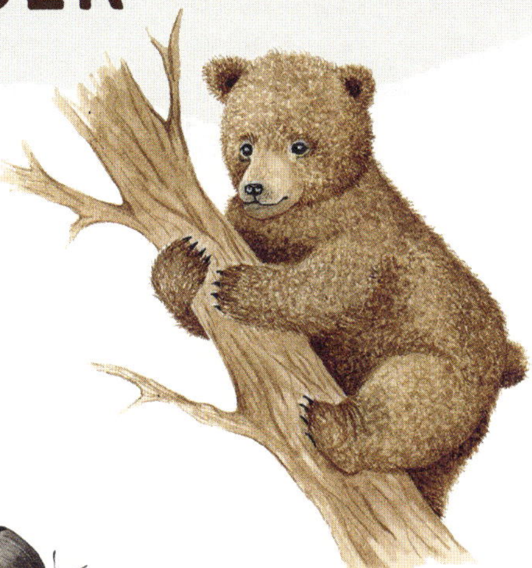

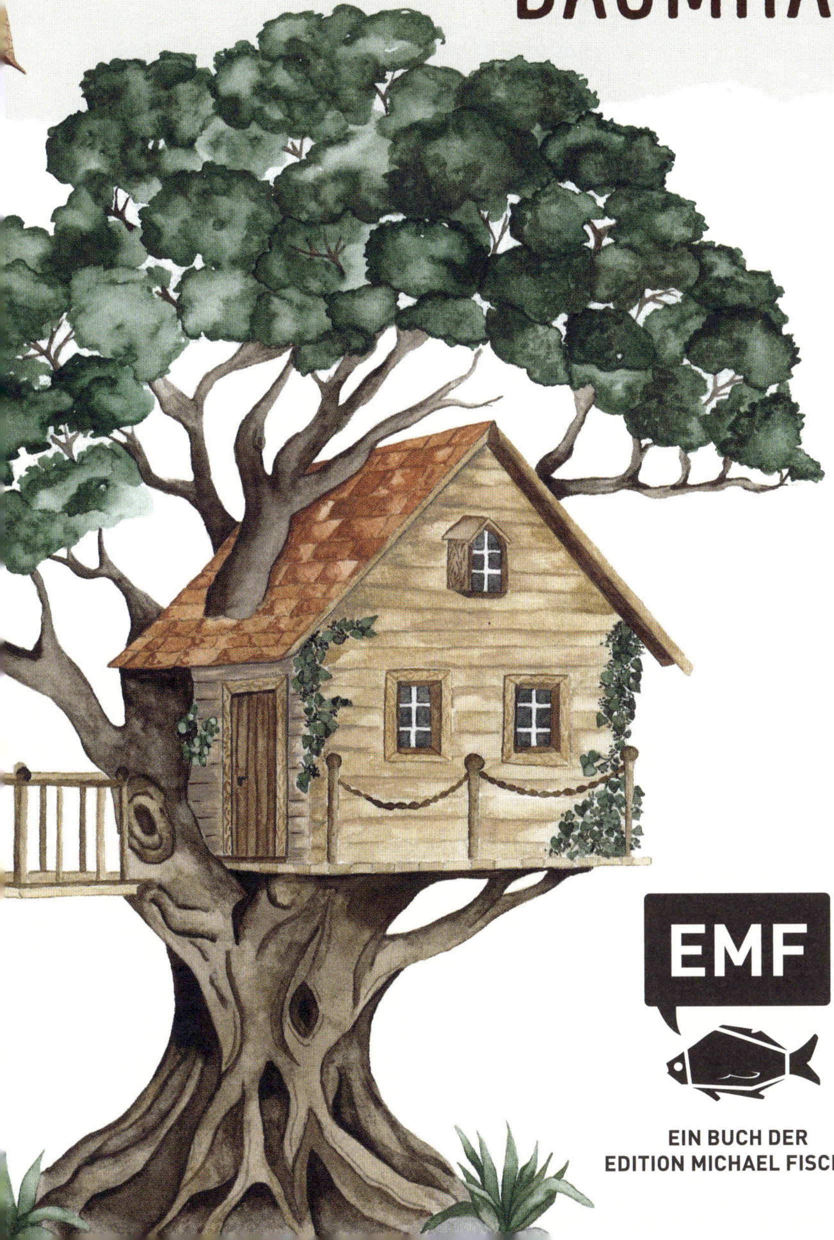

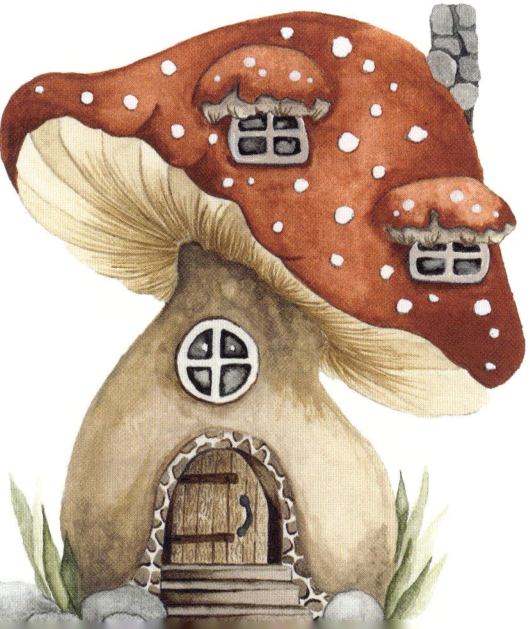

EMF

EIN BUCH DER
EDITION MICHAEL FISCHER

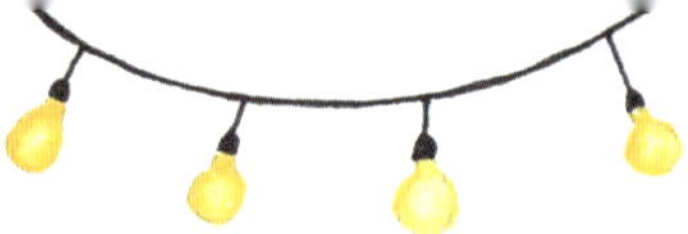

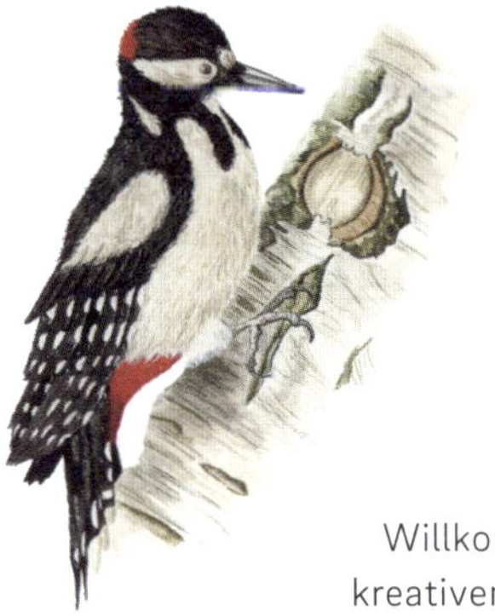

Inhalt

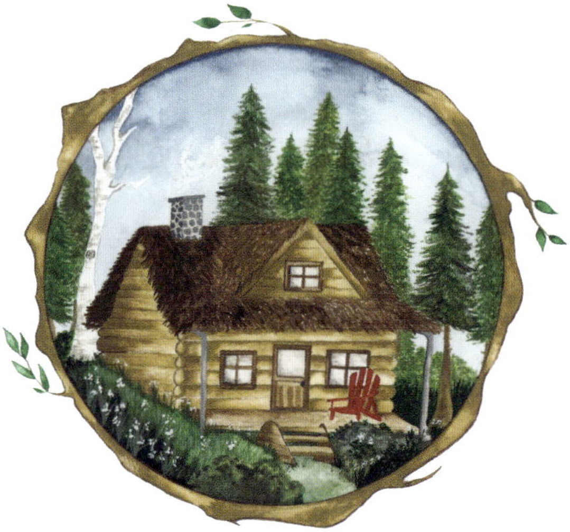

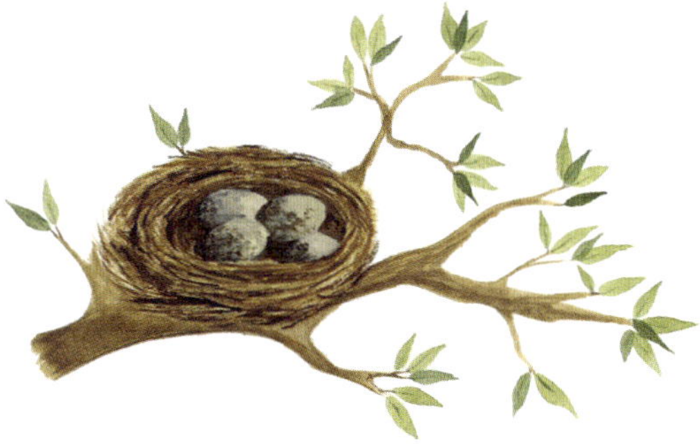

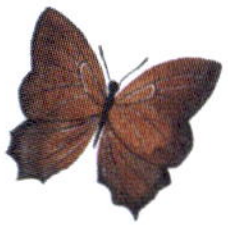

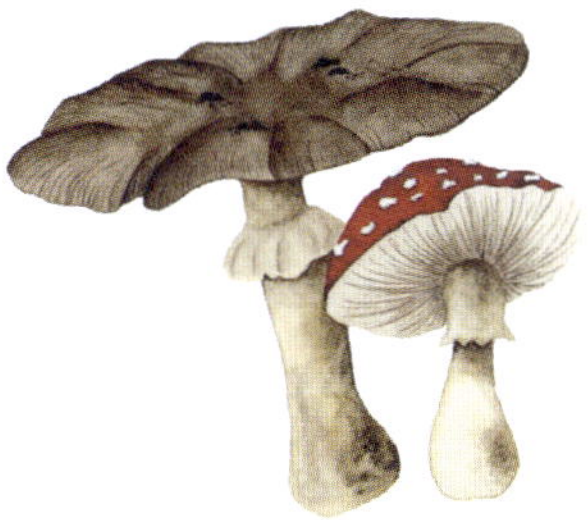

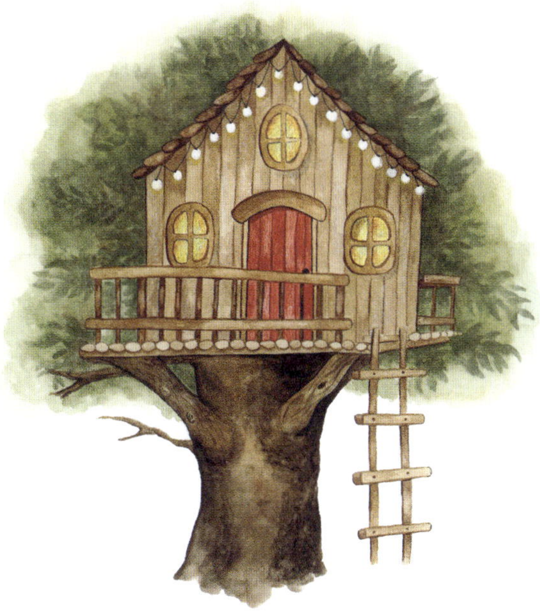

Willkommen

auf unserem kreativen Waldspaziergang!

Ich bin Victoria und könnte glücklicher und dankbarer nicht sein, denn ich darf nun schon mein zweites Kreativbuch verwirklichen. 2023 ging es mit „Hej. Skandi Watercolor“ in die wilde Welt von Zimtschnecken, Rentieren und Schwedenhäusern. Auch dieses Jahr tauchen wir wieder in die Natur ein. Genauer gesagt in den Wald, um die kleinen Wunder unserer Natur zu bestaunen und mit Pinselstrichen festzuhalten.

Was dich in diesem Buch erwartet

Dieses Buch ist pickepackevoll mit kreativen Ideen, Tipps & Tricks und natürlich vielen Step-by-Step-Anleitungen für ganz neue Watercolor-Motive. Dazu findest du im vorderen Teil des Buches Wissenshäppchen zu den wichtigsten Watercolor-Tools und wie man sie verwendet. Außerdem warten viele Übungen auf dich, um Techniken direkt anzuwenden.

Im praktischen Part begeben wir uns dann auf den kreativen Waldspaziergang und entdecken verwunschene Unterkünfte, Baumhäuser und niedliche Waldbewohner. Dazu findest du immer wieder Übungen, um deine Watercolor-Skills zu verbessern.

Von der Pinsel-Beginnerin bis zum Pinsel-Experten ist für jeden etwas dabei. Den Schwierigkeitsgrad eines Projektes kannst du auch immer an der Anzahl der Blätter-Icons ablesen.

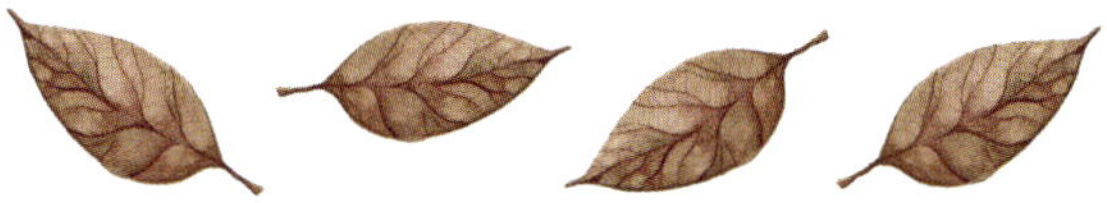

Mein Wunsch an dich

Es macht mich sehr glücklich, dass du mein Buch nun in den Händen hältst und bereit bist, in die wilde Welt des Watercolor einzusteigen! Hab also keine Angst vor einem weißen Aquarellblock, sondern freue dich darauf, ihn mit vielen bunten Pinselstrichen zu füllen. Daher wünsche ich dir auch an dieser Stelle wieder:

Genieße deine kreative Pause im Alltag, hab Spaß beim Ausprobieren und sei nicht so hart mit dir, wenn mal ein Motiv nicht gelingt wie geplant. Sei dankbar für die Zeit, die du dir und deiner Kreativität widmest.

Ich wünsche dir ganz viel Spaß beim Kreativsein!
Auf die Pinsel, fertig, los!

Deine

Victoria

Teile deine Watercolor-Bilder aus dem Buch mit dem Hashtag #watercolorbaumhausbuch. Ich bin schon ganz gespannt, deine Werke auf Instagram zu entdecken!

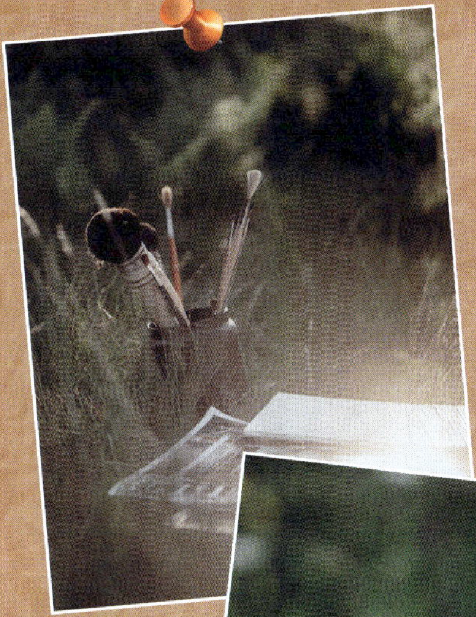

Baumhäuser lassen uns in luftiger Höhe Geborgenheit & Freiheit erleben. Man hört die Grillen zirpen, kann dem Vogelgezwitscher lauschen und unter freiem Himmel den Sternenhimmel bewundern.

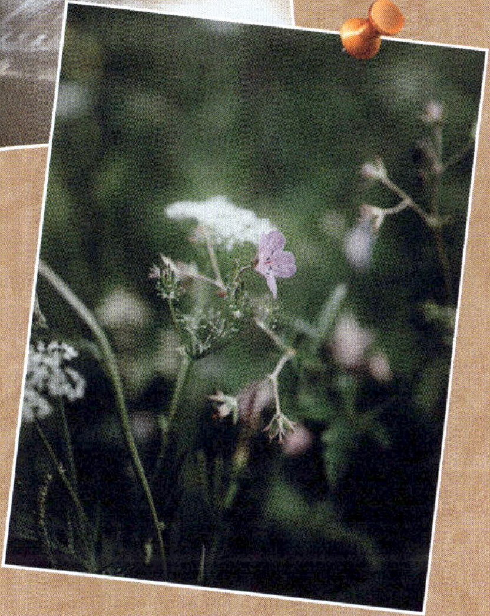

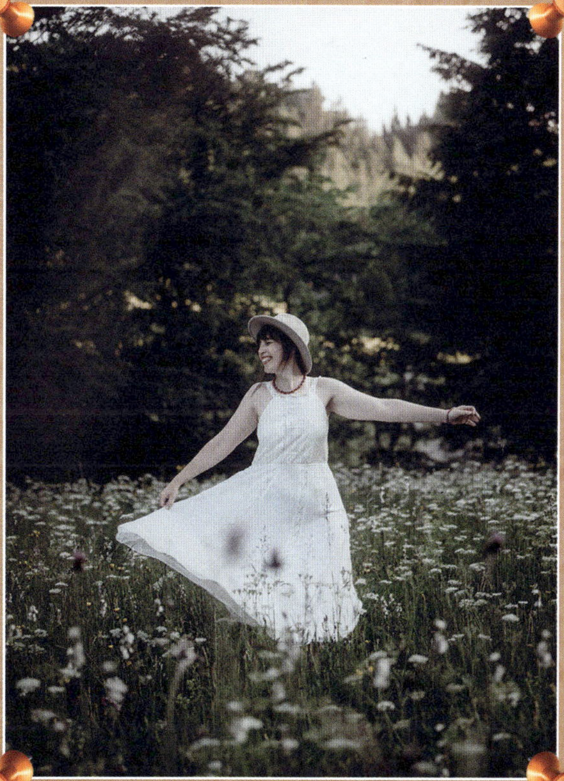

Mit dem Blick aus einem Baumhaus lässt sich alles aus einer anderen Perspektive betrachten.

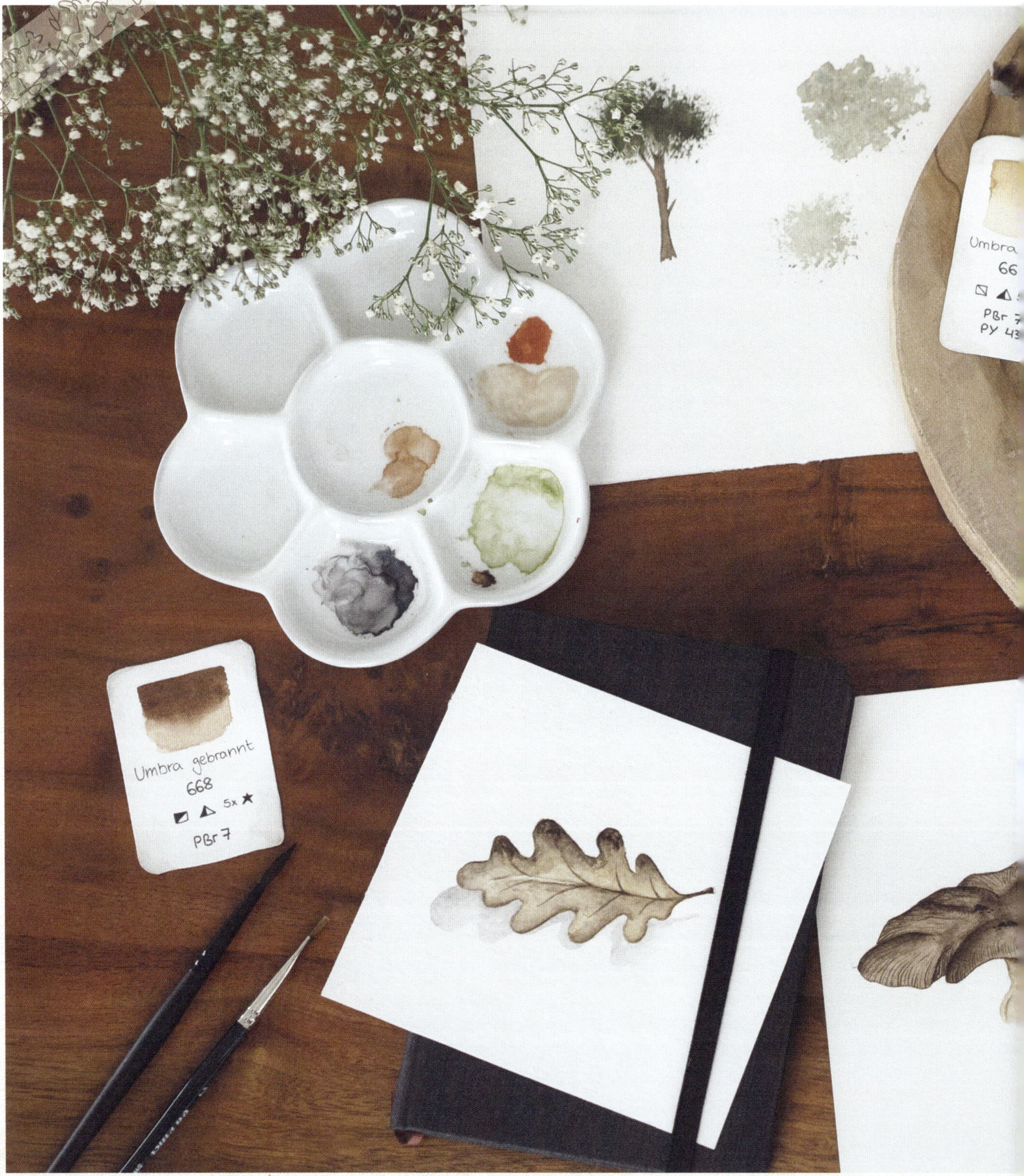
Umbra gebrannt
668
5x
PBr 7
Umbra

Grundlagen

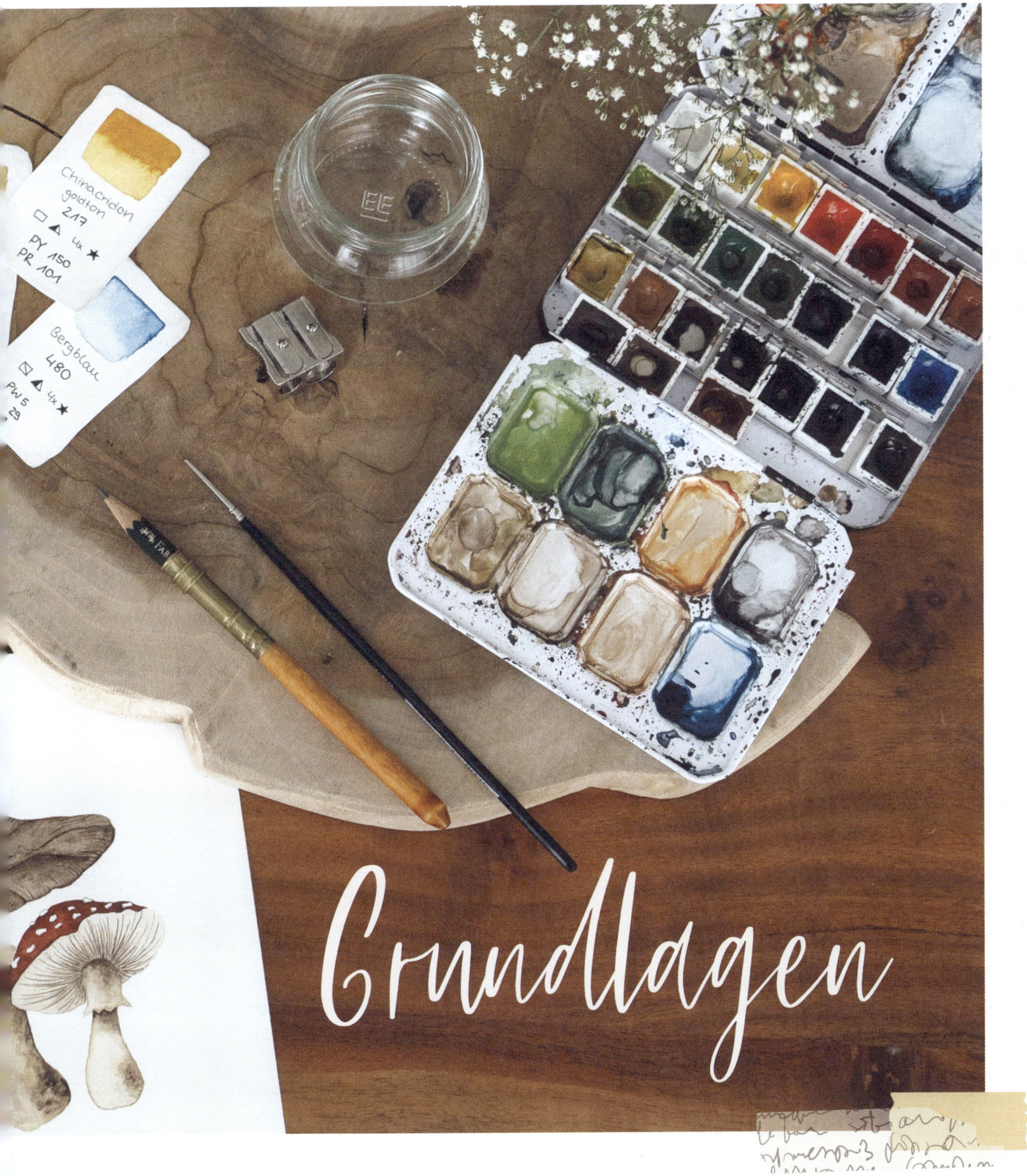

Watercolor

Was ist das und wie funktioniert es?

Herzlich willkommen in der wilden Welt des Watercolor! Es warten viele bunte Farbflecken, Pinselstriche und kunterbunte Aquarellpapiere auf dich. Bevor wir allerdings mit Materialempfehlungen und Pinseltechniken starten, möchte ich kurz Zeit finden, dir das Grundprinzip von Watercolor zu erklären. Denn mit der richtigen Basis macht das Kreativsein gleich doppelt Spaß. Los geht's!

DAS GRUNDPRINZIP

Von meinem Opa habe ich ein Buch aus den 70er-Jahren über die Aquarellmalerei vererbt bekommen. Natürlich haben sich Materialien und Stilrichtungen weiterentwickelt, aber das Grundprinzip ist immer noch dasselbe.

Ich beschreibe für mich das Grundprinzip als das Zusammenkommen der **drei magischen Ps**, die durch die Zugabe von Wasser zu wunderschönen Aquarellbildern werden.

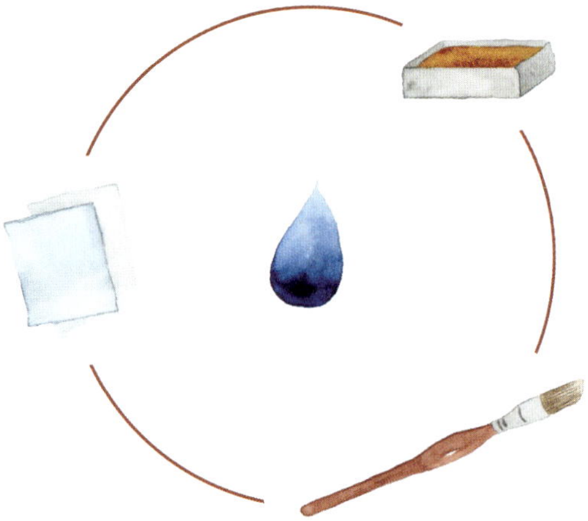

Um Aquarellmalerei zu betreiben, benötigt es drei Ps: **P**igmente, **P**insel und **P**apier. Das verbindende und essenzielle Element ist das Wasser. Es sorgt dafür, dass die Pigmente aufgeweckt (aktiviert) werden, mit dem Pinsel miteinander vermischt werden und anschließend auf dem Papier zusammenkommen.

WATERCOLOR

Jetzt fragst du dich bestimmt, warum ich über das Prinzip der Aquarellmalerei spreche, wenn es doch um Watercolor gehen soll. Beides beruht auf denselben Techniken und derselben Basis, nämlich wasserlösliche Farben. Die klassische Aquarellmalerei kommt dabei aus der Landschaftsmalerei oder wird zum Beispiel zum Malen eines Stilllebens verwendet. Das Watercoloring ist dabei vielmehr die moderne Interpretation zur Erstellung von kleinen Illustrationen.

Die Familie der wasserlöslichen Farben

Um dir noch mehr Kontext zur Welt der Farben zu geben, stelle ich dir die Familie der wasserlöslichen Farben vor:

> **Deckfarben** – der gute alte Wassermalkasten aus der Schule. Die Farben sind hier weniger pigmentiert als Aquarellfarben und weisen damit eine geringere Strahlkraft und Qualität auf.

> **Aquarellfarben** zeichnen sich durch ihre Transparenz aus. Mit nur wenigen Pinselstrichen können Farbverläufe und einfache Schattierungen gemalt werden.

> **Gouache** hat im Vergleich zur Aquarellfarbe eine deutlich höhere Deckkraft.

Der Reiz, mit wasserlöslichen Farben zu arbeiten, besteht darin, dass sich kein Bild reproduzieren lässt. Jeder Pinselstrich und jeder Farbverlauf ist einzigartig. Daher geht es auch nicht darum, ein exaktes Abbild einer Vorlage zu erschaffen, sondern frei und nach Lust und Laune sich dem Kreativsein hinzugeben. Wenn also ein Projekt aus diesem Buch bei dir auf dem Papier anders aussieht, dann ist das absolut normal. Außerdem entwickelt jeder einen eigenen Stil, und das ist doch ganz wunderbar.

Transparenz & Schnelligkeit

Beim Arbeiten mit wasserlöslichen Farben gibt es noch zwei Dinge zu beachten. Aquarellfarben sind grundsätzlich transparent. Das kann man sich vorstellen wie ein buntes Glas, durch das Sonnenlicht scheint. Denn auch das Tageslicht fällt durch die Farbschicht auf das Papier und wird reflektiert. Daneben gibt es Farben, die in ihrer Eigenschaft etwas deckender sind und die Transparenz mindern. Mehr dazu findest du im Kapitel „Kleine Pigmentkunde" ab Seite 12.

Außerdem ist es wichtig zu wissen, dass Aquarellfarbe zu trocknen beginnt, sobald sie aufgetragen wurde. Solange die Farbe glänzt, kannst du sie noch bewegen oder eine andere Farbe dazugeben. Um Flecken oder Streifen zu vermeiden, sollte man die Farbe anschließend im Trocknungsprozess nicht mehr stören. Das Arbeiten mit wasserlöslichen Farben zwingt uns also zu einem zügigen Arbeiten. Mehr dazu erfährst du auf Seite 16.

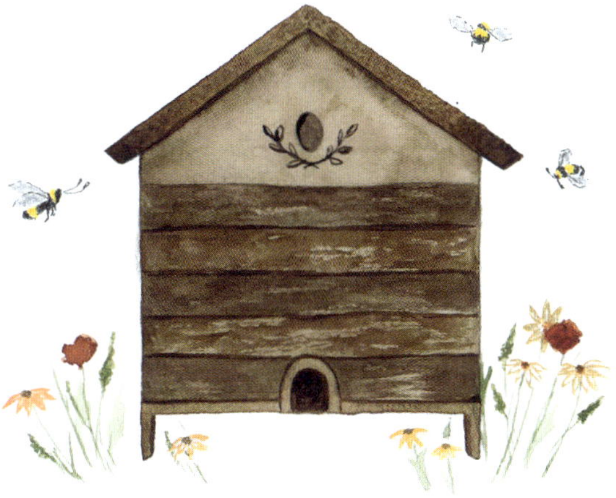

DER EIGENE STIL

Auch im Watercolor gibt es verschiedene Stilrichtungen. Die einen arbeiten lieber freier, im sogenannten „Loose-Stil", die anderen setzen auf mehr Details. Lass dich davon zu Beginn deiner Watercolor-Karriere nicht verunsichern. Da ich mich selber damit total verrückt gemacht habe, möchte ich dir mit gutem Gewissen mitgeben: Probiere dich durch unterschiedliche Materialien, male Vorlagen ab und teste verschiedene Techniken. Mit der Zeit wirst du herausfinden, welche Pinselstriche deine liebsten sind. Wenn du dein Material-Set-up, deine Motivwelt und deine eigene Farbpalette gefunden hast, kristallisiert sich ganz von allein dein eigener, individueller Watercolor-Stil heraus. Ich wünsche dir ganz viel Spaß beim Entdecken!

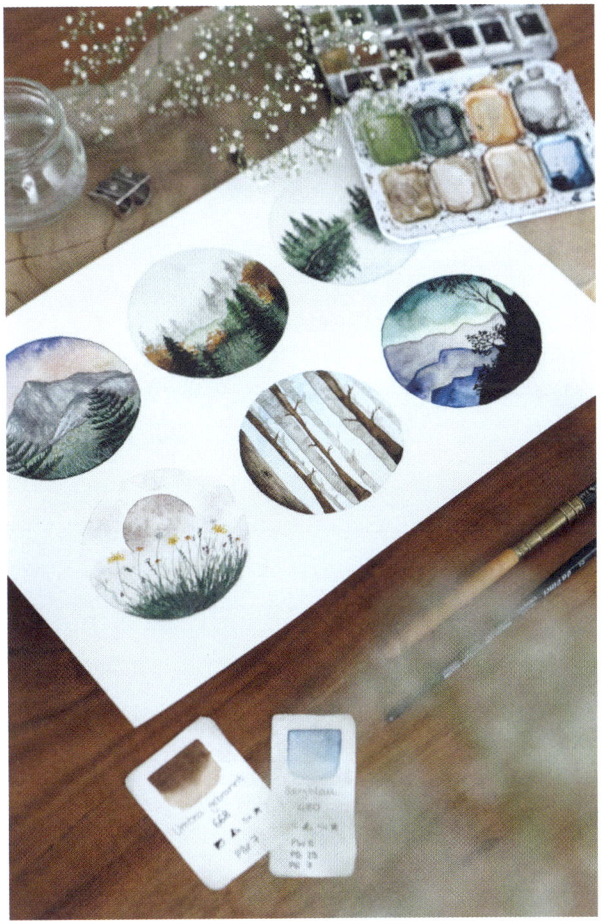

Kleine Pigmentkunde

So unterschiedlich wie wir alle sind, so unterschiedlich sehen auch unsere Aquarellkästen aus. Bei der Vielzahl an Farben, Herstellern und Möglichkeiten zum Mischen ist das kein Wunder! Allerdings kann bei den vielen verschiedenen Begriffen und Zeichen auf den Verpackungen die Welt der Farben auch schnell zur Welt der Fragezeichen werden. Damit das nicht passiert, findest du hier eine kleine Pigmentkunde mit allen Informationen, die du kennen solltest.

GUT ZU WISSEN

In einer Aquarellfarbe steckt nicht nur Pigmentpuder drin, sondern auch Bindemittel. Die Qualität, und damit auch der Preis, ist abhängig davon, woher das Pigment gewonnen wurde, wie fein das Pigmentpuder gemahlen ist und wie hoch der Anteil des Bindemittels ist.

LERNE DEINE FARBEN KENNEN

Farben bestehen aus Pigmenten. Dabei kann eine Aquarellfarbe aus einem Pigment hergestellt sein oder auch aus mehreren. Oftmals steckt ein bestimmtes Pigment in verschiedenen anderen Farbtönen drin. Wenn man also den Fokus auf Ein-Pigment-Farben in seinem Kasten legt, kann man sich viele weitere Töne selbst mischen und muss diese nicht zwingend als fertiges Näpfchen kaufen.

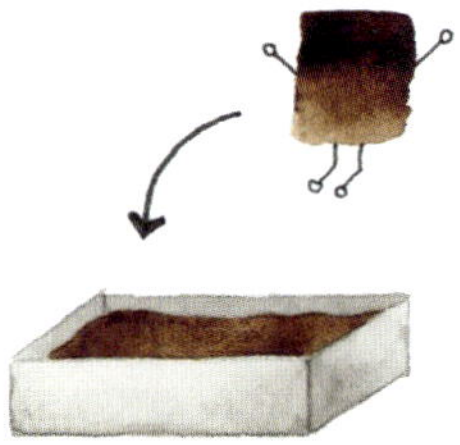

Ein-Pigment-Farbe (z. B. PBr7)

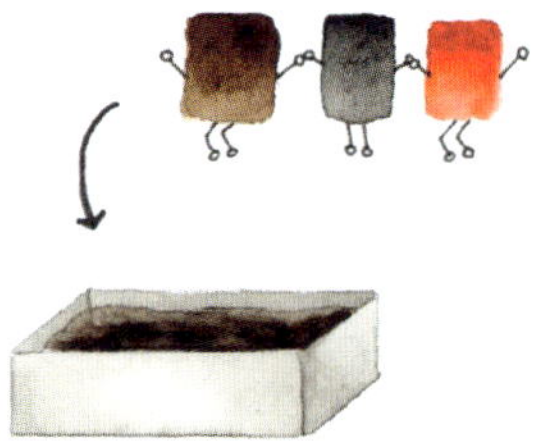

Mehr-Pigment-Farbe (z. B. PBr7, PBk 9, PR 242)

Jetzt fragst du dich sicher, was die Buchstaben und Zahlen bedeuten. Dies ist kein geheimer Code, sondern der Name des Pigments aus dem Color-Index-System. Dies ist ein internationaler Standard für Pigment- und Farbstoffbezeichnungen. Denn nur weil eine Farbe bei verschiedenen Herstellern den gleichen Namen hat, heißt das nicht, dass auch die gleichen Pigmente drin sind. Überprüfe daher beim Kauf kurz den Code. Ich zeige dir, wie er zu entschlüsseln ist:

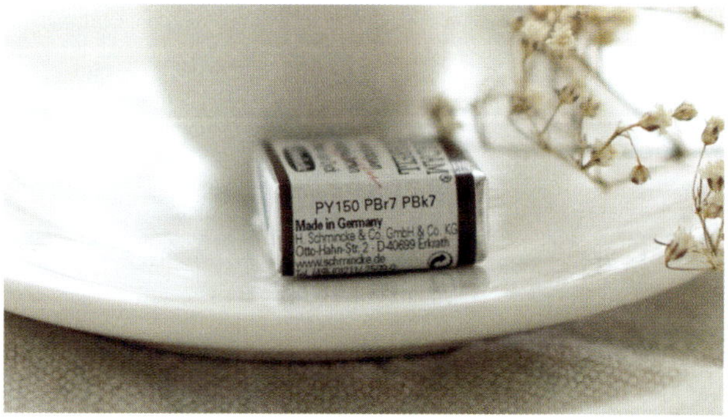

Das „P" steht für Pigment. Der zweite Buchstabe ist immer die Abkürzung einer Farbtongruppe. Die Zahl kategorisiert das Pigment in seiner Farbtongruppe.

> PW – Pigment White
> PY – Pigment Yellow
> PO – Pigment Orange
> PR – Pigment Red
> PV – Pigment Violet
> PB – Pigment Blue
> PG – Pigment Green
> PBr – Pigment Brown
> PBk – Pigment Black

Nun übersetzt in einem Beispiel: Der Ton Umbra gebrannt vom Hersteller Schmincke besteht aus dem Pigment PBr 7, also Pigment Brown 7 und heißt nach internationalem Standard Brown Iron Oxide.

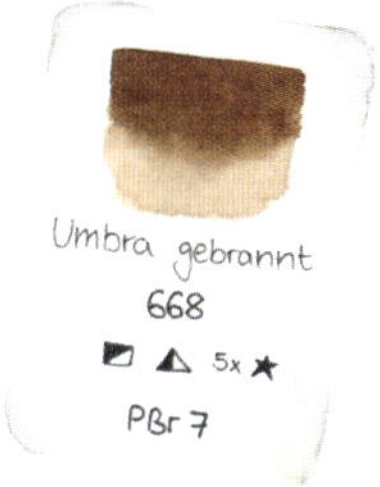

DIE ZEICHENSPRACHE DER PIGMENTE

MERKE

Auf den Verpackungen finden sich auch noch weitere Abkürzungen und Zeichen. Diese geben Aufschluss über die Eigenschaften der Farben.

Die Anzahl der Sterne gibt Aufschluss über die **Lichtechtheit** einer Farbe. Je weniger Sterne (von 5) angegeben sind, desto schneller kann dieser Ton im Tageslicht verblassen.

Die Quadrate zeigen die **Deckkraft** einer Farbe an.

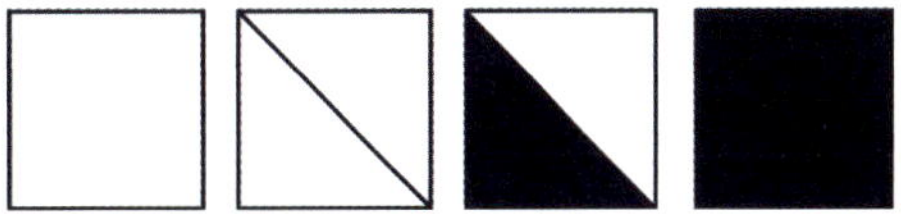

transparent, halbtransparent, halblasierend, deckend

Farben mit der Bezeichnung **Non-Staining** lassen sich leichter vom Papier anlösen als Farben mit **Staining**.

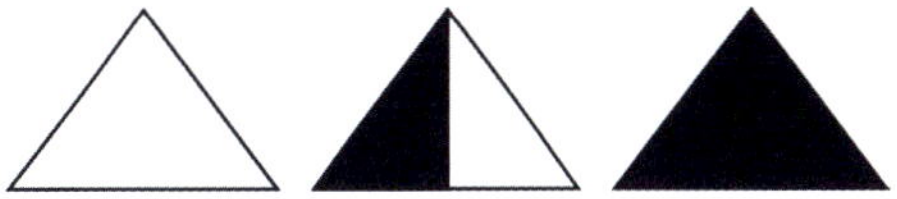

leicht anzulösen, halb anzulösen, schwer anzulösen

TIPP

Wenn du einen alten Aquarellkasten daheim hast oder die Verpackungen nicht mehr hast, dann kannst du die Herstellernummern auf den Böden oder Seiten des Näpfchens finden. Online lassen sich die Infos in PDF-Dateien von den verschiedenen Herstellern finden.

PIGMENTE IN UNTERSCHIEDLICHEM GEWAND

Neben den bekannten Näpfchen findet man aquarellierbare Pigmente auch als Tuben, Watercolor-Buntstifte, Aquarellkreiden oder Brush Pens. Insbesondere wenn du schon viel mit Aquarellfarben ausprobiert hast, macht es Spaß, neue Watercolor-Materialien zu entdecken.

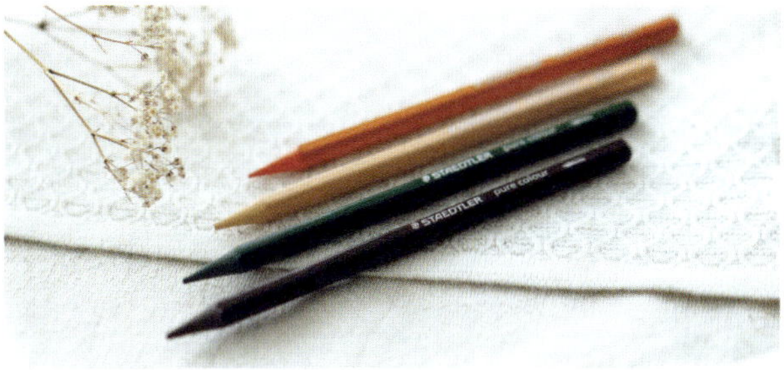

Der Weg zum eigenen

Aquarellkasten

FERTIGE AQUARELLKÄSTEN

Insbesondere für die ersten Schritte in der Watercolor-Welt ist ein bereits bestückter Aquarellkasten die beste Wahl. Wenn du einen **Aquarellkasten mit den Grundfarben** hast, kannst du dir alle weiteren Farben anmischen. Dadurch ist der Malprozess aber etwas aufwendiger und du benötigst ein Grundverständnis der Farbenlehre.

Die Basis sind die Grundfarben in jeweils einem warmen und einem kalten Ton.

Zitronengelb (kalt) | *Permanent Karmin (kalt)* | *Preußischblau (kalt)*

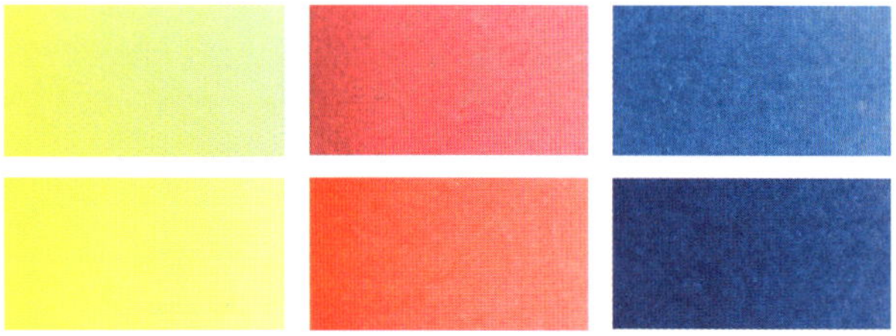

Kadmiumgelb hell (warm) | *Kadmiumrot hell (warm)* | *Ultramarin feinst (warm)*

TIPP

Aquarellfarben werden in unterschiedlichen Qualitätsstufen angeboten, die als Studien- und Künstlerfarben bezeichnet werden. Da Aquarellfarben einen sehr lange begleiten können, empfehle ich, lieber weniger Farben zu kaufen, aber dafür auf die hochwertigere Künstlerqualität zu setzen.

Es gibt auch **themenspezifische Farbkästen**, bei der die Farbauswahl bereits auf bestimmte Motivwelten abgestimmt ist. Dies sind meine Favoriten für natürliche Illustrationen:

> Van Gogh Pocket Box „Shades of Nature" mit zwölf verschiedenen Naturtönen:

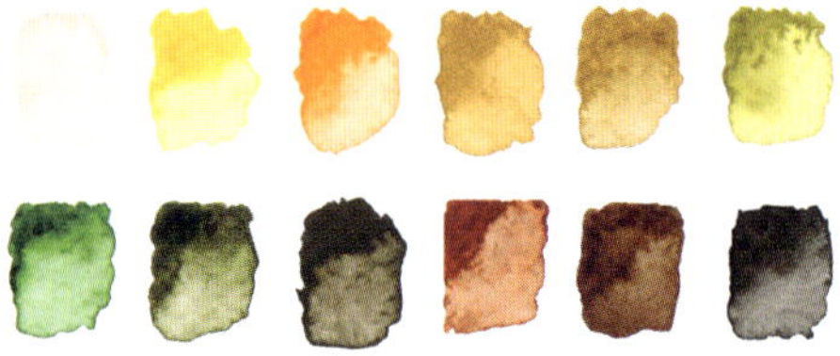

> Eine Alternative ist der Schmincke HORADAM Aquarellkasten „Wanderlust".

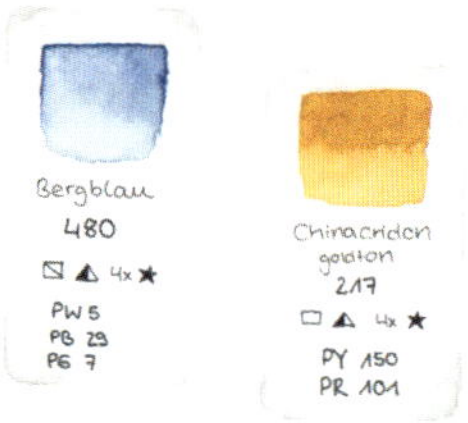

> Eine super Ergänzung ist das Set „Forest" aus der Reihe der supergranulierenden Farbtöne von Schmincke HORADAM mit fünf Tuben.

GUT ZU WISSEN

Bei normalen Farben fließen die Pigmente gleichmäßig über das Papier. Bei granulierenden Farben schließen sich die Pigmente allerdings auf dem Papier zusammen, wodurch großartige Texturen entstehen können. Wenn du den Effekt verstärken möchtest, verwende die Farben mit viel Wasser und am besten auf einem rauen, strukturreichen Papier.

EINEN LEEREN KASTEN SELBST BEFÜLLEN

Wenn du bereits die Liebe zum Watercolor gefunden hast, wirst du bald deine erste eigene Palette zusammenstellen wollen. Damit deine Lieblingsfarben auch sinnvolle Nachbarn bekommen, findest du hier einige Tipps.

Je nach Motivwelt sollte dein Kasten verschiedene **Farbtongruppen** enthalten. In meinem Kasten lassen sich hauptsächlich Braun- und Grüntöne finden, die durch Gelb- und Rottöne ergänzt werden. Zudem sind zwei Blautöne enthalten.

Um beim Mischen von Farben ein breites Spektrum an Möglichkeiten abzudecken, empfehle ich bei der Besetzung, auf Farben mit unterschiedlichen Eigenschaften zu achten. Dies bedeutet, dass innerhalb einer Farbgruppe **warme und kalte Töne, leuchtende und matte sowie lasierende (transparente) und deckende Farben** enthalten sein sollten.

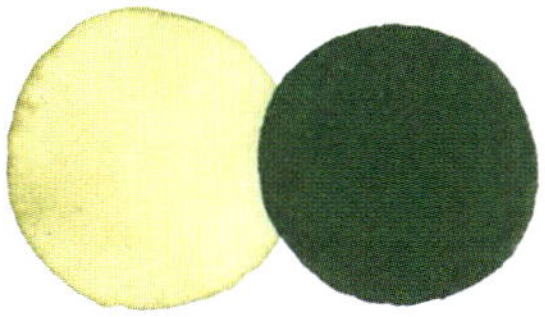

Lasurgoldgrün (lasierend) und Chromoxidgrün stumpf (deckend)

Um in Bildern einfacher den Kontrast zu hellen und dunkleren Farben hinzubekommen, kann man Farbtöne mit **Neutraltinte** abmischen (abdunkeln).

Zuletzt pimpe ich meinen Kasten mit **Spezialfarben**. Dabei greife ich gerne auf (super)granulierende Farben zurück. Außerdem benötige ich ein **Deckweiß**, um Farben anzudicken, wenn ich mit der Lasurtechnik arbeiten möchte. In der Weihnachtszeit versteckt sich auch gerne mal ein **Goldton** in meinem Kasten.

EIN BLICK IN MEINEN AQUARELLKASTEN

Diese Farben befinden sich aktuell in meinem Standardkasten. In der Schublade habe ich aber immer einen zweiten Kasten mit spezielleren Tönen oder Farben, die ich nur selten einsetze. Die angegebenen Farben in diesem Buch sind von Schmincke HORADAM, wenn nicht anders gekennzeichnet.

- Titandeckweiß (101)
- Titanium Buff (291) von Van Gogh
- Neapelgelb (229)
- Lichter Ocker natur (656)
- Indischgelb (220)
- Kadmiumorange (227)
- Kadmiumrot dunkel (350)
- Englisch-Venezianisch Rot (649)
- Goldbraun (654)
- Bergblau (480)
- Indigo (485)
- Umbra natur (667)
- Umbra gebrannt (668)
- Sepiabraun rötlich (662)
- Wüstengrau (925)
- Neutralgrau (785)
- Neutraltinte (782)
- Lampenschwarz (781)
- Lasurgoldgrün (537)
- Tundragrün (985)
- Grünoliv (515)
- Perylengrün (784)

TIPP

Die Anzahl der Farben im Kasten ist ganz individuell und abhängig von deinem Geschmack. Ich wechsle immer mal wieder ein paar Näpfchen aus, um Variation in meine Farbgestaltung zu bekommen.

TIPP

Sind die Näpfchen einmal im Kasten, hat man keinen Überblick mehr über den Farbton und seine Eigenschaften. Daher empfehle ich immer, als kleine Hilfestellung Farbkarten anzulegen und diese mit in den Kasten zu legen.

Die Grundtechniken

Die schlechte Nachricht zuerst: Etwas Theorie muss auch beim Watercolor sein. Die gute Nachricht: Wenn man das Prinzip der Grundtechniken einmal verstanden hat, sind diese einfach anzuwenden und es macht sehr viel Spaß, mit diesen zu experimentieren.

DIE WATERCOLOR-TECHNIKEN

Wie lautet also nun das Prinzip der Grundtechniken? **Das Verhältnis des Wasseranteils auf dem Papier und deiner Farbe bestimmt deinen Farbauftrag**.

Ist der Wasseranteil hoch, dann können die Pigmente nach Lust und Laune tanzen. Wenn ihre Umgebung trockener wird, sind auch ihre Bewegungen eingeschränkter. Sind die Pigmente stark konzentriert, also nicht mit Wasser angemischt, kannst du es dir so vorstellen, als hätten die Pigmente feste Sitzplätze auf dem Papier. Wenn sie einmal aufgetragen sind, bewegen sie sich erst mal nicht mehr weg.

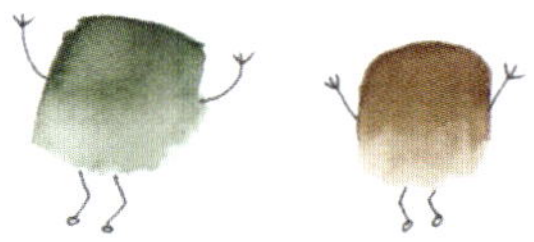

Pigmente in Bewegung

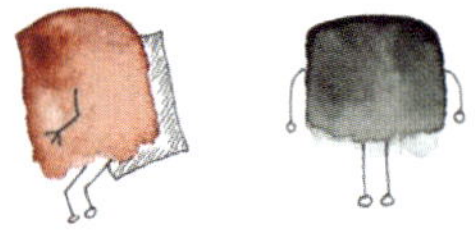

Pigmente fest

Für das Malen mit Watercolor ist es also wichtig, das Verhältnis von Wasser auf dem Papier und Farbe zu verstehen und kontrollieren zu lernen. Wenn du sicher in den Techniken bist, kannst du diese bewusst einsetzen.

Nass-in-Nass-Technik

Let's dance! Dies ist die Technik mit der meisten Bewegung in den Pigmenten. Daher eignet sie sich hervorragend, um Flächen zu grundieren. Auch Verläufe lassen sich prima mit dieser Technik erzielen.

Nass-auf-Trocken-Technik

Im Vergleich zur Nass-in-Nass-Technik hat man durch den trockenen Untergrund etwas mehr Kontrolle über die Pigmente. Während die Farbe noch feucht ist, kann eine weitere Farbe hinzugegeben werden.

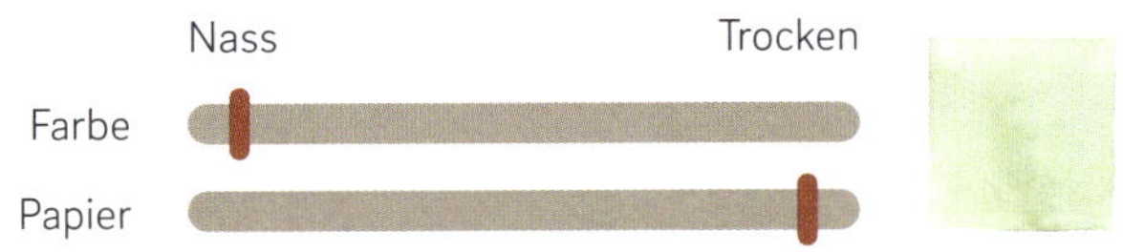

Trocken-auf-Nass-Technik

Hierbei wird die Farbe direkt auf das angefeuchtete Papier aufgetragen, ohne sie davor mit Wasser zu vermischen. Dabei verschwimmen die Kanten. Die Farbe wird auf dem Papier einige Tonwertskalen heller werden.

Trocken-auf-Trocken-Technik

Bei dieser Technik hat man maximale Kontrolle, da keine Bewegung in den Pigmenten ist. Man wendet diese Technik daher für kleinere Details und Strukturen an, wie zum Beispiel für Grashalme oder einzelne Haare im Fell.

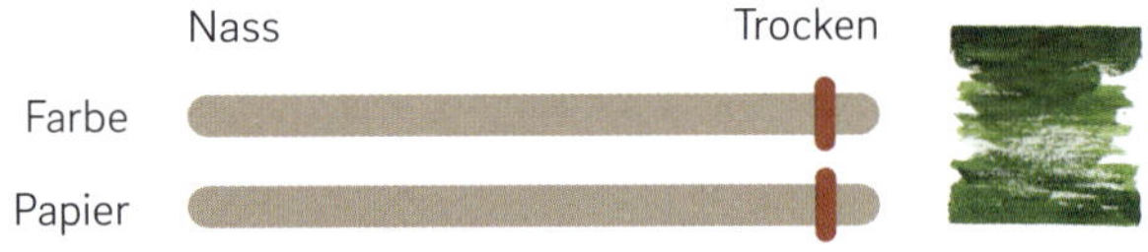

Q & A

Wie erhalte ich härtere Kanten?

Dafür brauchst du einen trockenen Untergrund, damit die Pigmente sich nicht zu einem diffusen Übergang verbinden. Wähle die Nass-auf-Trocken-Technik, um mehr Kontrolle beim Farbauftrag zu haben. Eine finale Kontur kannst du mit der Trocken-auf-Trocken-Technik erzielen.

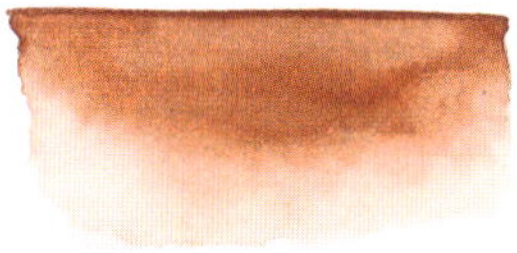

Meine Farbe ist bereits getrocknet, aber mir gefällt das Resultat nicht. Wie kann ich das beheben?

Keine Sorge, getrocknete Pigmente kann man wieder in Schwung bringen. Dies nennt man „aktivieren" oder auch „anlösen". Feuchte dazu deinen Pinsel etwas an und gehe vorsichtig über die getrockneten Pigmente. Oft muss man ein paarmal drüberfahren, um sie aufzuwecken. Sobald die Pigmente angelöst sind, kannst du sie mit dem Pinsel an eine neue Stelle schieben.

Normaler Farbauftrag

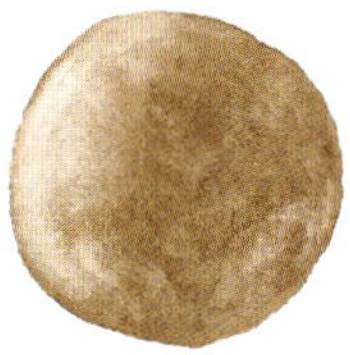

Die Pigmente wurden auf der linken Seite angelöst und nach rechts verschoben.

Mein Farbauftrag sieht so dünn und blass aus. Was kann ich tun?

Die Intensität deiner Farbe ist abhängig von der Wassermenge, die du ihr hinzugibst. Ein dunklerer und intensiverer Farbton benötigt mehr Pigment und nur wenig Wasser zum Anmischen.

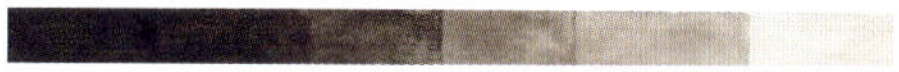

Tonwertskala in sechs Schritten

TIPP

Mische deine Farbe immer auf einer Palette. Hier hast du einen besseren Überblick für das richtige Verhältnis von Pigment und Wasser als im Näpfchen.

TIPP

Du kannst deinem Farbgemisch auch ein Schwarz oder etwas Neutraltinte hinzugeben. Auf diese Weise verdunkelst du den Tonwert deiner Ausgangsfarbe.

Wie erstelle ich einen Verlauf?

Verläufe entstehen, indem man einer Farbe laufend immer mehr Wasser hinzugibt. Auf diese Weise ändert sich die Farbintensität von dunkel nach hell. Da Verläufe sehr praktisch sind, um größere Flächen (zum Beispiel einen Himmel oder eine Grasfläche) zu grundieren, übe immer mal wieder einen kleinen Verlauf.

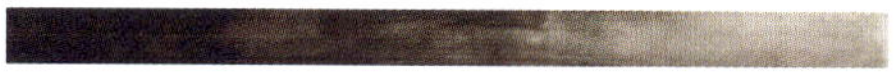

Tonwertskala als Verlauf

Kleine Pinselkunde

Für deine ersten Watercolor-Bilder braucht es nun noch ein paar Lieblingspinsel! Das Wichtigste ist, dass die Pinsel gut in deiner Hand liegen und sie ihren Job erfüllen. Sie müssen die Farbe aufnehmen, speichern und gleichmäßig wieder auf das Papier abgeben können. Dafür braucht es spezielle Aquarellpinsel. Ich zeige dir hier, wie du vorgehen kannst, um dir deine eigene Pinselausstattung zusammenzustellen.

STEP 1: MATERIALCHECK

In der Welt der Pinsel unterscheidet man zwischen **Echthaar- und Kunsthaarpinseln**. Pinsel aus Marder- oder Rindshaar zeichnen sich dadurch aus, dass sie aufgrund ihrer Haarstruktur Wasser sehr gut halten können. Aber auch die synthetischen Pinsel wurden mittlerweile sehr gut weiterentwickelt und ähneln in der Haarstruktur ihren tierischen Kollegen. Ich habe daher für mich beschlossen, im Alltag ausschließlich synthetische Pinsel zu verwenden.

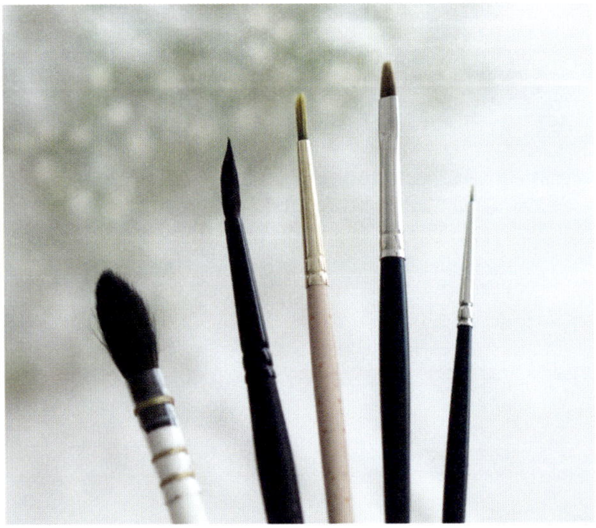

STEP 2: FORMCHECK

Rund, spitz, flach, buschig – die Welt der Pinsel ist ganz schön vielfältig. Lass dich hier nicht verwirren! Der Allrounder unter den Pinseln ist der **Rundpinsel**. Von großen Flächen bis zu kleinen Zweigen kannst du mit unterschiedlich großen Rundpinseln alles umsetzen. Der größte Vertreter ist der **Verwaschpinsel** und die beste Wahl bei wasserreichen Techniken, wie zum Beispiel dem Grundieren von Hintergründen. Der kleinste in der Rundpinsel-Familie ist der **Minipinsel**. Mit seiner dünnen Pinselspitze eignet er sich perfekt für kleine Details. Eine gute Ergänzung dazu ist der **Flachpinsel**, um mit seiner Form andere Effekte wie schöne Kanten zu erzielen. Außerdem ist der **Schlepper** im Pinselset essenziell, um für feine Linien zu sorgen.

TIPP

Auf den Seiten 24 und 25 findest du Pinselempfehlungen zum Malen von feinen Linien.

STEP 3: GRÖSSENCHECK

Die Größe eines Pinsels findest du als Nummer auf seinem Stiel. Wähle für dein Pinselset eine Pinselform in verschiedenen Größen: einen kleinen Pinsel (10/0 bis 2), eine mittlere Größe (4–6) und eine größere Variante (ab 8). Bitte beachte, dass die Größenangaben je nach Hersteller abweichen können. Aus diesem Grund werden Pinselgrößen manchmal auch in Millimetern angegeben.

MEINE PINSELFAVORITEN

Schlepper:

> Raphaël Synthetic Kolinsky, Serie 8346, Gr. 2

Rundpinsel:

> Raphaël Synthetic Kolinsky, Serie 8344, Gr. 3

> KUM Memory Point, Gr. 2–8

Verwaschpinsel:

> da Vinci CASANEO 498, Gr. 2

Minipinsel:

> van Gogh, Serie 191, Gr. 0 und 000

> da Vinci COSMOTOP Spin, Serie 5580, Gr. 10/0

Flachpinsel:

> van Gogh, Serie 194, Gr. 4

> da Vinci NOVA-ONE STROKE Synthetics, Serie 1374, Gr. 6

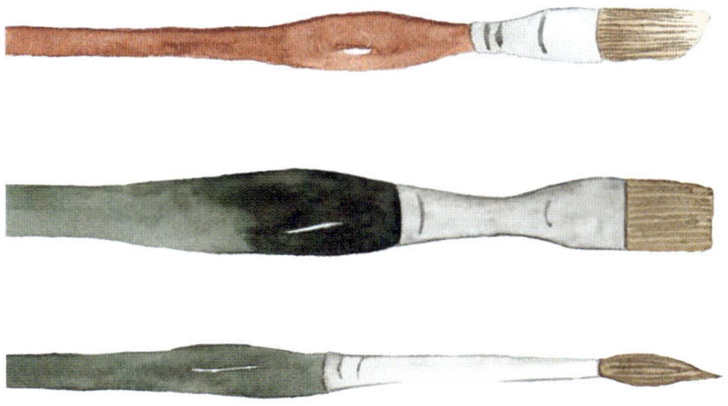

Druckregulierung

Neben den Grundtechniken hat auch die Intensität deiner Pinselstriche einen Einfluss auf deinen Farbauftrag. Positionierst du deinen Pinsel mit dem ganzen Haarkörper und viel Druck auf deinem Papier, werden deine Pinselstriche breiter. Wechselst du den Pinsel in eine senkrechte Haltung und berührst das Papier nur mit der Pinselspitze, wird dein Farbauftrag feiner. Du kannst auch innerhalb eines Pinselstrichs den Druck auf die Pinselspitze verändern.

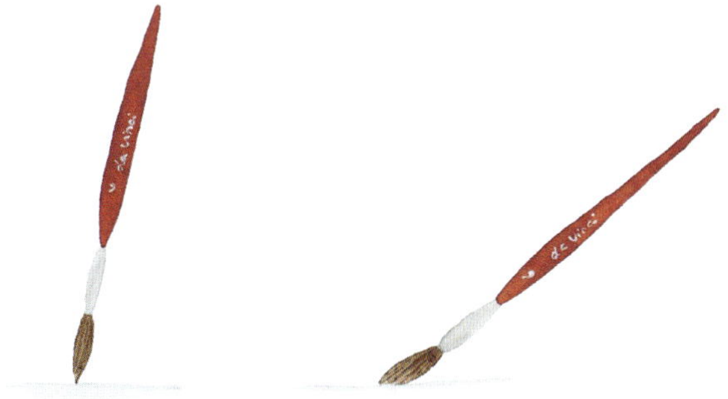

Kleine Papierkunde

Auf der Suche nach dem passenden Aquarellpapier kann man schnell den Wald vor lauter Bäumen nicht mehr sehen. Ich zeige dir hier die drei wichtigsten Merkmale, die du checken solltest, wenn du ein Papier kaufst.

STEP 1: MATERIALCHECK

Überprüfe im ersten Schritt, aus welchem Material das Papier hergestellt ist. Aquarellpapiere können aus **Baumwoll- oder Zellulosefasern** zusammengesetzt sein. Baumwollpapiere (= Hadernpapiere) sind hochwertiger, aber auch etwas teurer. Für erste Pinselstriche und Übungen kannst du auch ein Zellulosepapier verwenden, aber dann würde ich dir empfehlen, auf hundertprozentige Baumwollpapiere umzusteigen.

STEP 2: GEWICHTSCHECK

Damit du nicht mit welligen Blättern kämpfen musst, wirf im zweiten Schritt einen Blick auf das angegebene Gewicht (Grammstärke/m^2). Aquarellpapiere werden von 150 bis über 600 g/m^2 angeboten. Man nennt den Wert **Grammatur** und je höher dieser ist, desto saugfähiger ist dein Papier. Um auf Nummer sicher zu gehen, kaufe Papier mit einer Grammatur von mindestens 300 g/m^2.

STEP 3: OBERFLÄCHENCHECK

Steht auf einem Papier **cold pressed**, dann ist seine Oberfläche strukturiert, weil die Fasern im Herstellungsprozess ihre poröse Struktur behalten. Diese Papiere eignen sich super für wasserreiche Techniken, da sie durch die Struktur saugfähiger sind. Besonders stark texturierte Papiere werden als **rough** bezeichnet. Ein guter Allrounder sind Papiere, die als **matt** gekennzeichnet sind. Wenn ein Papier als **hot pressed** gekennzeichnet ist, dann ist seine Oberflächenstruktur eher glatt. Diese Papiere eignen sich sehr gut, um feine Linien und kleine Details zu malen. Ein Nachteil ist, dass sie durch ihre strukturlose Oberfläche nicht so viel Wasser aufnehmen können.

MEINE PAPIERFAVORITEN

Hahnemühle Britannia, 300 g/m^2, cold pressed, matt

Aquapad von Clairefontaine, 300 g/m^2, cold pressed, feinkörnig

Hahnemühle Britannia, 300 g/m^2, Echt-Bütten, matt oder rau

Lanaquarelle, 300 g/m^2, Baumwolle, matt, glatt oder rau

TIPP

Es gibt auch Blöcke, in denen sich verschiedene Aquarellpapiere verstecken. Auf diese Weise kann man verschiedene Qualitäten, Strukturen und Grammaturen ausprobieren, ohne sich verschiedene Blöcke kaufen zu müssen. Meine Empfehlung: Hahnemühle Selection.

BESONDERE FORMATE

Für besondere Watercolor-Projekte gibt es auch Aquarellblöcke in ganz speziellen Formaten.

Für runde Motive:
Hahnemühle Rundes Aquarellpapier,
300 g/m², ⌀ 13 cm

Für Lesezeichen:
Hahnemühle Lesezeichenblock,
300 g/m², 5,5 x 20 cm

Für kleine Motive:
Hahnemühle Echt-Bütten Aquarell,
200 g/m², 8 x 10,5 cm

Für kreative Grüße:
Hahnemühle Postkarten,
230 g/m², 10,5 x 14,8 cm

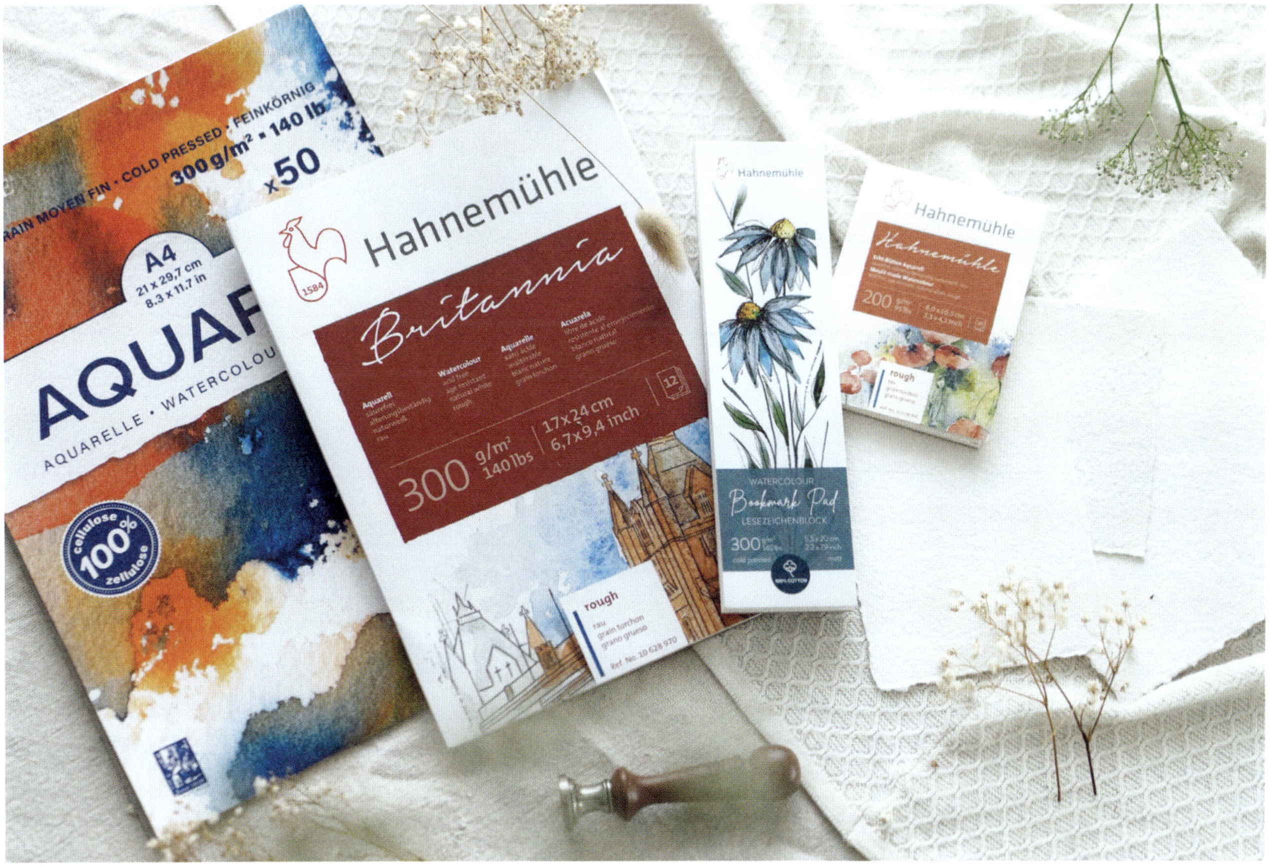

Watercolor-Tools

Natürlich sind Wasser und unsere drei magischen Ps – Pigment, Papier und Pinsel – unsere Grundausstattung zum Malen. Auf meinem Schreibtisch steht aber auch immer eine Kiste mit einigen nützlichen Watercolor-Helferchen. Lass uns einen gemeinsamen Blick in meine Toolbox werfen.

FÜR SKIZZEN

Bevor ich mit den Farben starte, beginne ich immer mit einer Skizze und Vorzeichnung. Mein Set-up besteht dabei aus verschiedenen Bleistiften, zwei unterschiedlichen Radiergummis und einem Lineal.

Kleine Bleistiftkunde

Im Bleistift steckt eine Grafitmine, welche die gewohnte Bleistiftschwärze auf das Papier bringt. Dabei kann eine Mine einen unterschiedlichen Härtegrad haben. Dies verrät uns der Buchstabe auf dem Stift. Je höher die Zahl, desto schwärzer oder härter ist die Mine.

Harter Härtegrad	Mittlerer Härtegrad		Weicher Härtegrad
H hart	**F firm**	**HB hard black**	**B black**
H	F	HB	B
2H			2B
3H			3B
4H			4B
5H			5B
6H			6B
			7B
			8B

Für Watercolor-Vorzeichnungen empfehle ich einen härteren Bleistift (H, F oder HB), da sonst zu viel Grafit abgegeben wird.

Es gibt auch **aquarellierbare Bleistifte**, bei denen man das Grafit anlösen und dann mit den bekannten Watercolor-Techniken vermalen kann. Statt die Vorzeichnung wieder leicht wegzuradieren, kann man die grauen Pigmente auch in das Bild miteinbeziehen. Nur bei helleren Motiven würde ich zum klassischen Bleistift greifen.

GUT ZU WISSEN

Viel entscheidender als der Bleistift, den du verwendest, ist der **Druck**, mit dem du ihn über das Aquarellpapier führst. Die Oberfläche sollte nicht beschädigt werden, da sich dort später Pigment ablagern könnte.

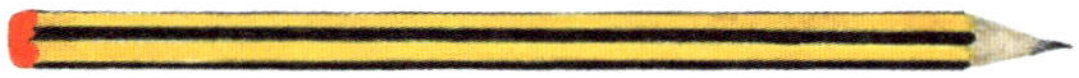

Radiergummis

Die groben Radiergummis aus der Schulzeit dürfen bei der Aquarellmalerei in der Schublade bleiben. Um Bleistiftlinien auf Aquarellpapier wieder zu entfernen, braucht es einen weichen Radiergummi, der die Papieroberfläche nicht verletzt. Für größere Flächen nutze ich den MONO dust catch von Tombow und für kleine Stellen den MONO zero als Stift. Hierfür lassen sich auch nachfüllbare Radiergummiminen kaufen.

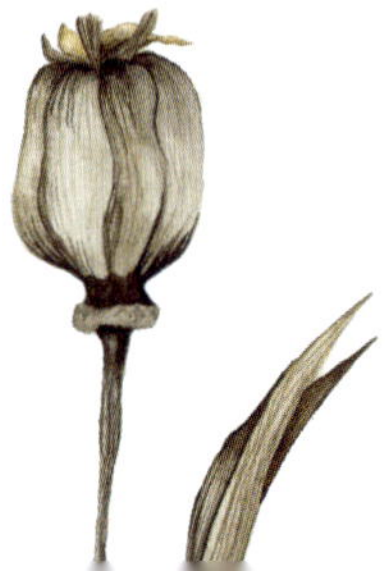

BEI FARBUNFÄLLEN

Ein Pinselspritzer oder ein Wasserfleck können schneller entstehen, als einem lieb ist, daher habe ich immer ein **Küchenpapier** und einige **Wattestäbchen** in Griffweite. Wenn du einen farbigen Pinselspritzer entfernen möchtest, schaue mal auf Seite 17 vorbei. Dort kannst du nachlesen, wie sich Farbe wieder aktivieren lässt.

FÜR WEISSE STELLEN

Wenn du großflächiger kolorieren möchtest, aber trotzdem kleinere Stellen weiß bleiben sollen, ist **Rubbelkrepp** (auch Maskierflüssigkeit genannt) die beste Wahl. Dieses lässt sich mit einem alten Pinsel auf die Stellen auftragen, die frei bleiben sollen. Wenn es getrocknet ist, kann danach ohne Probleme darüberkoloriert werden. Wenn der Farbauftrag getrocknet ist, kann das Rubbelkrepp mit den Fingern vorsichtig abgerubbelt werden.

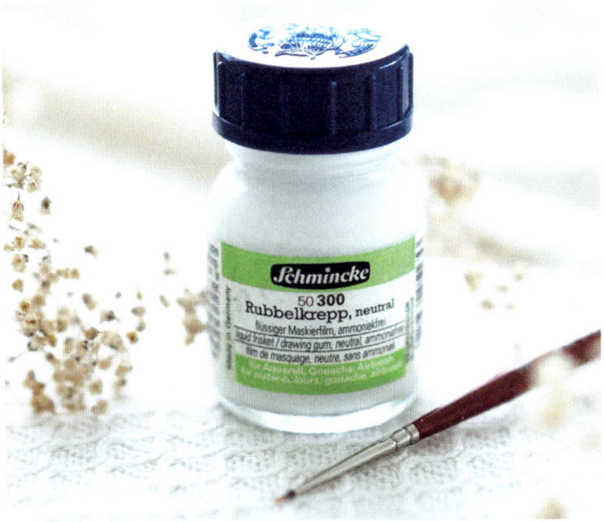

FÜR KLARE KONTUREN …

Je nach Motiv mag ich den Look von klaren Konturen. Die lassen sich mit einem **Fineliner** als letzten Arbeitsschritt ergänzen. Dabei solltest du aber auf jeden Fall zur kleinsten und damit feinsten Strichstärke greifen. Mein aktueller Favorit ist der wasserfeste MONO drawing pen von Tombow in der Strichstärke 0,05.

… UND KANTEN

Wenn du ein Motiv mit Hintergrund malst und einen klaren Rand erhalten möchtest, kann ich dir **Washi Tape** empfehlen. Mein Favorit ist das von Hahnemühle. Achte beim Kauf auf jeden Fall darauf, dass es sich gut vom Papier lösen lässt, damit es dein Kunstwerk beim Abziehen nicht beschädigt.

FÜR DETAILS

Strukturen und kleine Details machen dein Watercolor-Bild noch mal ganz besonders. Diese kann man natürlich auch mit feinen Pinselstrichen aufmalen. Oftmals geht es aber einfacher, wenn man zu einem **Buntstift** greift und damit zum Beispiel Holzstrukturen aufmalt. Meine liebsten Buntstifte sind die Noris colour von STAEDTLER. Außerdem habe ich immer einen weißen **Gelstift** in der Malkiste, um kleine Highlights, wie Lichtpunkte in Augen oder feine Härchen, aufzumalen. Der ein oder andere Malklecks lässt sich durch den deckenden Stift auch gut kaschieren. Meine Empfehlung ist der DECOGEL Milky Way White von karin.

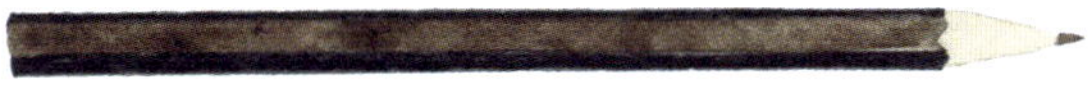

Immer parat: Farbkarten, um zu wissen, in welchem Näpfchen sich welche Farbe versteckt.

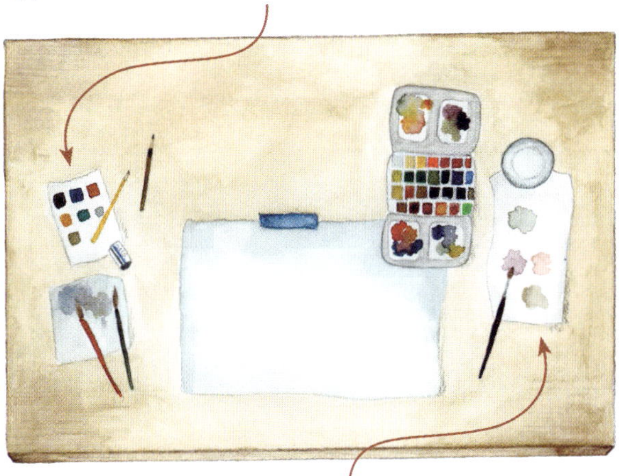

Ein Stück Küchenpapier unter dem Wasserglas, um den Pinsel zu reinigen oder auch Pigment abzutropfen.

Feine Linien zeichnen

Feines, exaktes Zeichnen kommt einem beim Malen mit Watercolor nicht unbedingt gleich in den Sinn. Doch das bewusste Setzen von Linien ist sehr hilfreich, wenn man detailreiche Strukturen wie zum Beispiel auf Holz oder bei Fell auf seinem Motiv ergänzen möchte. Außerdem geben Details wie einzelne Grashalme und gut gesetzte Konturen einem Bild zum Abschluss eine ganz besondere Note.

Allerdings ist es gar nicht so einfach, mit einem Pinsel feine Linien zu ziehen. Doch es gibt drei Faktoren, die es auf jeden Fall erleichtern: die richtige Pinselwahl, die korrekte Druckverteilung und die Anzahl an Wiederholungen.

PINSEL FÜR FEINE LINIEN

Möchte man in einem Zug längere Linien zeichnen, braucht man einen Pinsel, der viel Flüssigkeit aufnehmen kann und diese Stück für Stück wieder abgibt. Ich habe hierbei sehr gute Erfahrungen mit Naturhaarpinseln gemacht. Aber natürlich können auch mit synthetischen Pinseln feine Linien gezogen werden. Bei kürzeren Linien macht die Haarqualität einen nicht ganz so großen Unterschied.

Meine Pinselfavoriten für feine Linien

1. Schlepper

Für präzises Arbeiten ist der Schlepperpinsel immer zur Stelle. Denn durch seinen langen Haarkörper kann er viel Flüssigkeit aufnehmen und ermöglicht es, lange, konstante Linien auf das Papier zu zeichnen.

Empfehlung: Raphaël Synthetic Kolinsky, Serie 8346, Gr. 2

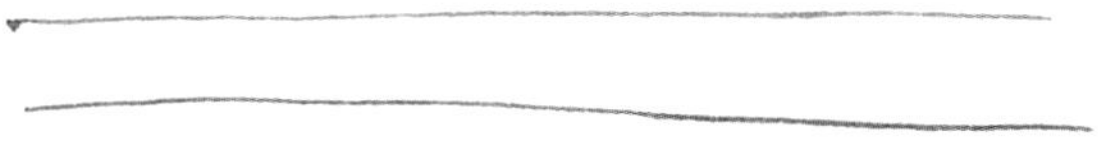

2. Meine liebste Wahl: der Minipinsel

Durch den kleinen Haarkörper hat man eine gute Kontrolle über die Linienführung. Allerdings muss man dadurch auch sehr oft neue Farbe aufnehmen. Aus diesem Grund ist er eher für kürzere Linien geeignet.

Empfehlung: van Gogh, Serie 191, Gr. 0 und 000, oder da Vinci COSMOTOP Spin, Serie 5580, Gr. 10/0

3. Flachpinsel

Probiere mal, nur mit der Kante des Flachpinsels zu malen. Damit lassen sich auch ganz einfach Linien ziehen.

Empfehlung: da Vinci NOVA-ONE STROKE Synthetics, Serie 1374, Gr. 6

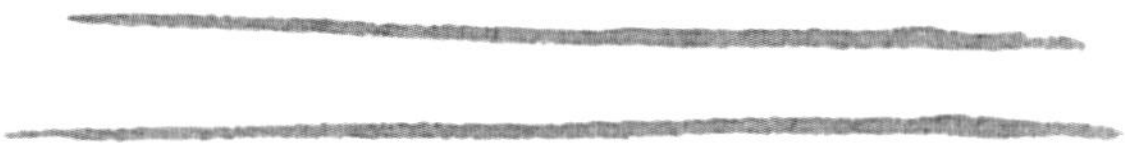

4. Für Geübte: Pinsel mit feinen Spitzen

Prüfe nach der Farbaufnahme, dass die Pinselspitze weiterhin spitz geformt ist, und trage dann nur mit dieser die Farbe auf.

Empfehlung: Raphaël Synthetic Kolinsky, Serie 8344, Gr. 3

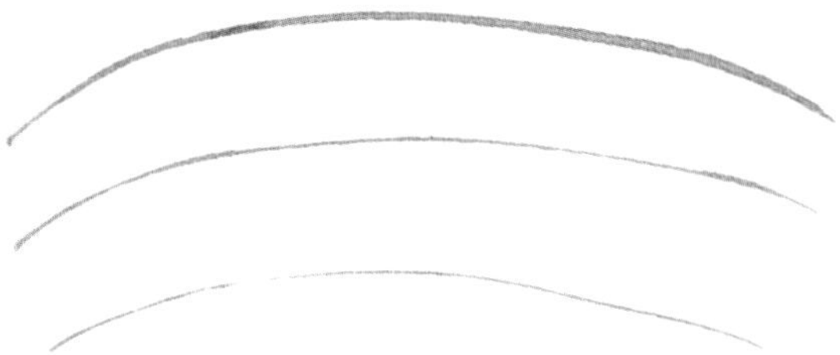

DRUCK

Je mehr Druck du auf die Pinselspitze gibst, desto breiter wird die Linienführung. Wenn du übst, den Druck beim Farbauftrag zu regulieren, kannst du dünnere und feinere Linien erzielen. Auch eine senkrechte Pinselhaltung kann helfen, den Druck wegzunehmen, da nun nur die Pinselspitze das Papier berührt.

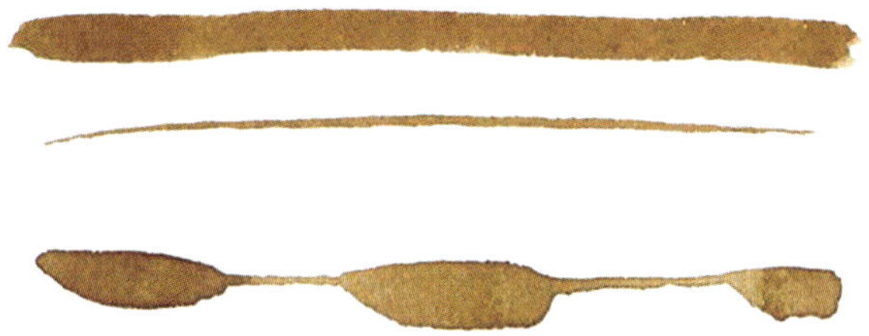

TIPPS BEI NERVÖSEN HÄNDEN

> Je kleiner der Haarkörper ist, desto mehr Kontrolle hast du über die Linienführung.

> Versuche die Linie statt aus dem Handgelenk aus dem Arm zu ziehen: Dein Handgelenk bleibt ruhig und hält nur den Pinsel, die Bewegung kommt aus dem Arm.

> Fasse den Pinsel weiter vorne an, zum Beispiel an seiner Zwinge. Dadurch hast du mehr Kontrolle beim Malen.

> Atme bewusst bei einer Linie aus. Das nimmt Spannung aus deinem Körper und führt zu ruhigeren Bewegungen.

ÜBEN, ÜBEN, ÜBEN

Natürlich kommt man nicht drum herum, das Zeichnen von feinen Linien zu üben.

Die nächste Übung sieht leichter aus, als sie ist, aber mit ein paar Wiederholungen wirst du merken, wie du sicherer in deiner Linienführung wirst.

Übung: Malen nach Zahlen

Setze dir Punkte in verschiedenen Abständen auf deinem Übungspapier und versuche diese mit feinen Linien zu verbinden. Probiere auch Punkte über gebogene Linien miteinander zu verbinden.

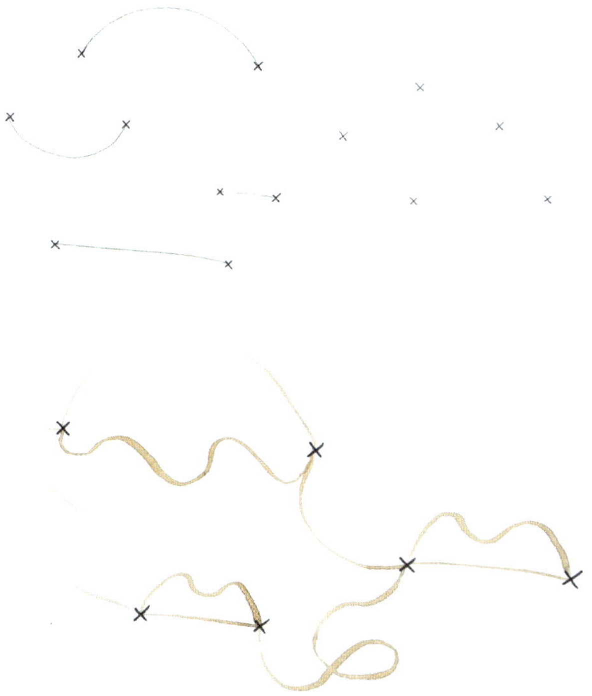

Trust the Process

„Mein Bild sieht total langweilig aus.“ „Irgendwie fehlt noch etwas in meinem Motiv.“ „Ich werde nie so tolle Bilder malen.“ Das sind alles Aussagen, die ich in verschiedenen Workshops schon gehört habe. Die gute Nachricht: Dafür gibt es eine Lösung, und die lautet „Trust the Process“! Denn oftmals fehlt einfach nur die letzte Ebene im Bild oder es braucht noch gewisse Details, um ein zufriedenstellendes Ergebnis zu erzielen.

Eine einfache Übung, um an der eigenen Geduld, dem Blick für Ebenen und dem Vertrauen in den eigenen Malfortschritt zu arbeiten, sind die Landschaftskreise. Eine simple Form wird dabei Schritt für Schritt und Ebene für Ebene gefüllt. Dadurch, dass die Kreise ganz individuell gestaltet werden können, sind sie ein abwechslungsreiches Übungsmotiv. Auf die Pinsel, fertig, los!

HINWEIS

Ich male die Kreise immer mit einem Durchmesser von 7,5 cm.

EBENEN

Gerade bei Landschaftsbildern ist es hilfreich, sich im Vorhinein die verschiedenen Ebenen bewusst zu machen. Was liegt im Hintergrund und kann später mit schnellen, breiten Pinselstrichen ganz simpel koloriert werden und was liegt im Vordergrund und sollte präziser gezeichnet werden?

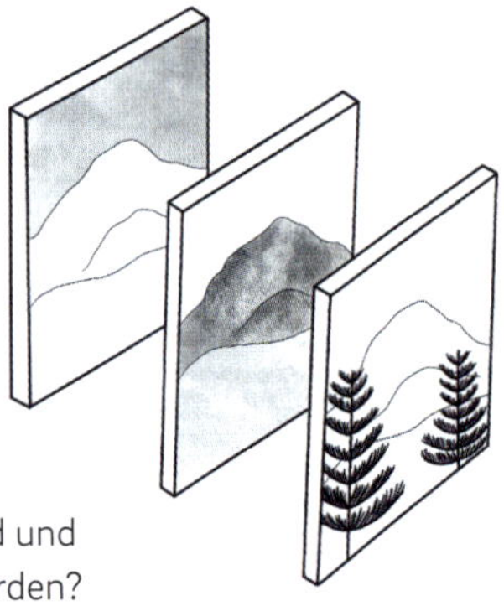

HERBSTWALD

1. Gib deinem Kreis eine transparente Grundierung mit einem Verlauf von Grün (unten) nach Grau (oben). Wende dazu die Nass-auf-Trocken-Technik an.
2. Male nun Schritt für Schritt drei Ebenen ins Bild. Beginne mit der hintersten in Grau und arbeite dich bis zur vordersten in Dunkelgrün vor. Achte darauf, dass jede Ebene gut getrocknet ist, bevor du mit der nächsten startest.

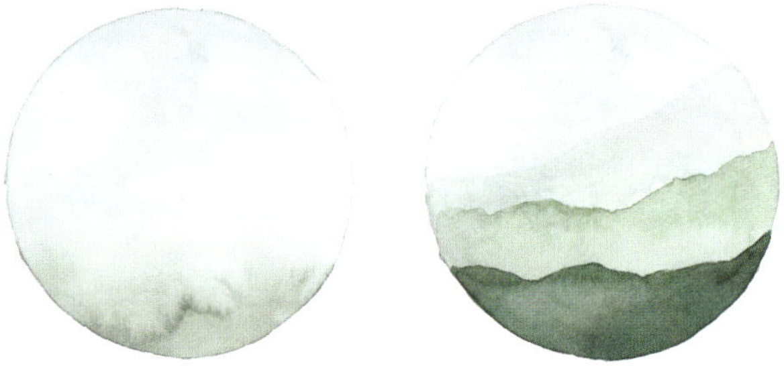

3. Deute in der grauen Ebene die Silhouetten von Bäumen an. Wende die Tupftechnik an (siehe Seite 35), um in der vorderen Ebene verschiedene Büsche und Bäume aufzumalen.
4. Ergänze mit Pinselaufstrichen eine Wiese und füge mit ein paar dunklen Bäumen eine zusätzliche Ebene im Vordergrund hinzu.

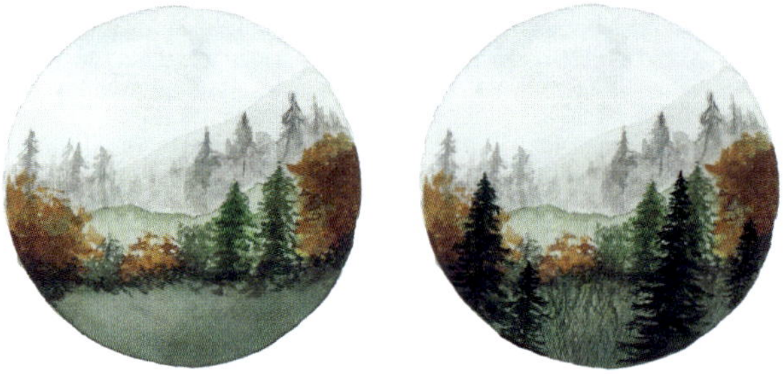

WALDSEE

1. Markiere dir grob die Aufteilung von Wald und See und grundiere den Kreis oben in einem leichten Beige und unten mit einem Grau.

2. Beginne, oberhalb der Hilfslinie grob einen Verlauf von Grüntönen zu setzen. Unterhalb spiegelst du dies, allerdings mit einem leicht bläulicheren Grünton.

3. Ergänze nun mit der Tupftechnik verschiedene Nadelbäume und spiegle die Baumstämme unterhalb der Hilfslinie auf den See.

4. Wende die Tupftechnik nun auch für die sich spiegelnden Bäume im See an. Versuche dabei aber, die Farben nicht zu kräftig aufzutragen.

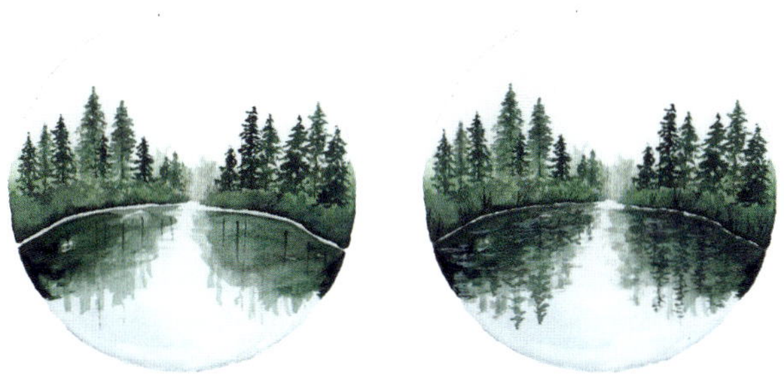

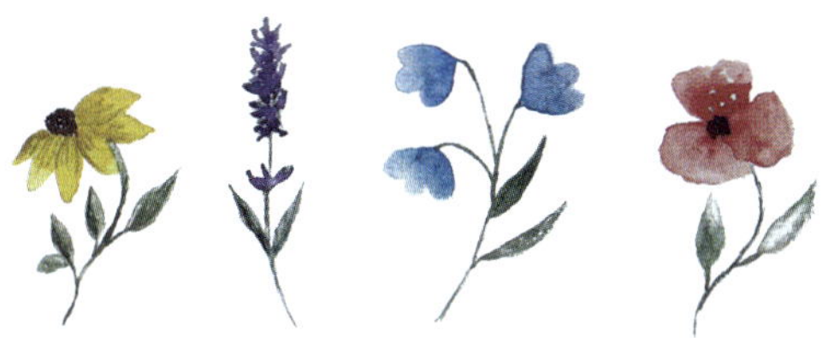

VOLLMOND

1. Zeichne dir den Vollmond leicht vor. Benetze den gesamten Kreis mit Wasser und gib einen ganz leichten Violettton dazu, damit sich die Pigmente mit dem Wasser verbinden können.

TIPP

Verwende doch mal einen supergranulierenden Farbton, wie zum Beispiel Vulkan Violett (914).

2. Gib das Pigment etwas gesättigter in den oberen Bereich des Vollmondes und verblende es nach unten hin.

3. Schichte nun mit einem Schlepper oder Minipinsel verschiedene Grashalme übereinander. Verwende dabei unterschiedliche Grüntöne.

4. Ergänze im letzten Schritt noch die Blüten.

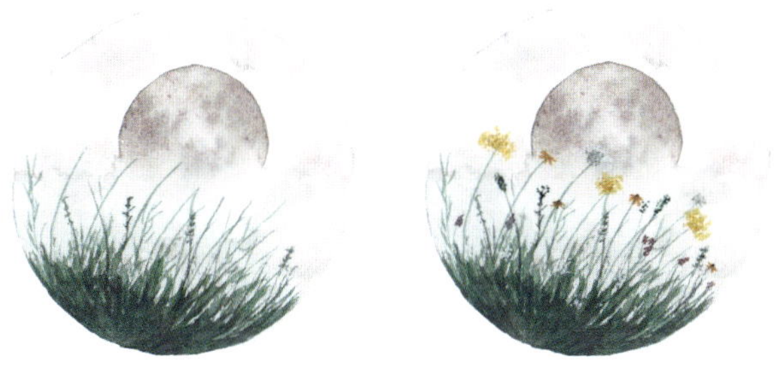

Vorlagen übertragen

Bevor wir mit den ersten Projekten starten, möchte ich ein paar Tipps und Tricks mit dir teilen, wie du eine Skizze oder Malvorlage auf dein Aquarellpapier überträgst. Denn eine Vorzeichnung hilft, das Bild besser einzuteilen, und bietet dir in den nachfolgenden Schritten Orientierung.

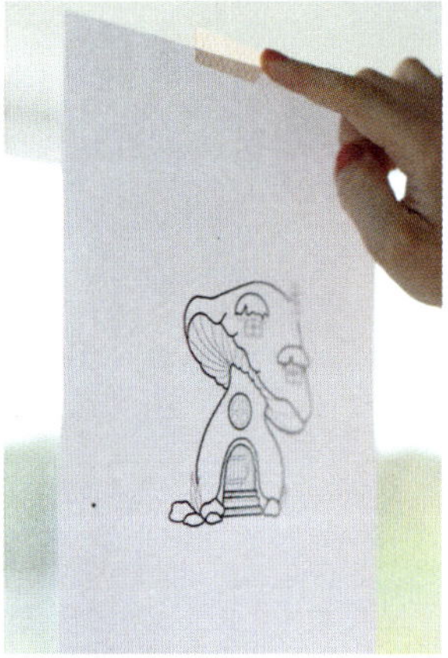

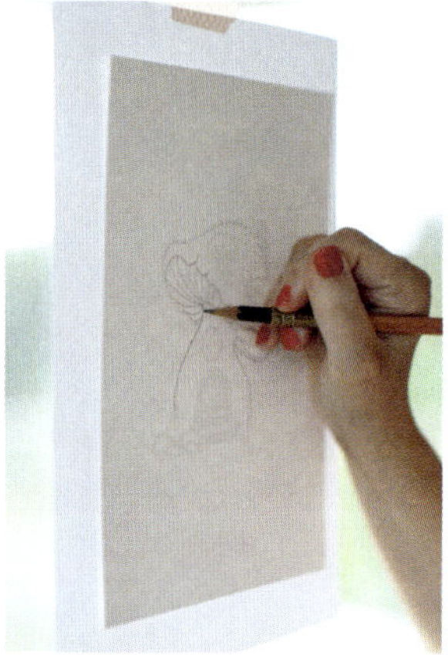

TIPP

Damit du weißt, an welchen Stellen später hellere und dunklere Pinselstriche platziert gehören, kannst du diese bereits in deiner Vorzeichnung markieren. Schaue dir dazu das Kapitel zu „Licht und Schatten" auf Seite 67 an.

TIPP

Wenn die Konturen von deiner Vorzeichnung nur schwer erkennbar sind, dann fahre sie mit einem schwarzen Filzstift oder dickeren Fineliner noch mal nach.

AM FENSTER ÜBERTRAGEN

Willkommen beim Watercolor-Work-out! Gerade bei größeren und detailreicheren Motiven kann diese Technik schnell etwas anstrengend werden. Aber es ist die schnellste Technik, um von der Vorlage zur fertigen Vorzeichnung auf dem Aquarellpapier zu gelangen. Allerdings funktioniert diese Technik nur bei Tageslicht. Und so geht's:

1. Schnappe dir deine Vorzeichnung oder ausgedruckte Malvorlage und klebe sie in Stehhöhe an dein Fenster.

2. Klebe nun das Aquarellpapier darüber. Verwende dafür lieber keinen Tesafilm, da dieser beim Abziehen die Struktur des Aquarellpapiers beschädigen kann. Besser geeignet ist ein Malerkrepp oder Washi Tape.

3. Jetzt scheinen die Konturen durch das Aquarellpapier durch und du kannst die Vorlage übertragen.

MIT EINEM LIGHT PAD ÜBERTRAGEN

Diese Technik erfordert noch mal eine kleine Investition, aber wenn du viel malst (und auch abends), wirst du den kleinen Helfer lieben.

1. In Kunstfachgeschäften oder auch online gibt es verschiedene LED-Light-Pads. Die Helligkeit lässt sich dabei in verschiedenen Stufen einstellen, sodass die Vorlagen auch bei dem dickeren Aquarellpapier noch gut erkennbar sind.

Empfehlung: Ich habe das Light Pad von „I love Art" in der Größe DIN A4 für ca. 35 €.

2. Drucke dir die Vorlage aus oder lege deine Vorzeichnung auf das Pad. Lege nun das Aquarellpapier darüber. Jetzt kannst du ganz einfach die durchscheinenden Konturen auf dein Papier nachzeichnen. Versuche dabei mit so wenig Druck wie möglich deine Bleistiftskizze zu übertragen.

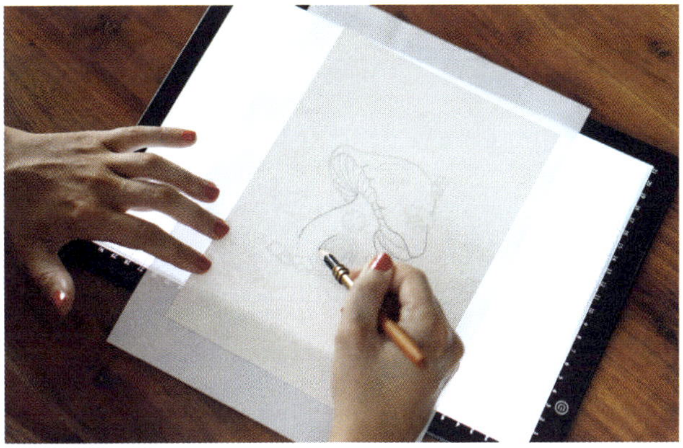

MIT GRAFITRESTEN ÜBERTRAGEN

1. Zeichne dein Motiv auf einem Zeichenpapier vor oder drucke dir die Vorlage aus.

2. Drehe nun dein Blatt um und schraffiere die Rückseite mit einem weichen Bleistift. Jetzt erkennst du, dass sich bereits die Kontur der Vorderseite abzeichnet.

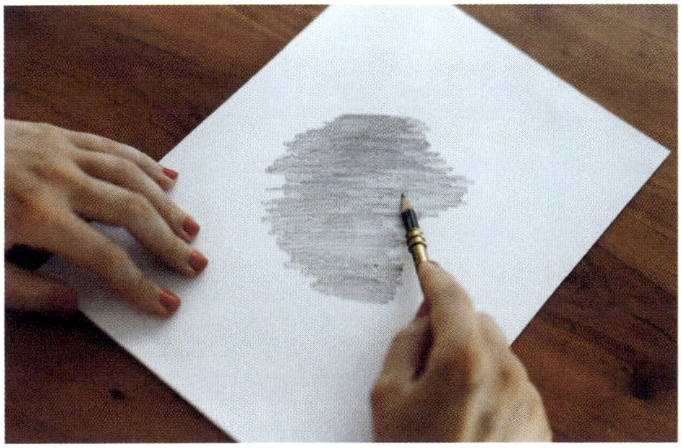

3. Drehe deine Vorlage wieder um und platziere sie so auf deinem Aquarellpapier, dass die schraffierte Seite unten liegt. Du kannst die Vorlage auch mit einem kleinen Steifen Washi Tape festkleben, damit sie nicht verrutscht. Zeichne nun mit einem Bleistift die Konturen der Vorlage wieder nach. Wenn du nun die Vorlage hochhebst, siehst du, wie die Grafitreste sich auf dem Aquarellpapier abgesetzt haben und somit deine Konturen übertragen haben.

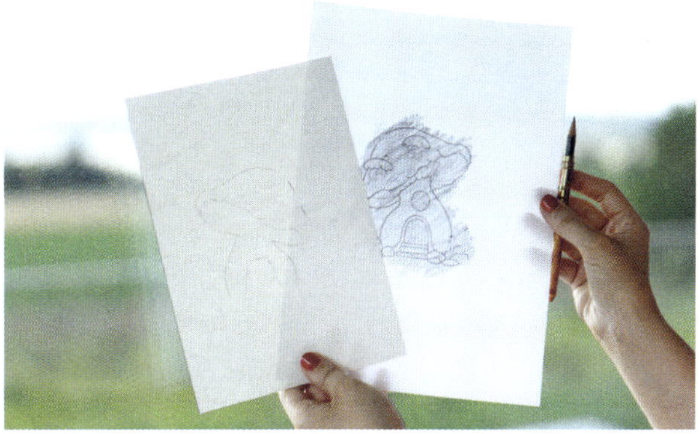

UND WIEDER WEG DAMIT!

Ja, du hast richtig gelesen, die Vorzeichnung muss jetzt wieder runter vom Papier. Wir werden die Bleistiftskizze nun wegradieren, aber nur so weit, dass die Linien noch leicht erkennbar bleiben. Dies machen wir, damit die Bleistiftlinien später nicht durch die transparente Aquarellfarbe durchscheinen. Denn wenn einmal die Farbe über dem Bleistift liegt, ist dieser nur noch schwer wegzuradieren.

TIPP

Du kannst die Vorlagen zu allen Projekten in diesem Buch auch ausdrucken. Scanne dazu den QR-Code oder schau im Download-Bereich dieses Buches auf www.emf-verlag.de nach.

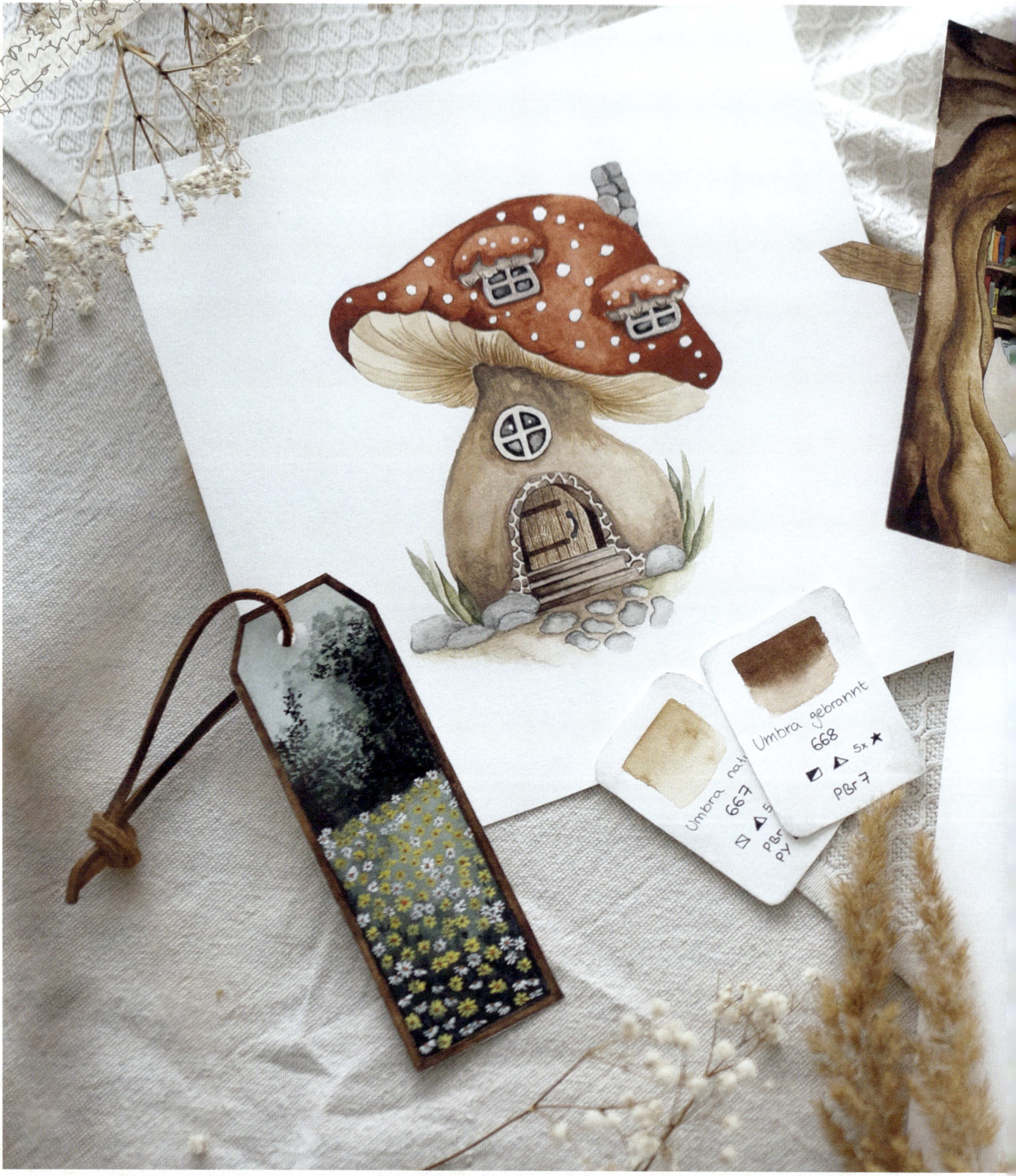
Umbra gebrannt
668
5x
PBr 7
667

Projekte

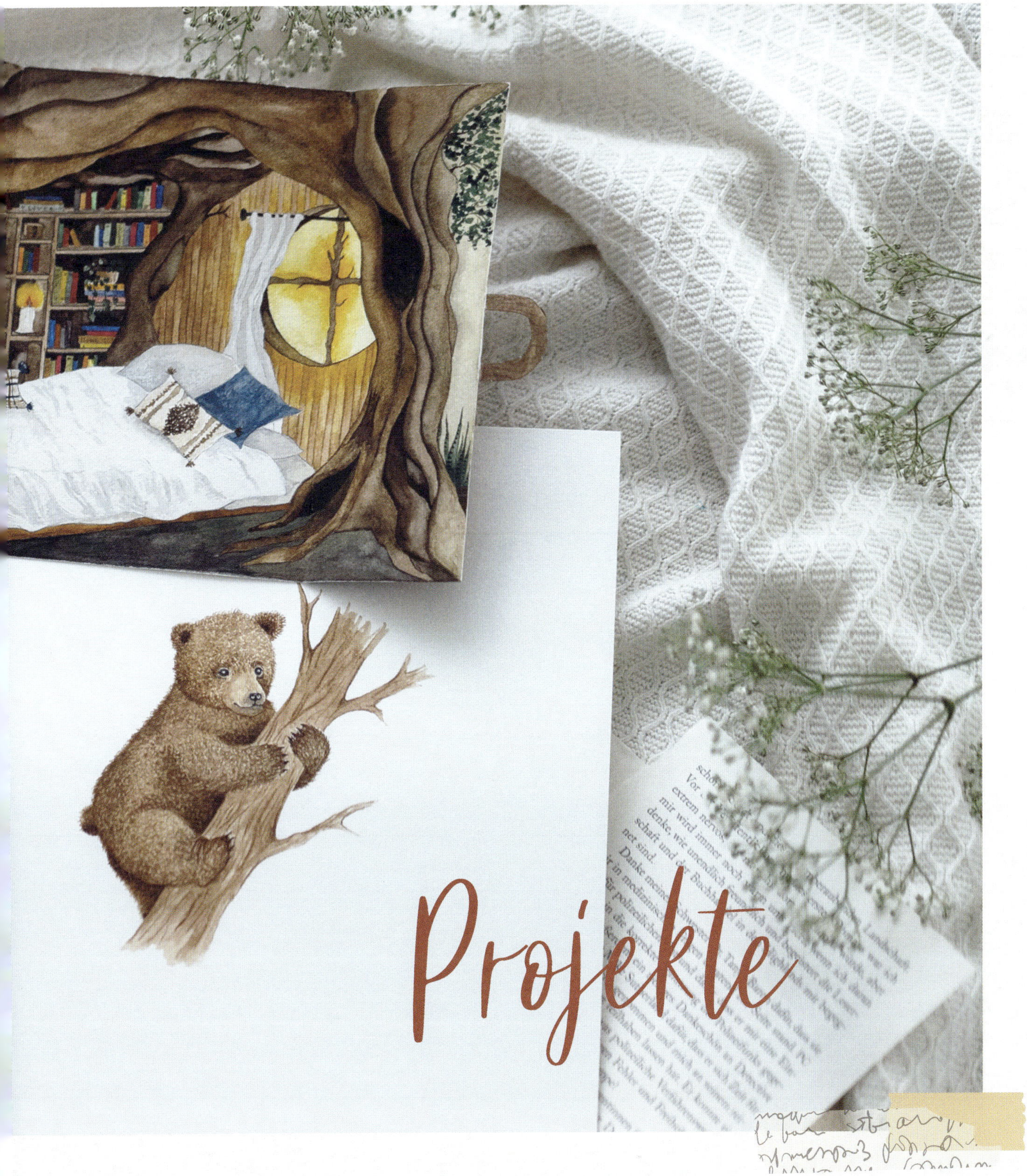

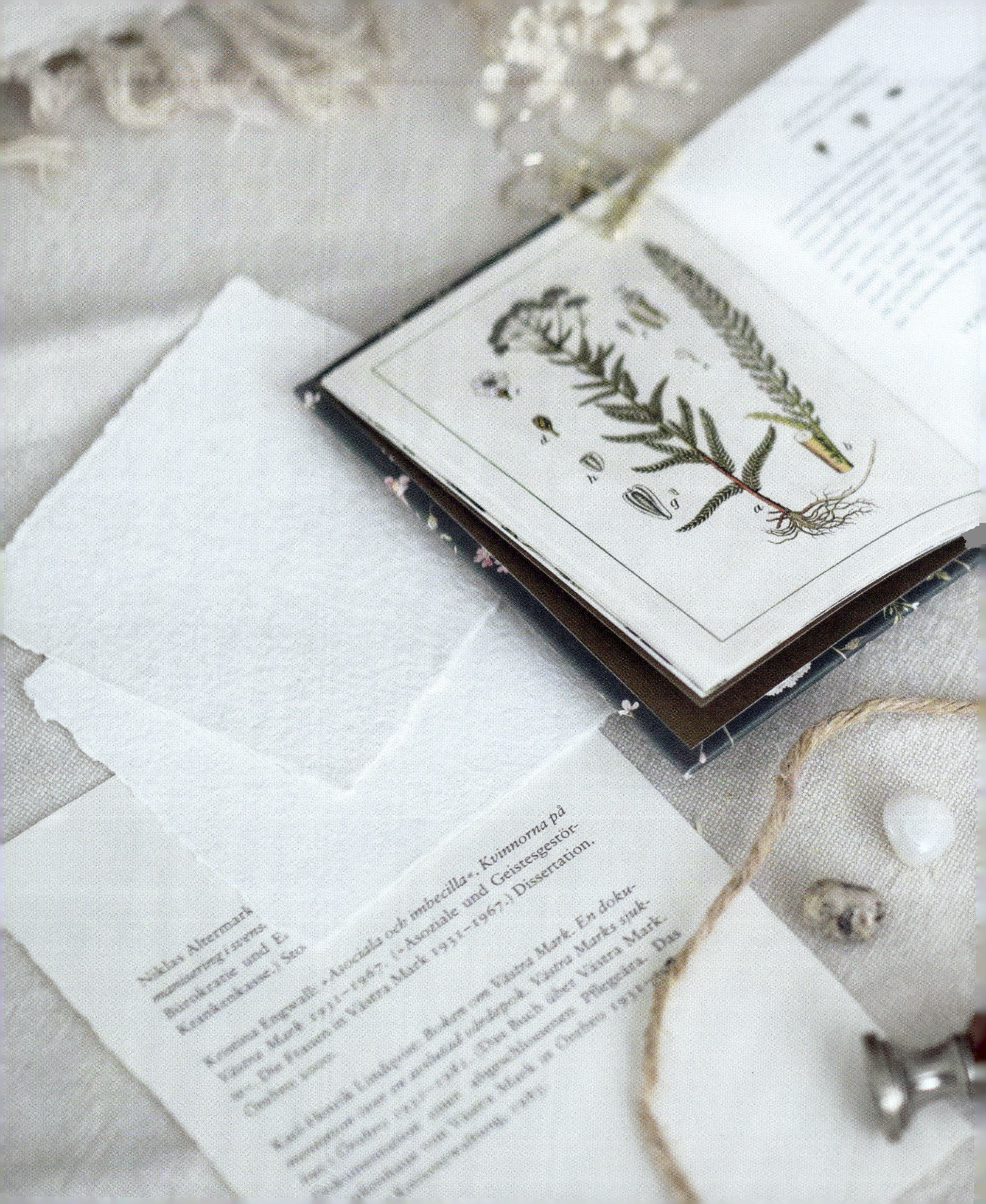
Niklas Altermark
manisering i svens
Bürokratie und E
Krankenkasse.) Sto
Kristina Engwall: »Asociala och imbecilla«. Kvinnorna på
Västra Mark 1931–1967. (»Asoziale und Geistesgestör-
te«. Die Frauen in Västra Mark 1931–1967.) Dissertation.
Karl Henrik Lindqvist: Boken om Västra Mark. En doku-
mentation över en avskiljd vårdepok. Västra Marks sjuk-
Västra Mark. Das

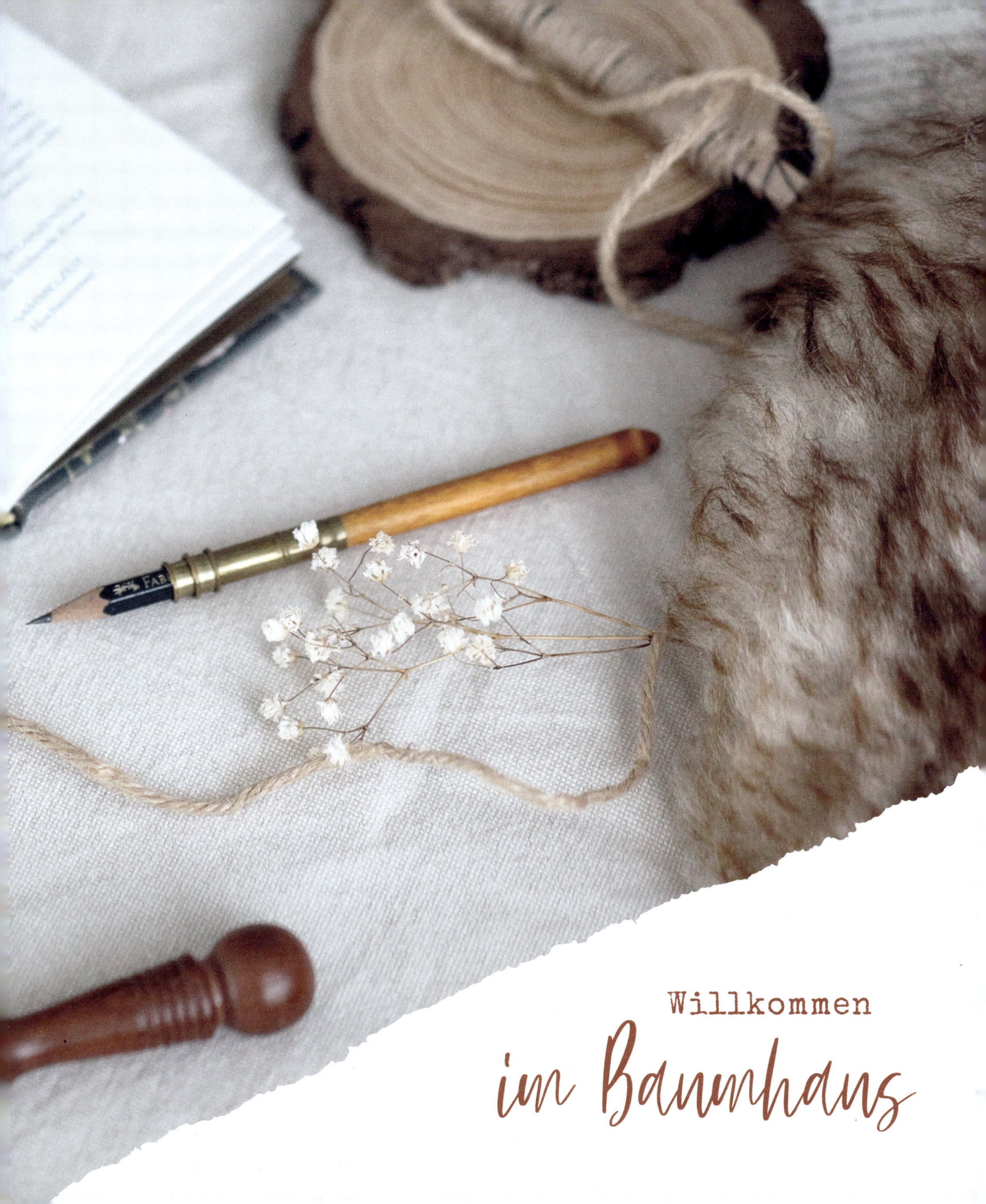

Willkommen im Baumhaus

ÜBUNG

Bäume und Holzstrukturen

Ein Baumhaus ist natürlich nur ein Baumhaus, wenn es in eine Astgabel eines Baumes gebaut ist. Da man den Baumstamm, Äste, Blätter und auch die Holzstrukturen des Baumhauses auf den Motiven sehen wird, starten wir mit einigen Übungen, um sicherer im Malen von Hölzern und Bäumen zu werden.

HOLZSTRUKTUREN

Pinselwahl

Wenn es an die Strukturen von Holzfassaden geht, kann die Wahl des richtigen Pinsels den Malprozess erleichtern. Aufgrund seiner Form empfehle ich für Holzlatten beispielsweise immer einen Flachpinsel, da dieser beim Farbauftrag automatisch die Breite der Latte vorgibt. Außerdem hilft ein Minipinsel, um Holzfasern aufzumalen. Alternativ kannst du dafür auch einen braunen Buntstift verwenden.

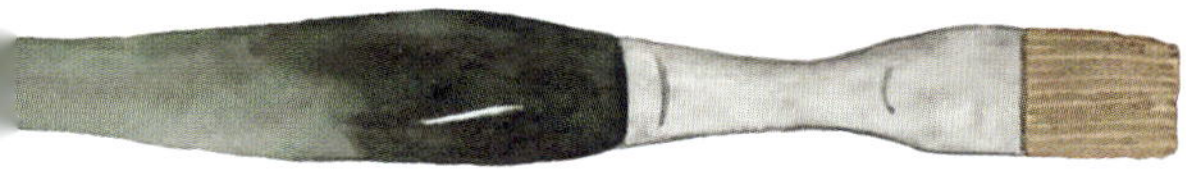

Flachpinsel

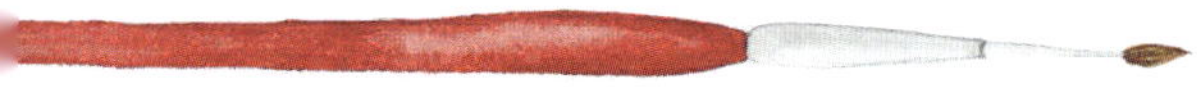

Minipinsel

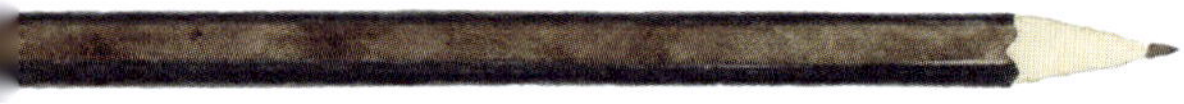

Buntstift

Techniken

1. Nimm mit dem Flachpinsel Farbe aus deinem Farb-Wasser-Gemisch auf und beginne mit dem Farbauftrag von oben nach unten. Lasse dann daneben eine Lücke in der Größe einer Pinselbreite und trage die nächste Holzlatte auf dem Papier auf. Nach einigen Pinselstrichen kannst du die Lücken mit einer zweiten Runde an Pinselstrichen schließen. Dadurch, dass du auf Lücke malst, kannst du das Ineinanderlaufen verhindern und die Latten bleiben klar erkennbar.

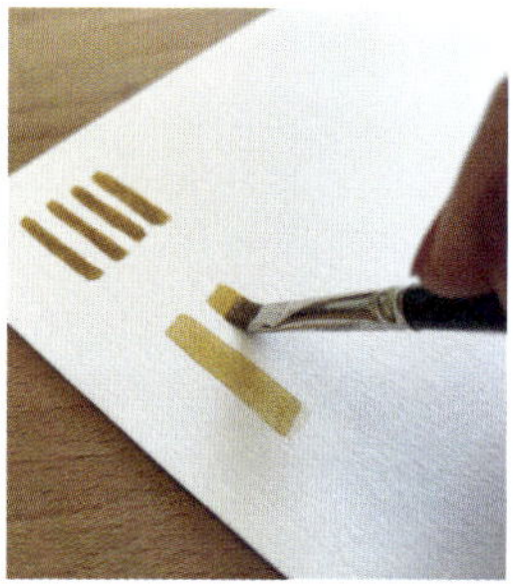

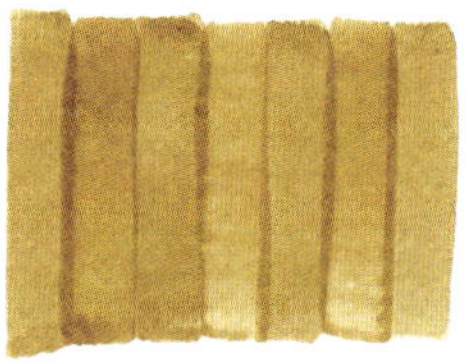

2. Übertrage die Skizze des Holzbrettes auf dein Papier und koloriere es in einem hellen Braunton. Während die Grundierung trocknet, mische dir einen dunkleren Braunton an und trage mit dem Minipinsel kleinere Wellenbewegungen auf, die die Holzfasern imitieren sollen. Ergänze auch mal ein kleines Astloch, um dein Holzbrett individuell zu gestalten.

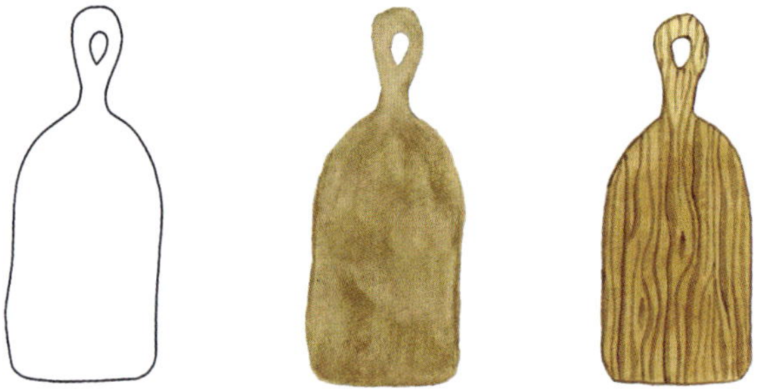

BÄUME

- Je nach Art des Baumes sieht sein Stamm, sein Blätterkleid und seine Baumspitze unterschiedlich aus. Wähle also zu Beginn die Baumart und studiere ihr Aussehen noch mal auf einem Bild.
- Beginne den Farbauftrag von der Baumspitze ausgehend und arbeite dich dann weiter nach unten vor.
- Je nach Art des Baumes braucht es unterschiedliche Pinselstriche. Bei buschigen Baumkronen die Tupftechnik, bei Tannen Pinselaufstriche und bei Fichten Pinselabstriche.
- Kombiniere immer verschiedene Grüntöne. Mit einem dunkleren Ton kannst du einige Äste noch abdunkeln und so mehr Perspektive in deinen Baum bringen.

MERKE

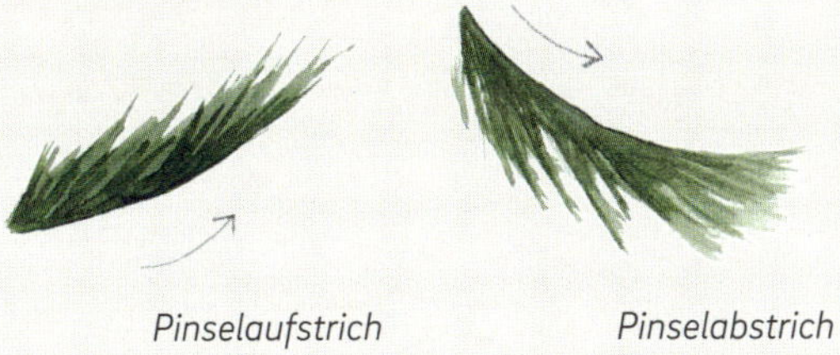

Die Tupftechnik

Die Tupftechnik ist perfekt, um einen schnellen, aber effektvollen Farbauftrag zu erzielen. Nimm dazu mit der Pinselspitze Farbe auf und tupfe diese locker auf dein trockenes Papier. Die Tupfen dürfen sich dabei auch überlappen.
Wähle dann noch einen etwas dunkleren Farbton und tupfe in die bereits feuchte Farbe. Ich verwende die Technik am liebsten für Baumkronen oder kleine Büsche.

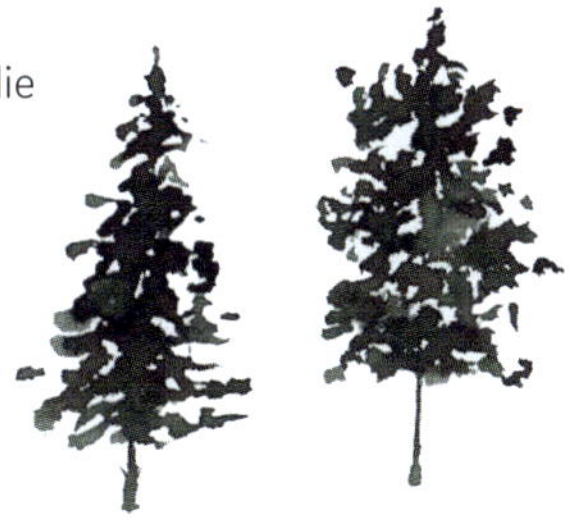

BAUMSTÄMME

1. Zeichne grob die Form eines Baumstamms auf und markiere dir, von welcher Seite das Licht kommen soll. Licht und Schatten sind entscheidend, um dem Stamm seine charakteristische Form zu geben. Benetze nun den Stamm mit etwas Wasser und gib anschließend ein wenig Pigment dazu. Achte darauf, dass die Schattenseite deutlich dunkler wird. Der Übergang vom Stamm zu einem Ast kann verstärkt werden, indem unterhalb ebenfalls mehr Pigment hinzugegeben wird.

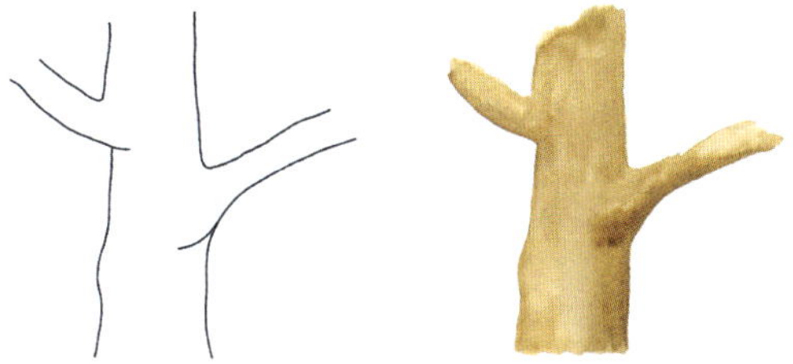

Wenn alles getrocknet ist, kann mit einem Minipinsel oder Buntstift noch die charakteristische Struktur einer Rinde hinzugegeben werden.

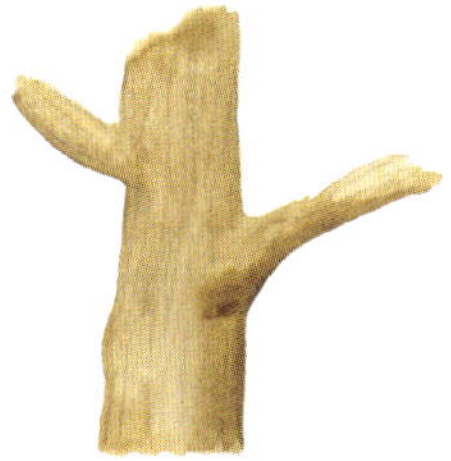

2. Bei einem größeren Stamm hilft es, diesen in mehrere Flächen einzuteilen und dann einzeln zu kolorieren. Dabei sollte jede Fläche mit einem kleinen Verlauf versehen werden. Achte darauf, dass die Verläufe in einer einheitlichen Richtung verlaufen, um einen realistischen Lichteinfall im Motiv zu haben.

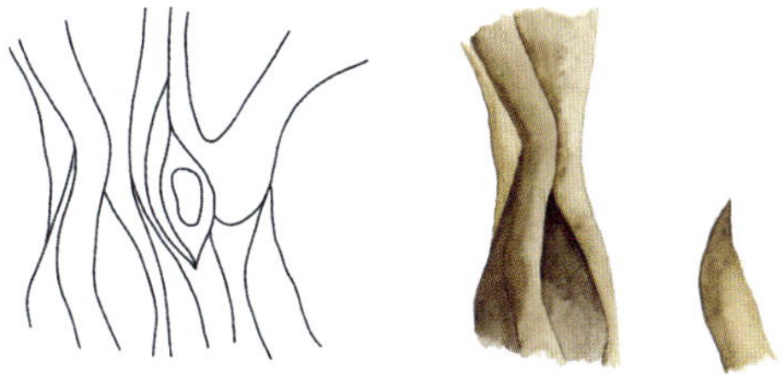

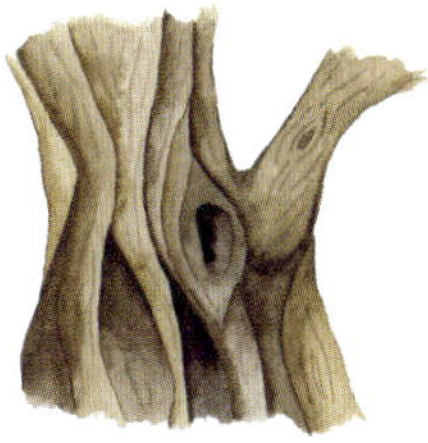

Das kleine Baumhaus

Willkommen in den Baumwipfeln! Dieses kleine Baumhaus ist der perfekte Ort, um abends unter freiem Himmel dem Zirpen der Grillen zu lauschen und mitten in der Natur einen Ort von Geborgenheit und Freiheit zu erleben. Das Projekt ist ideal für den Einstieg, damit du dich mit den verschiedenen Watercolor-Techniken vertraut machen kannst.

MATERIAL

> Aquarellpapier, matt
> Rundpinsel Nr. 6 und 2 zum groben Kolorieren
> Minipinsel für Details, z. B. Nr. 0
> Buntstifte (braun und gelb)
> optional: Fineliner für Konturen

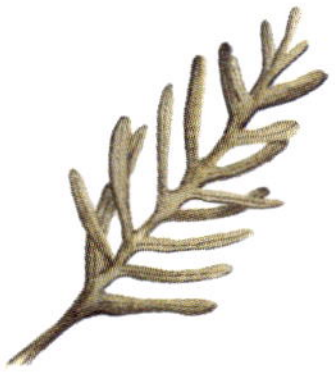

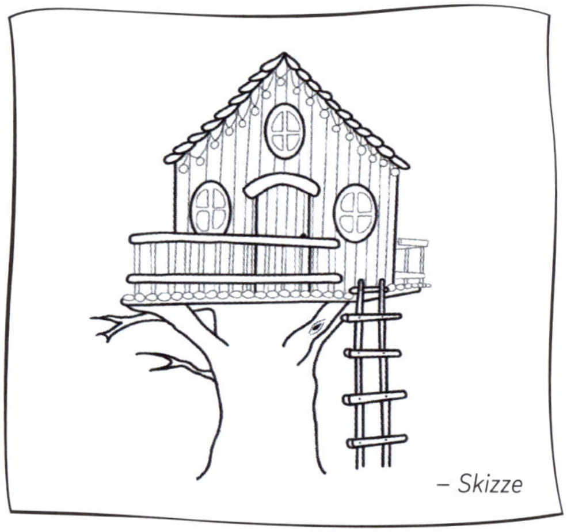

– Skizze

FARBPALETTE

Kadmiumrot dunkel (350)	Indischgelb (220)
Umbra natur (667)	Umbra gebrannt (668)
Lasurgoldgrün (537)	Tundragrün (985)

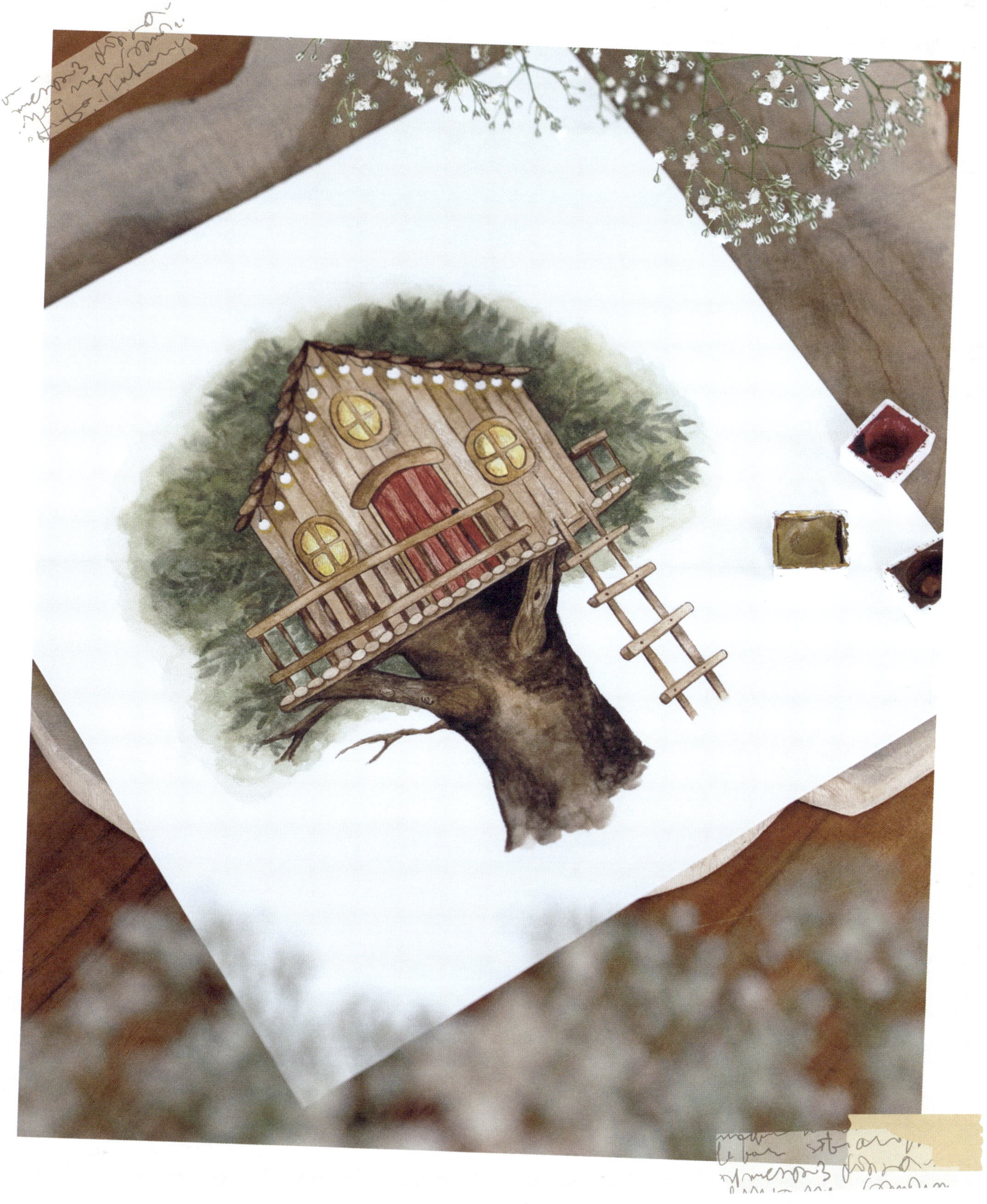

So geht's

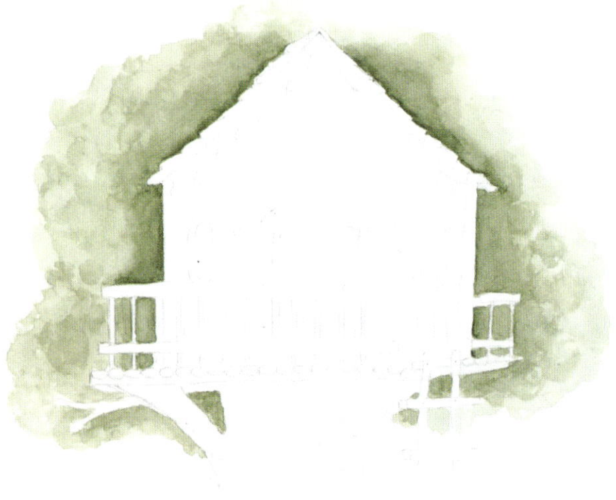

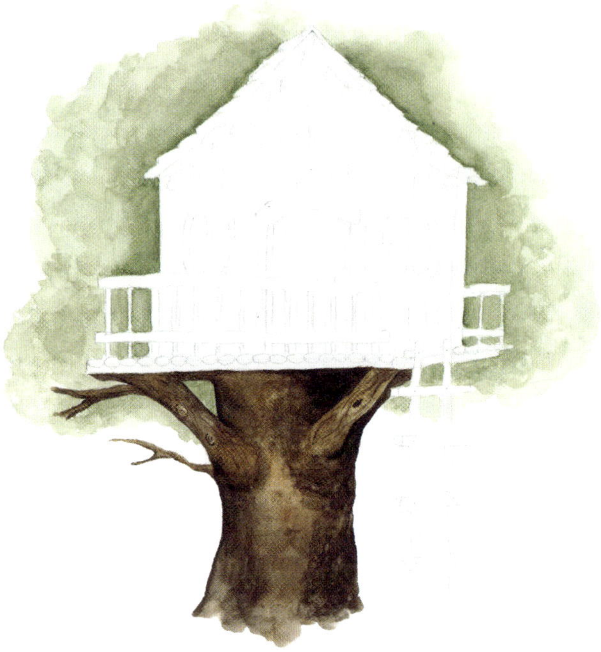

1. Wir starten mit einer Grundierung des Hintergrunds. Mische dir dazu einen Grünton an und trage ihn direkt am Rand zum Baumhaus auf das Papier auf. Verblende dann mit Wasser und zunehmend weniger Pigment auf dem Pinsel das Grün nach außen hin. In den Bereichen des Geländers, wenn die Flächen kleiner werden, kannst du auf einen kleineren Pinsel wechseln, um mehr Kontrolle zu haben.

2. Jetzt malen wir den Baumstamm. Mische dir dazu zwei Brauntöne an: einen helleren und einen sehr dunklen. Starte rechts an der dunkelsten Stelle mit dem dunkleren Ton. Verblende dann sehr zügig das Pigment und gib auch ab und an etwas von deinem helleren Farb-Wasser-Gemisch dazu. Es ist wichtig, hier flott zu arbeiten, damit alles relativ gleichmäßig trocknet. An dunkleren Stellen, zum Beispiel unter den Ästen, kannst du deinen dunkleren Ton hinzugeben. Wenn alles getrocknet ist, male Strukturen in Form von kleinen Wellenlinien auf die Äste.

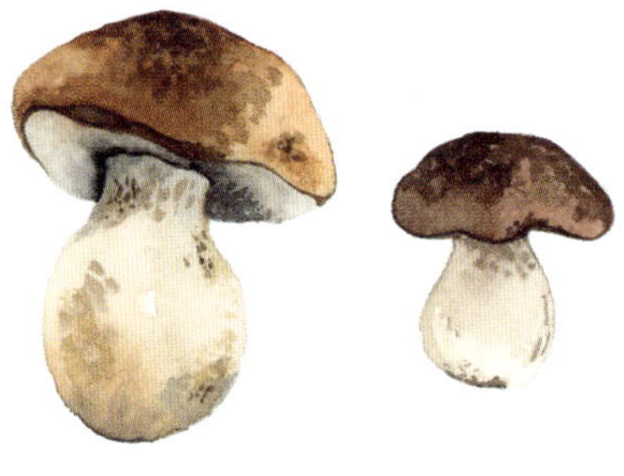

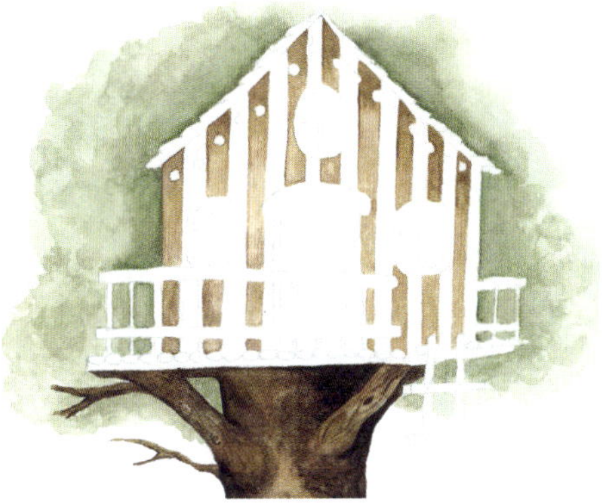

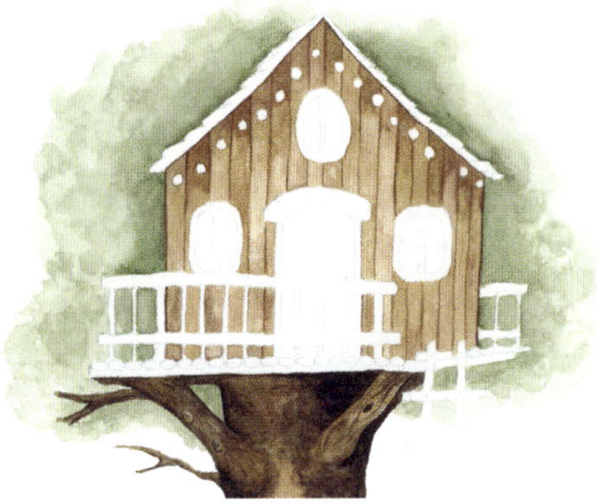

3. Der hellere, bereits angemischte Braunton kann jetzt weiterverwendet werden. Um die Holzlatten klar voneinander abzutrennen und ein Ineinanderlaufen zu vermeiden, empfehle ich, diese auf Lücke zu malen. Beginne den Farbauftrag immer am oberen Ende der Holzlatte, damit er unter dem Dach dunkler wird.

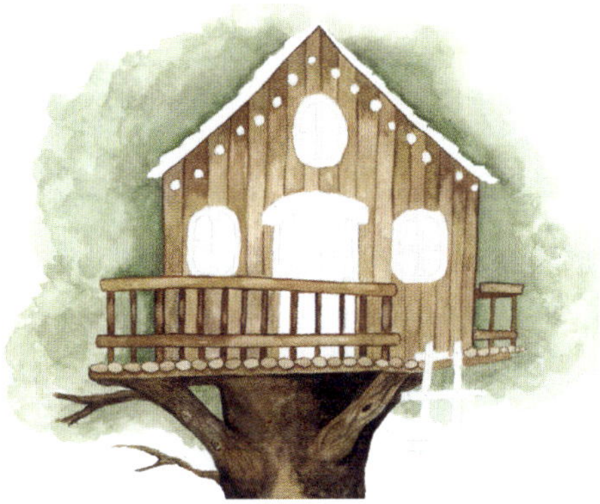

4. Weiter geht es mit dem Geländer! Damit sich das viele Holz voneinander abgrenzt, sollten die vertikalen Balken deutlich dunkler sein als die zwei länglichen Balken.

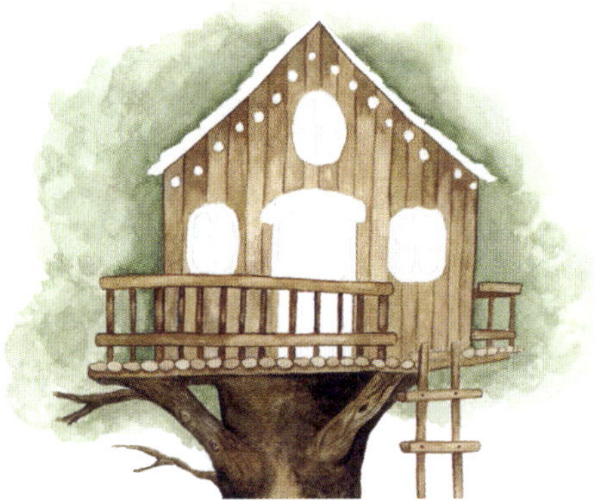

5. Die Leiter entsteht ebenfalls, indem man unterschiedliche Intensitäten der Brauntöne miteinander mixt. Die Querbalken sollten heller sein und die vertikalen Balken dunkler. Du kannst die einzelnen Flächen anschließend ganz leicht mit einem feinen Pinsel und einer etwas dunkleren Farbe umranden. So grenzen sie sich auch noch mal etwas besser voneinander ab.

Weiter geht's

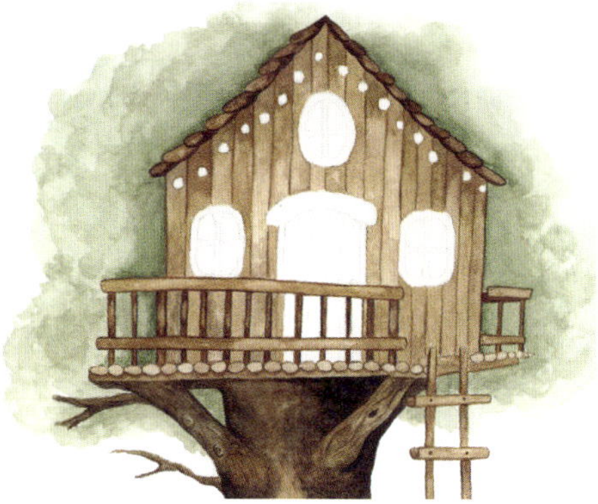

6. Damit sich das Dach farblich von den Holzlatten unterscheidet, sollte es einen dunkleren Braunton erhalten. Male die Schindeln einzeln und im besten Fall auch wieder auf Lücke aus, damit ein Ineinanderlaufen verhindert wird.

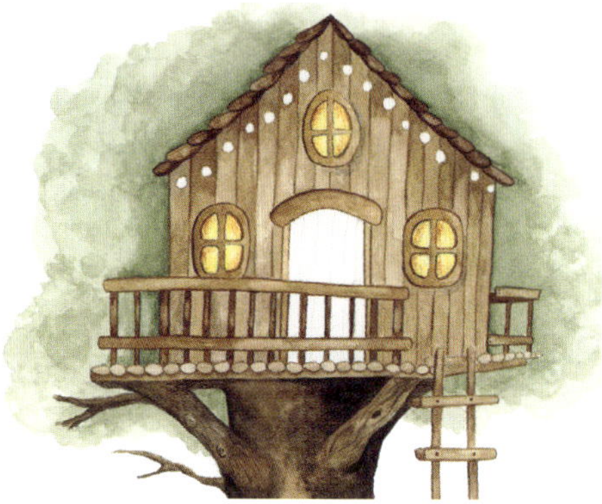

7. Mische dir einen Gelbton an und trage ihn auf die Fensterscheiben auf. Sobald alles getrocknet ist, kannst du mit dem Braunton die Fensterrahmen und den Türrahmen ausmalen. Hier sollte nichts verlaufen, um einen klaren Kontrast zu haben. Mit einem Minipinsel und dunkler Farbe kannst du auch diese wieder konturieren. Wenn du einen hellbraunen Buntstift hast, kannst du den äußeren Bereich der Fensterscheiben etwas schraffieren. Damit sieht dein Motiv noch lebendiger aus.

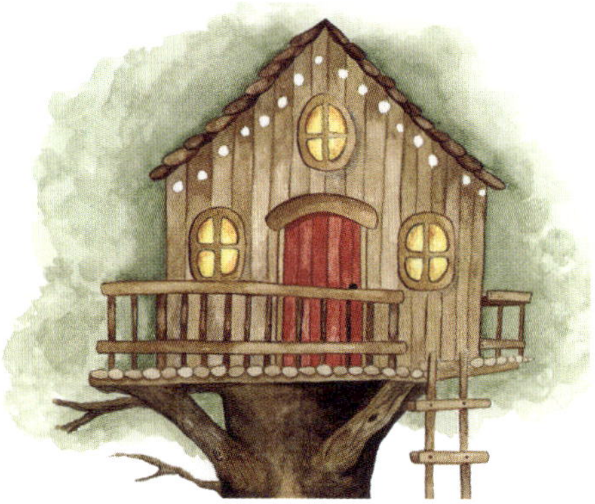

8. Damit die Tür ein Highlight des kleinen Baumhauses ist und sich etwas absetzt bei dem vielen Holz, kannst du sie in einer bunten Farbe kolorieren. Male hier ebenfalls Holzlatten auf und ergänze Holzstrukturen.

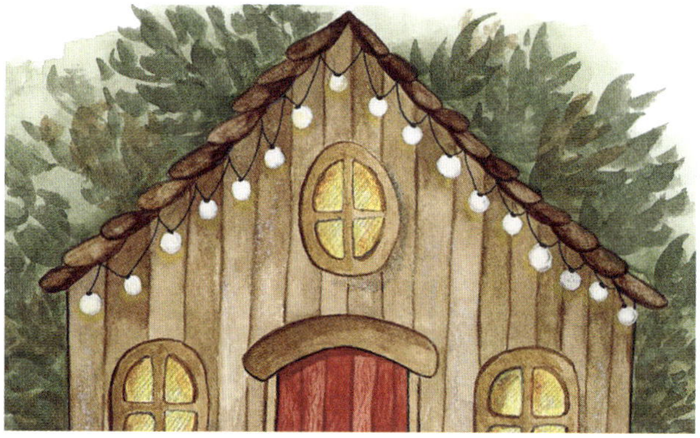

9. Jetzt fehlt nur noch die Lichterkette. Male mit einem Fineliner die Schnur nach. Male die Glühbirnen mit Deckweiß aus, falls etwas braune Farbe beim Malen der Holzlatten hineingeraten ist. Mit einem gelben Buntstift kannst du unterhalb der Glühbirnen einen kleinen gelben Schein einzeichnen.

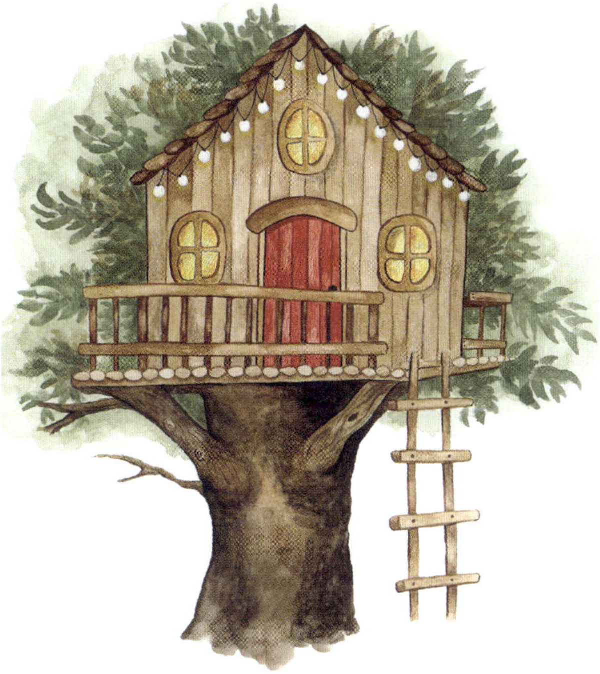

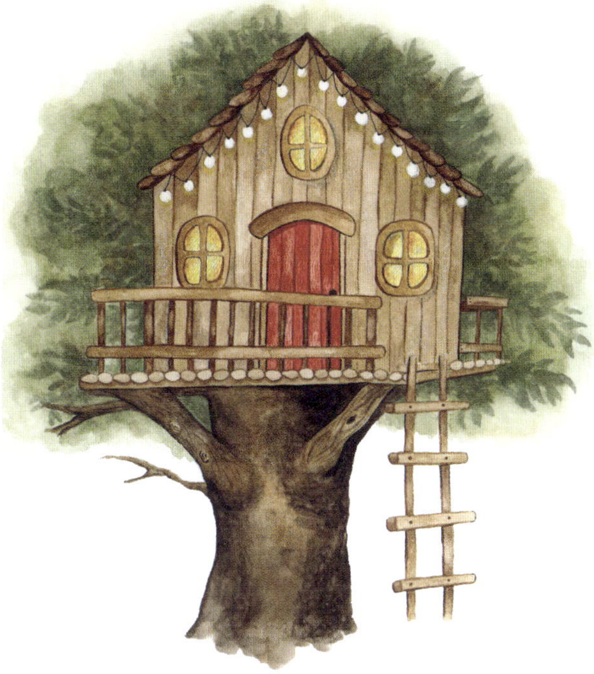

10. Um dem Baum noch mehr Struktur zu verleihen, kannst du mit einem dunkleren Grün kleine Blätter auf die grüne Grundierung malen. Nimm dann Wasser auf deinen Pinsel auf und gib eine dünne Schicht Flüssigkeit auf den Baum. Damit aktivierst du ganz leicht die Farbschicht der gerade aufgemalten Blätter und kannst sie besser verblenden. Auf diese Weise erscheinen die Blätter nur leicht auf deinem Baum.

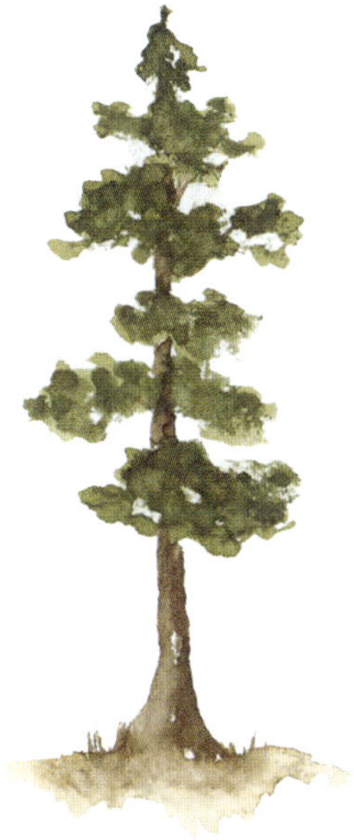

WILLKOMMEN IM BAUMHAUS

Das große Baumhaus

Baumhäuser bringen uns ganz einfach in die Wipfel der Bäume und schaffen uns einen Ort, an dem wir uns gleichzeitig frei, aber auch geborgen fühlen können. Das große Baumhaus ist das perfekte Motiv für alle, die schon etwas Erfahrung mitbringen und Lust haben, ein größeres Projekt umzusetzen.

MATERIAL

- Aquarellpapier, matt
- Rundpinsel Nr. 6 und 2 zum Kolorieren
- Minipinsel für Details, z. B. Nr. 0

TIPP

Ein größeres Watercolor-Projekt kannst du auch über eine Woche oder ein Wochenende malen. So hast du die Gelegenheit, immer mal wieder mit einem neuen Blick auf dein Bild zu schauen und deiner Hand eine Pause zu gönnen.

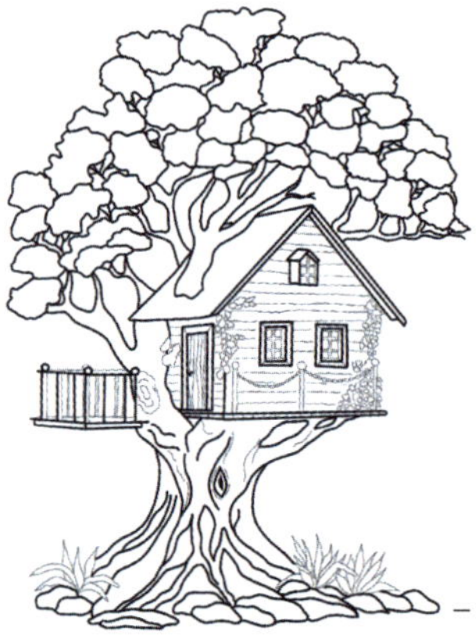

– *Skizze*

FARBPALETTE

- Grünoliv (515)
- Neutralgrau (785)
- Umbra natur (667)
- Perylengrün (784)
- Englisch-Venezianisch Rot (649)
- Sepiabraun rötlich (662)

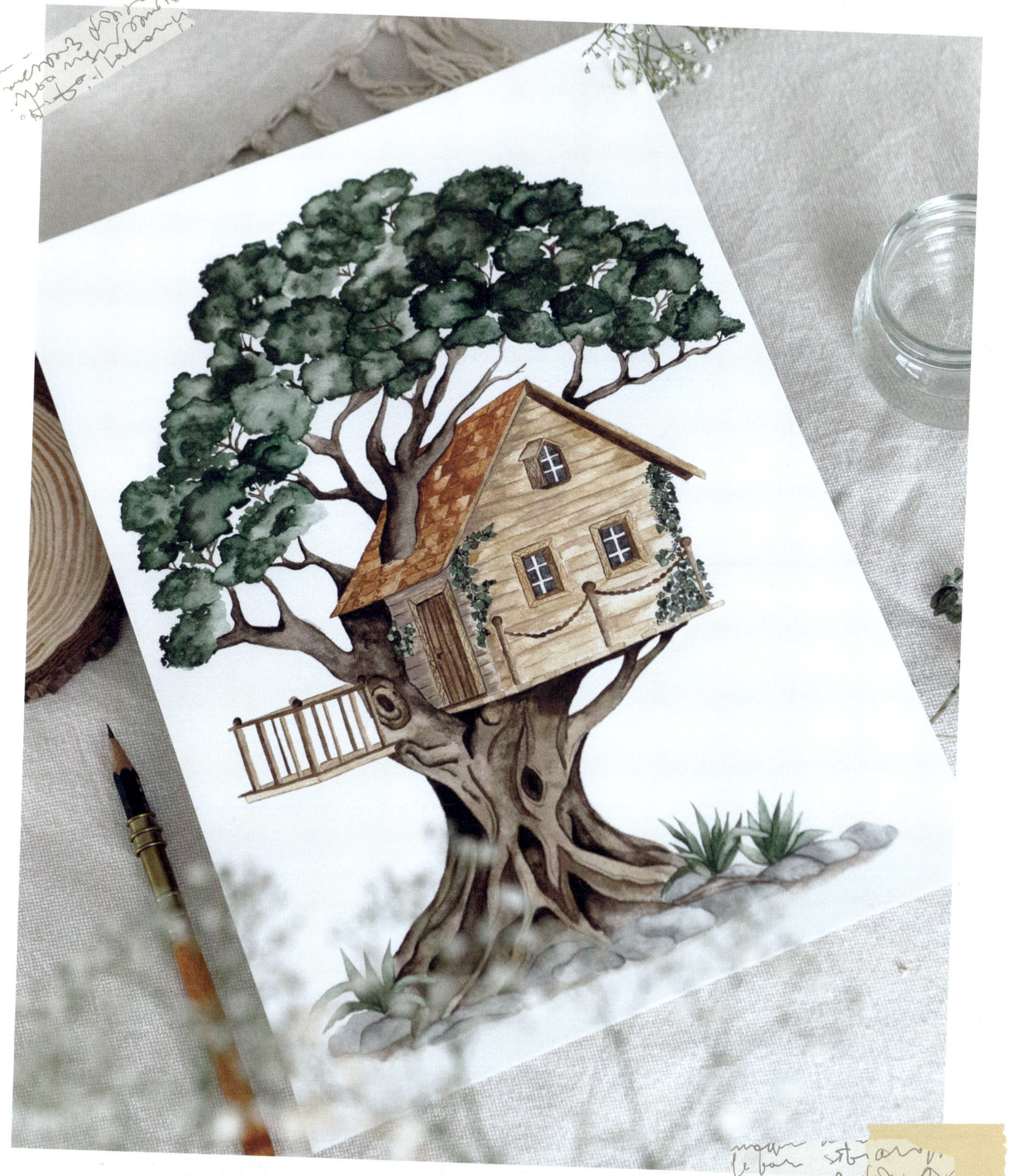

So geht's

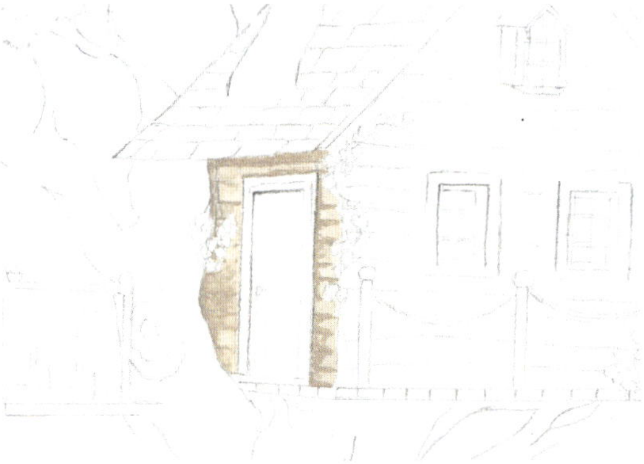

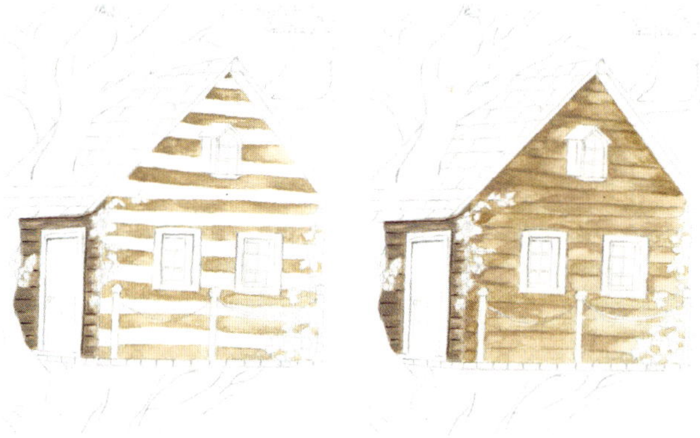

1. Wir beginnen das Projekt an der Türseite. Da die Flächen hier sehr kleinteilig sind, empfehle ich dir, mit einem kleineren Pinsel zu arbeiten. Koloriere in diesem Schritt die einzelnen Holzlatten und versuche an den äußeren Rändern etwas mehr Pigment bzw. eine dunklere Schicht aufzutragen.

2. Nimm nun mit deinem kleinen Pinsel einen dunkleren Braunton auf und ziehe feine Linien zwischen den Holzlatten, um diese voneinander abzutrennen. Anschließend widmen wir uns der Holzfassade auf der Vorderseite. Koloriere diese wieder auf Lücke, um eine klare Abtrennung zu erzielen.

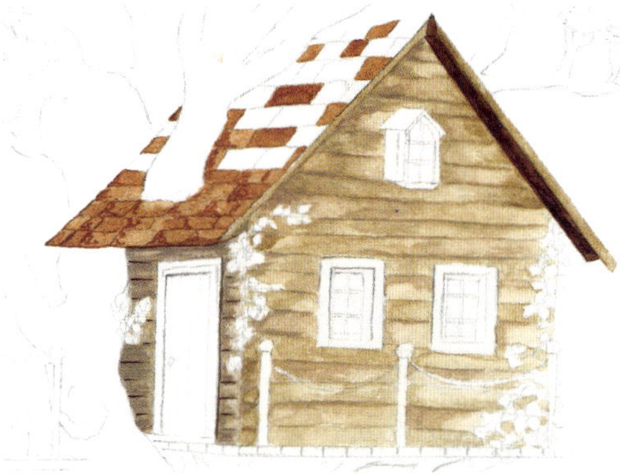

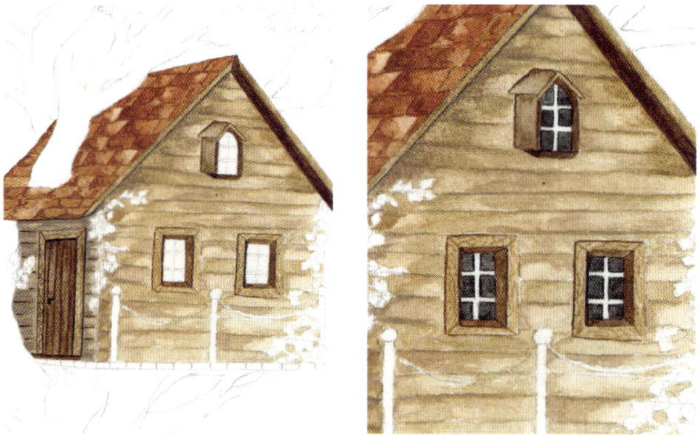

3. Im nächsten Schritt geht es an das Dach. Koloriere dazu den unten liegenden Dachüberstand in einem dunkleren Braunton. Für die Dachziegel kannst du einen rostigen Rotton anmischen. Gib dazu etwas Braun in dein Rot. Um die Ziegel klar voneinander abzugrenzen, kannst du sie wie bei den Holzlatten einzeln ausmalen. Variiere hier auch immer mal wieder die Farbintensität. Mit einem etwas dunkleren Rostton kannst du anschließend noch etwas Schmutz aufmalen.

4. Die Fenster und Türen malst du am besten mit einem Minipinsel. Versieh die Rahmen mit einer Holzstruktur. Das Innere der Fenster kannst du entweder dunkel (mit einem Grau) oder erleuchtet (mit einem Gelb) ausmalen.

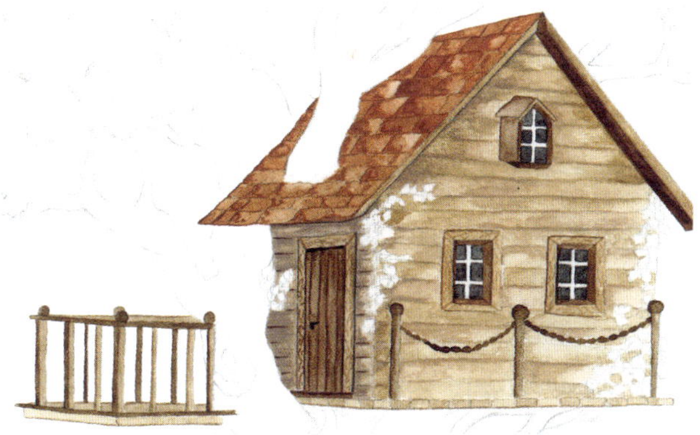

5. Bevor du mit dem Geländer startest, mache dir kurz klar, welche Balken hinten und welche vorne liegen. Da die Flächen sehr nah beieinanderliegen, kann es hier schon mal zu Verwirrung kommen. Koloriere dann jede Gruppe in einem einheitlichen Braunton. Auch die Terrasse auf der Hausseite bekommt in diesem Schritt ihren Anstrich. Male dazu jede Holzleiste wieder einzeln aus.

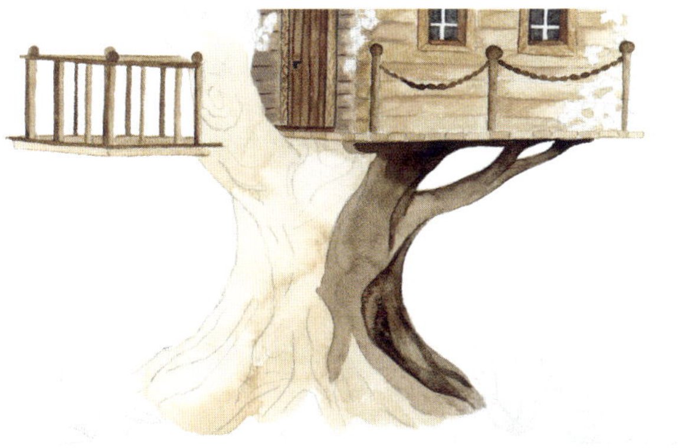

6.a Grundiere den Stamm im ersten Schritt flächig in einem hellen Braunton. Mische dir dann einen mittleren und einen dunklen Braunton an. Mache dir die bereits vorgezeichneten Linien zunutze und versuche jeden Abschnitt des Stamms als eigene Fläche zu sehen. Gib dann den mittleren Braunton in die Fläche und versuche einen einheitlichen Farbverlauf innerhalb einer Fläche zu erzielen. An Stellen, wo der Stamm im Schatten liegt (z. B. unter dem Baumhaus oder unter Ästen), gibst du den dunkleren Braunton dazu.

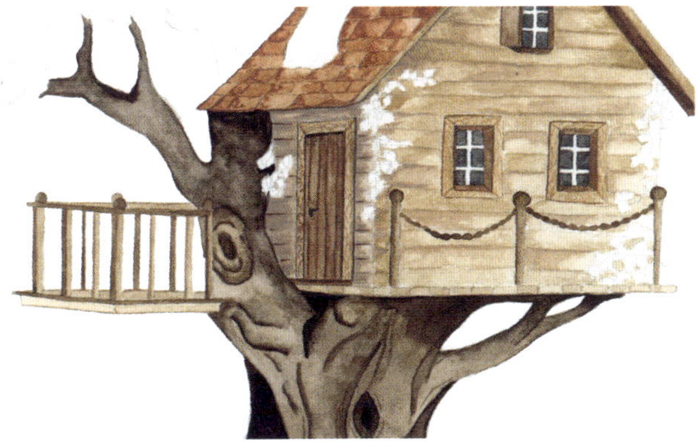

6.b Ergänze auch das ein oder andere Astloch. Male dazu mit dem dunklen Braunton ein Oval und male versetzte Halbkreise darum herum. Verblende das Pigment der Halbkreise dann nach innen hin.

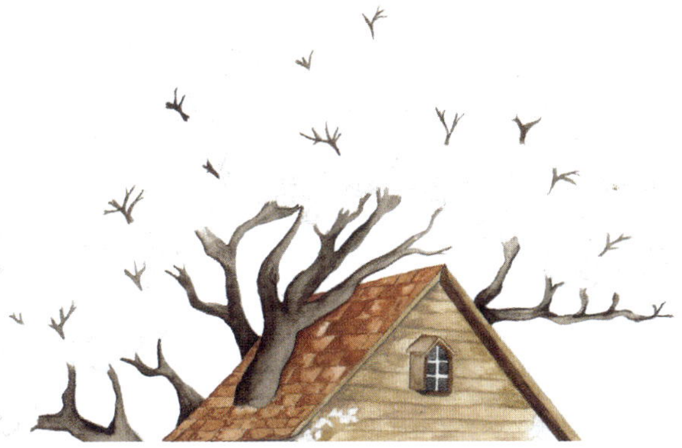

6.c Arbeite dich nach und nach vom Stamm bis zu den Ästen hoch und ergänze in der Baumkrone ebenfalls einige kleine Äste.

Weiter geht's

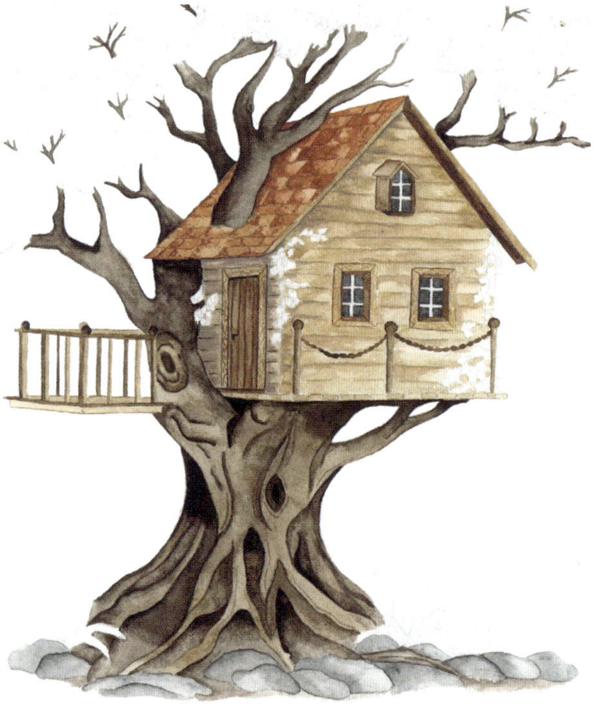

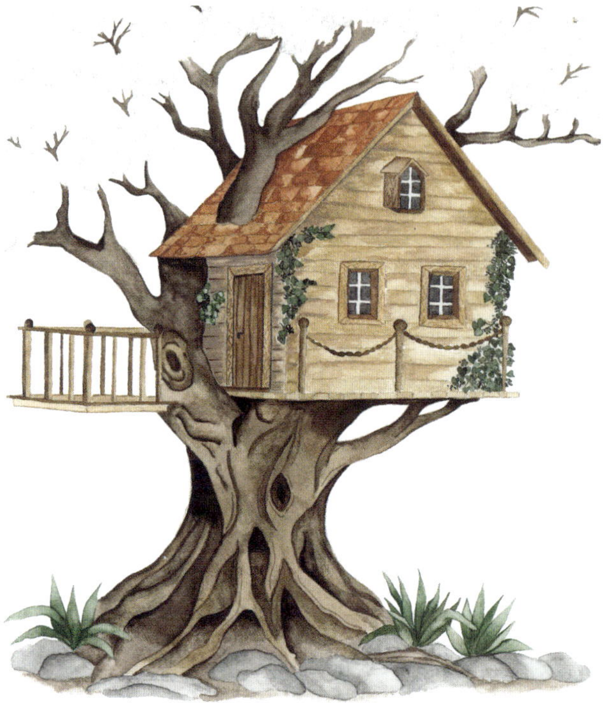

7. Wähle für die Steine einen grauen Farbton und male dann jeden Stein einzeln aus. Tupfe immer etwas Pigment an eine Stelle des Steins und verblende es an das andere Ende. Wechsle in den Richtungen auch mal ab, damit die Steine unterschiedlich aussehen.

8. Ergänze nun die ersten grünen Elemente. Der Efeu am Haus ist etwas aufwendiger zu malen, da es sich empfiehlt, größere Blätter einzeln aufzumalen. Variiere hier unbedingt in der Intensität des Grüntons. Um größere Flächen zu schließen, kannst du auch mit der Tupftechnik arbeiten. Sollte dein Holzhintergrund sehr dunkel sein, empfehle ich dir, etwas Deckweiß in dein Grün zu mischen. Auf diese Weise deckt es besser auf dem hellbraunen Untergrund, wird heller und hebt sich damit vom Braun ab.

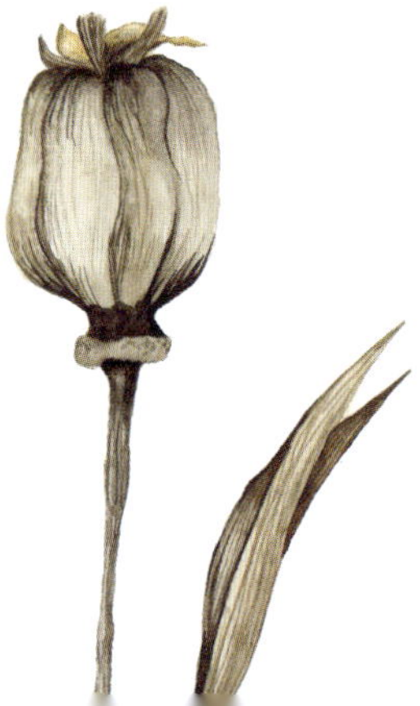

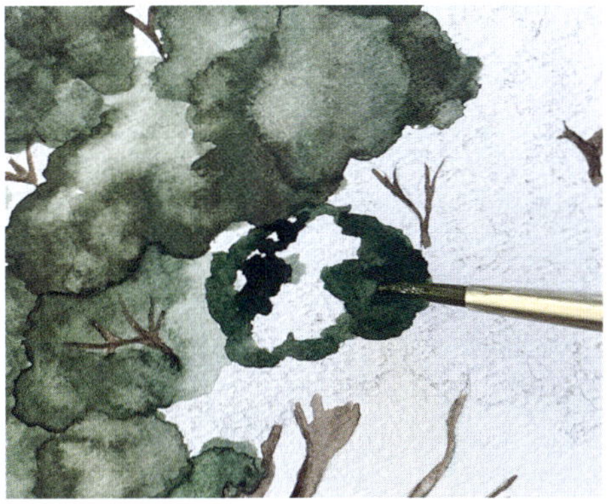

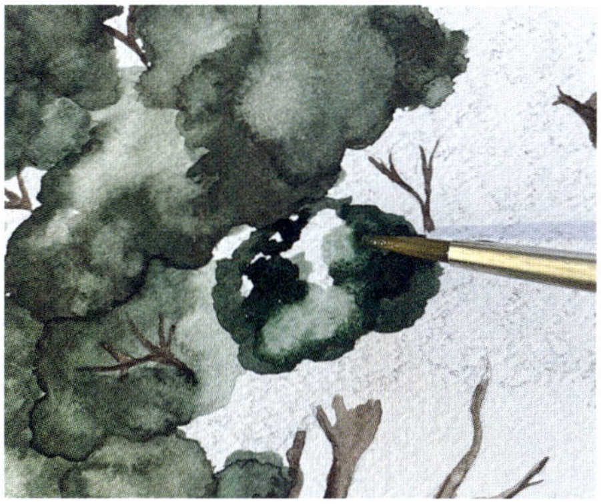

9.a Im letzten Schritt fehlt nur noch die Baumkrone. Diese besteht auch wieder aus vielen Einzelflächen in der Form von kleinen Wolken. Tupfe in eine Wolke zunächst etwas grünes Pigment, nimm dann etwas Wasser auf deinen Pinsel auf und gib dieses ebenfalls in die Wolke. Achte aber darauf, deine Wolke nicht zu ertränken.

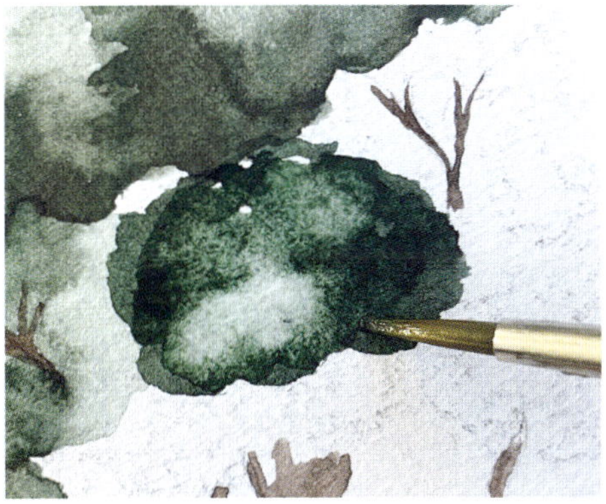

9.b Jetzt kannst du den Pigmenten ihre Arbeit überlassen und nur mit dem Pinsel das Gemisch bis an den Rand der Wolke ziehen, damit keine unregelmäßigen Wasserflecken entstehen. Arbeite dich so Wolke für Wolke vor, bis deine Baumkrone dicht bewachsen ist.

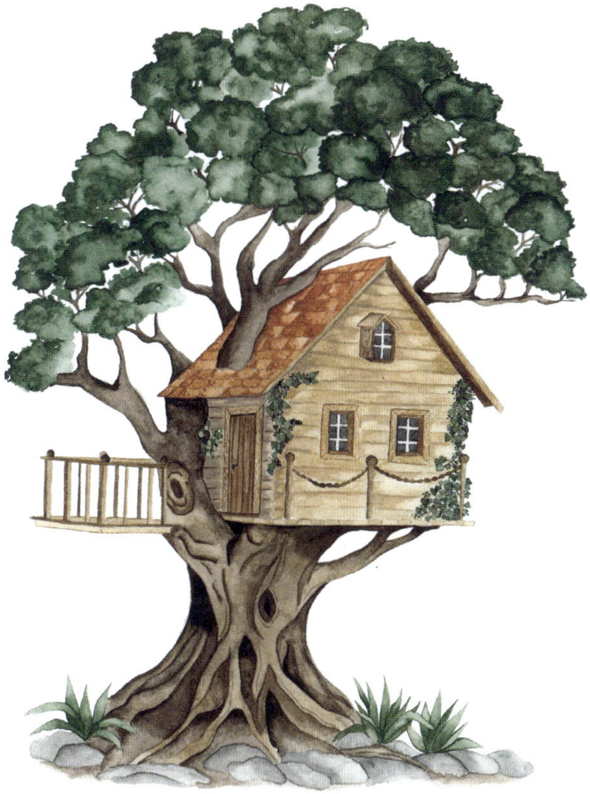

Lass dich inspirieren

Die Watercolor-Baumhäuser können ganz unterschiedlich gestaltet werden. Vielleicht hängt eine Schaukel vom Ast oder es ist mit einer kleinen Girlande dekoriert? Oder es sitzt ein Vogelnest im Baum? Lass dich inspirieren von den verschiedenen Gestaltungselementen und individualisiere dein Baumhausmotiv.

LICHTERKETTE

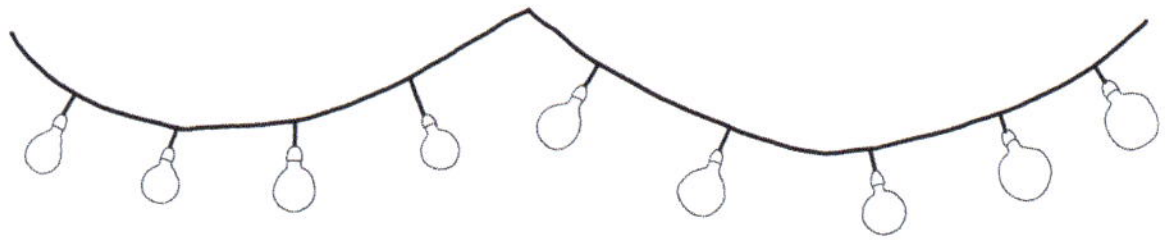

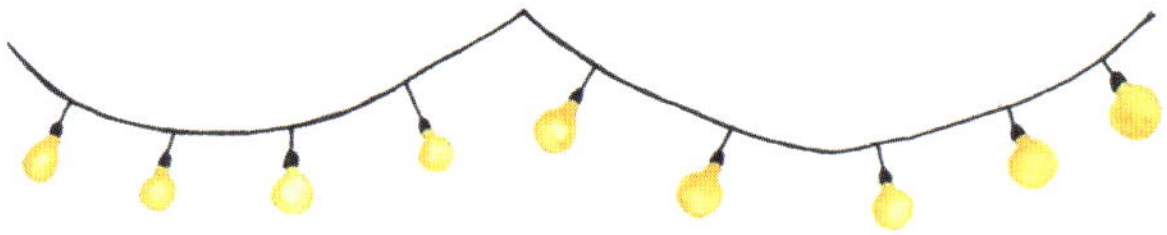

AUTOREIFEN

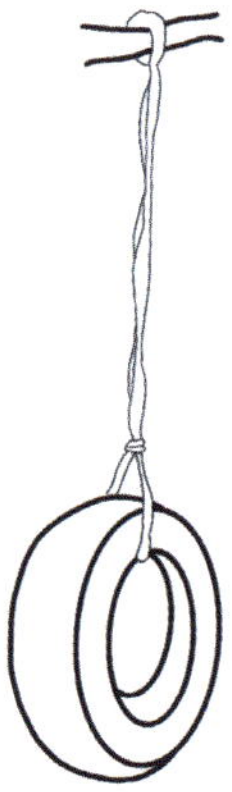

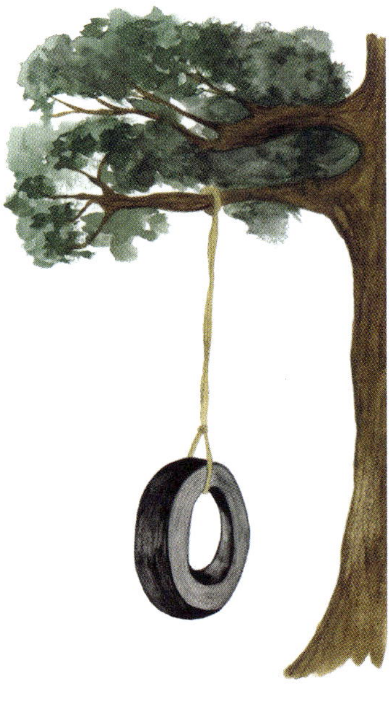

VOGELNEST

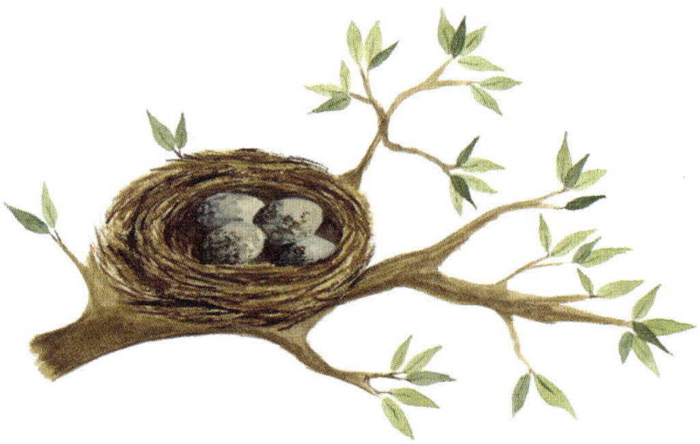

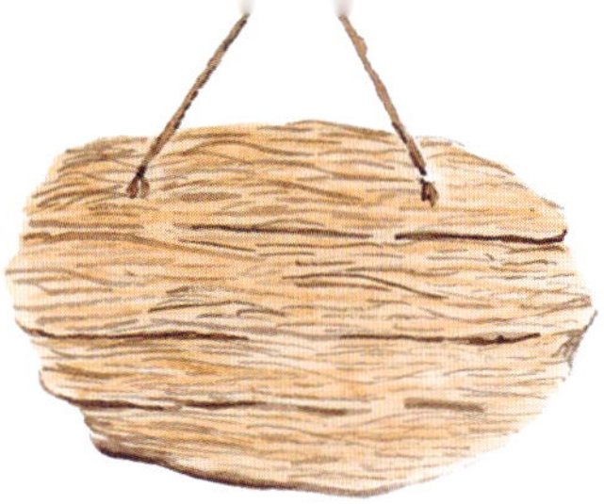

GIRLANDE

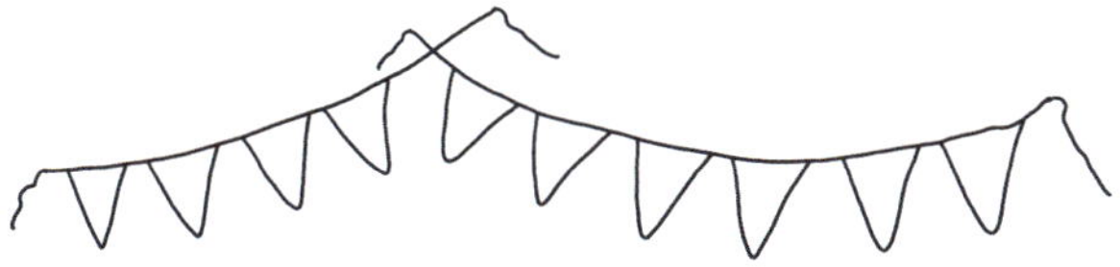

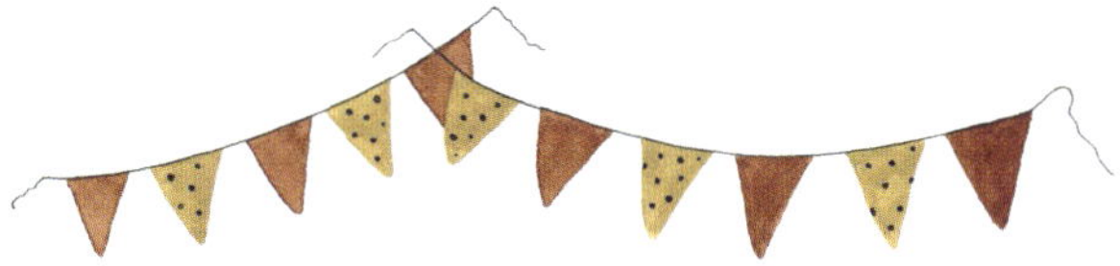

GIRLANDE IM BAUM

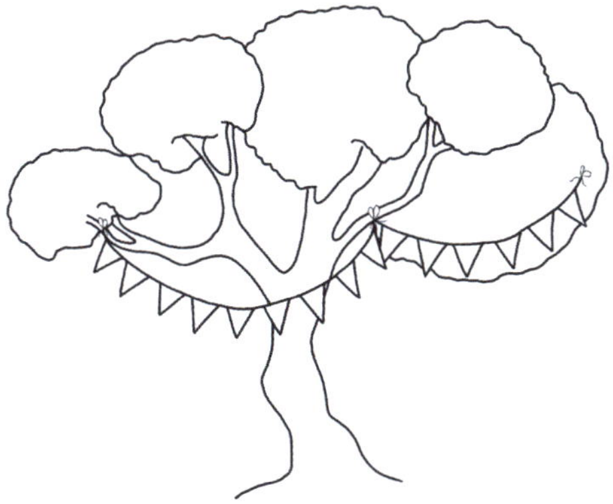

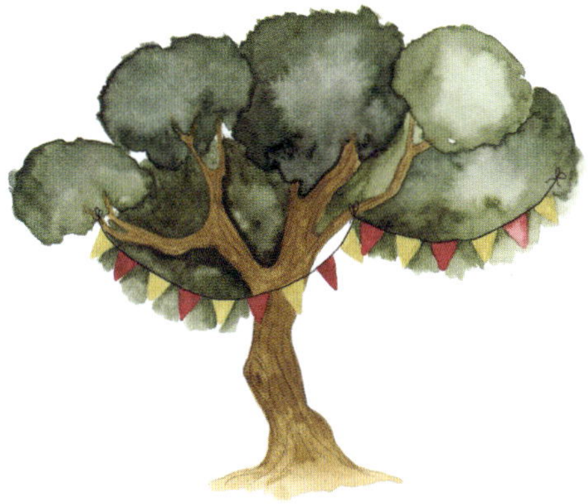

SCHAUKEL

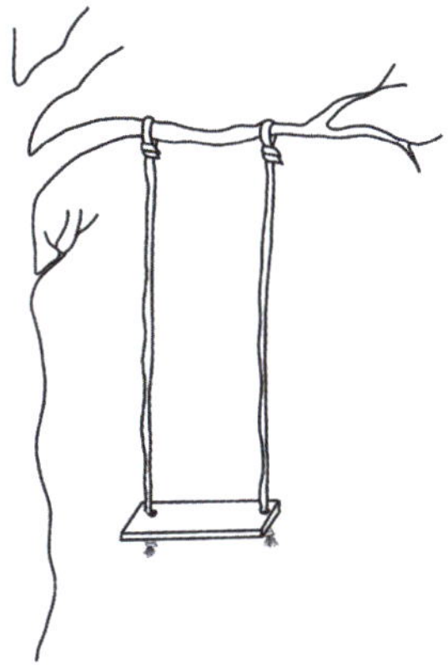

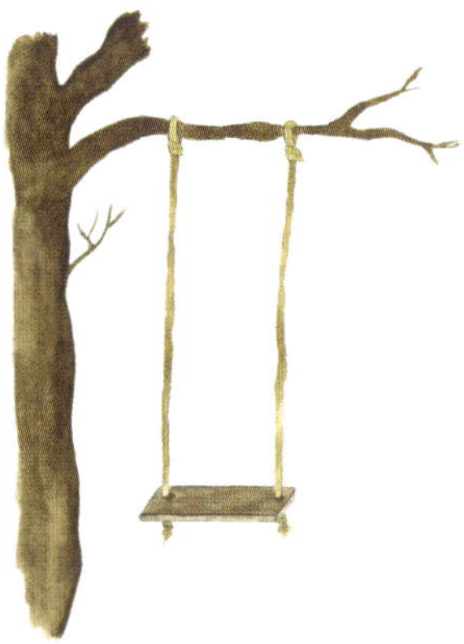

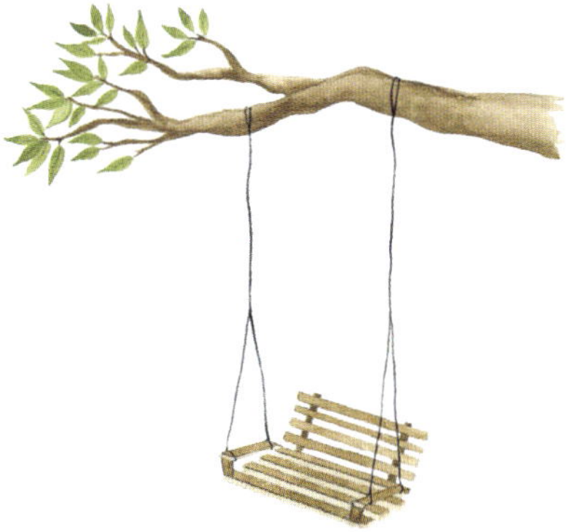

Hexenhäuschen

Hörst du das Knarren der alten Eiche, wenn der Herbstwind durch die knorrigen Äste weht? Einer kleinen Hexe macht das aber nichts aus, denn sie hat es sich gemütlich gemacht in ihrem kleinen Hexenhäuschen und betrachtet den Vollmond aus einem ihrer kleinen Fenster. Dieses Motiv ist das perfekte Projekt für einen schaurig-schönen Watercolor-Abend zu Halloween.

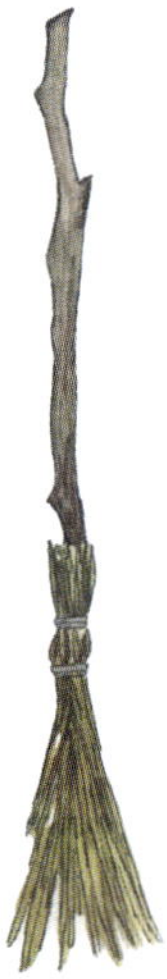

MATERIAL

- Aquarellpapier, matt
- Rundpinsel Nr. 6 und 2 zum Kolorieren
- Minipinsel für Details, z. B. Nr. 0
- Rubbelkrepp
- schwarzer Fineliner
- weißer Gelstift
- optional: Kreiszeichner
- optional: brauner Buntstift

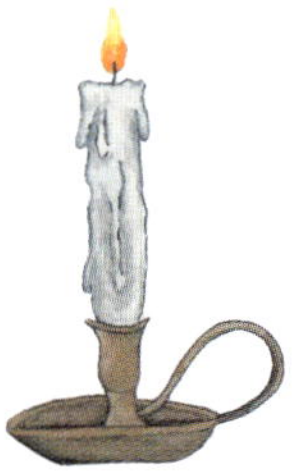

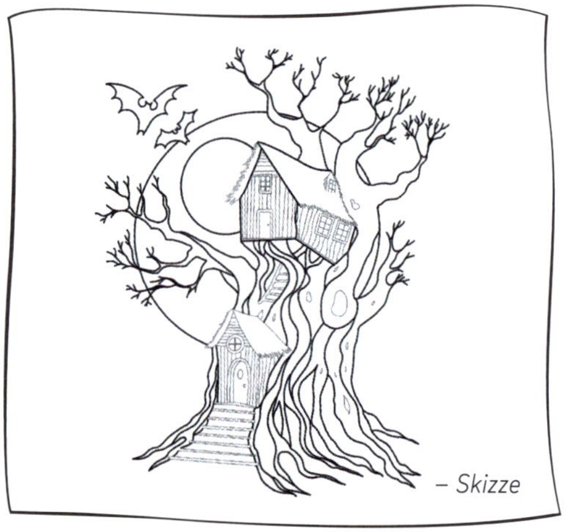

– Skizze

FARBPALETTE

Indigo (485)	Lichter Ocker natur (656)	Sepiabraun rötlich (662)
Neutralgrau (785)	Umbra natur (667)	Lampenschwarz (781)

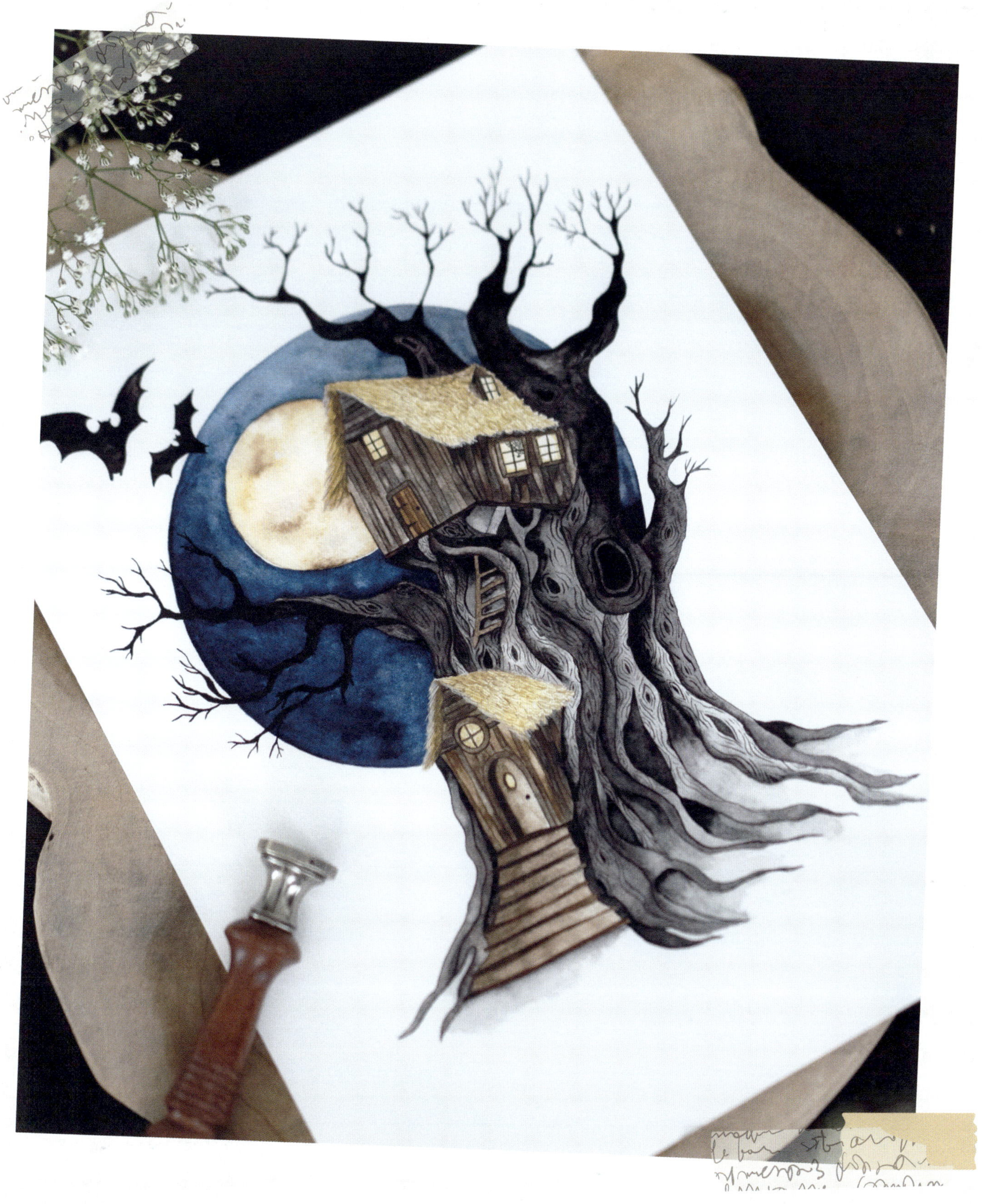

So geht's

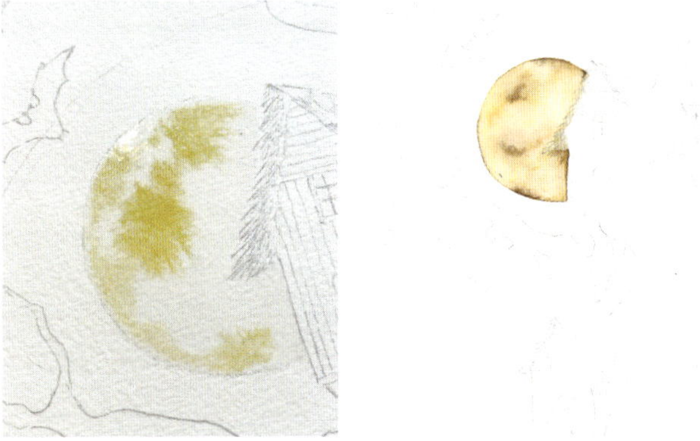

1. Wir beginnen mit dem Vollmond. Trage dafür mit einem sauberen Pinsel etwas Wasser auf die Mondfläche auf und tupfe dann mit einem bräunlichen Gelbton in die Fläche. Die Pigmente werden sich jetzt eigenständig verbinden. Gib dann auch dunklere Pigmente hinein, zum Beispiel an den Rand des Mondes, und lasse alles gleichmäßig eintrocknen.

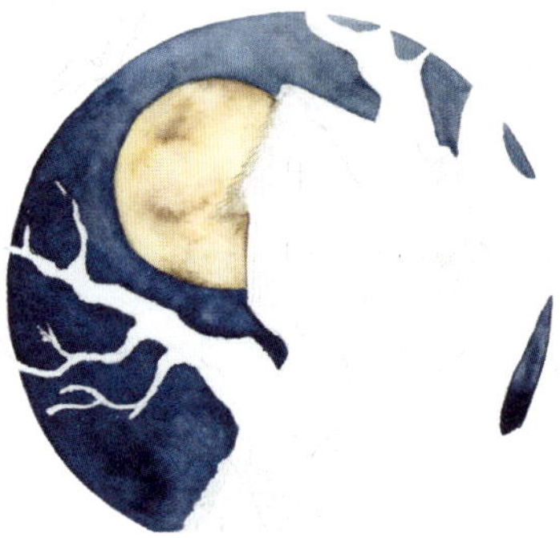

2. Trage nun das Rubbelkrepp auf die Äste auf, die über dem zweiten Kreis liegen. Sobald das Rubbelkrepp getrocknet ist, kannst du mit einem dunklen Indigoton und einem größeren Rundpinsel beginnen, den Kreis zu kolorieren. Starte mit dem Farbauftrag im unteren Bereich des Kreises und verblende das Pigment zunehmend nach oben hin. Um die Kante zum Vollmond korrekt zu malen, wechsle auf einen kleineren Pinsel, mit dem du mehr Kontrolle hast.

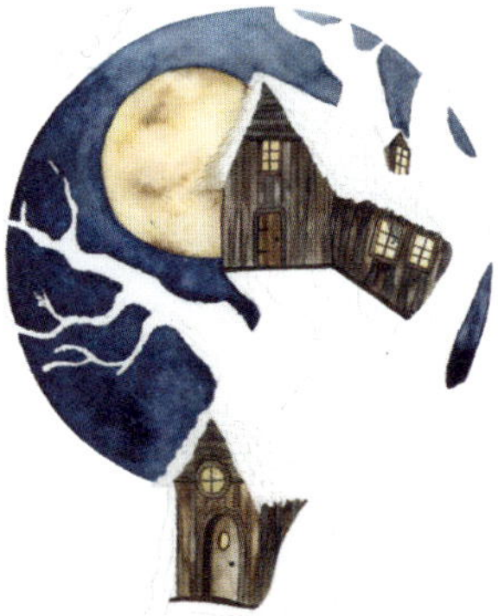

3. Weiter geht es mit den zwei Stockwerken. Male jede einzelne Holzlatte für sich auf und versuche, in jeder Fläche einen kleinen Verlauf zu erhalten. Probiere auch immer mal wieder einen gräulichen Farbton statt einen Braunton. Auf diese Weise bekommt dein Häuschen einen leicht verwitterten Eindruck. Male das Innere der Fenster in einem warmen Gelbton. Sobald dieser getrocknet ist, kannst du mit einem Minipinsel die Rahmen ergänzen. Vielleicht sitzt ja auch ein kleines Spinnennetz im Fenster?

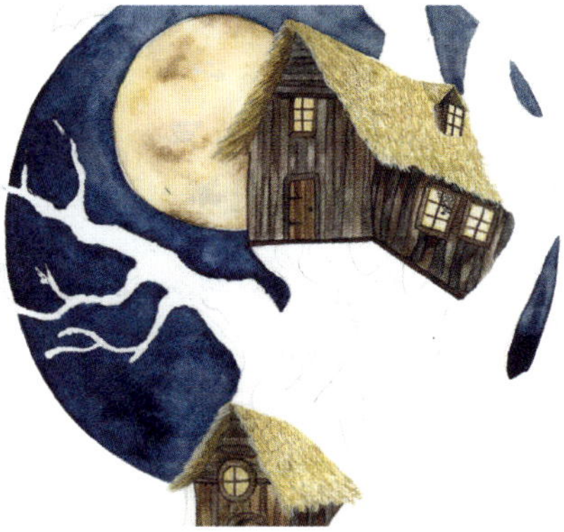

4. Koloriere das Dach zunächst ebenfalls in dem Gelbton. Wechsle dann auf einen Minipinsel und einen etwas dreckigeren Braun-Gelbton, um mit vielen kleinen Pinselabstrichen das Stroh auf dem Dach anzudeuten. Denke daran, dass es unter dem Dachüberstand deutlich dunkler sein muss, da dies ein Schattenbereich ist. Mit einem weißen Gelstift lassen sich einzelne überstehende Strohhalme aufmalen.

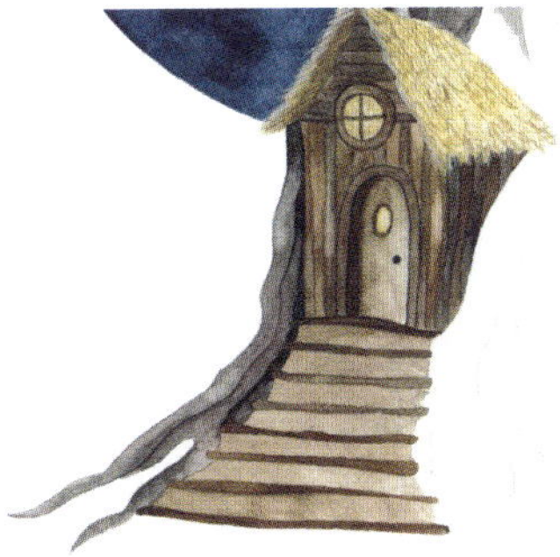

5. Die Treppe besteht aus zwei Elementen: einer schmalen Trittkante, die in einem dunkleren Braunton koloriert werden sollte, und der sogenannten Setzstufe, die etwas heller koloriert wird. Du kannst auch direkt einen Blick auf Step 7 werfen und eine Treppenseite etwas dunkler kolorieren, um mehr Perspektive zu schaffen. Insgesamt ergibt sich auf diese Weise ein Treppenlauf hoch zur Eingangstür.

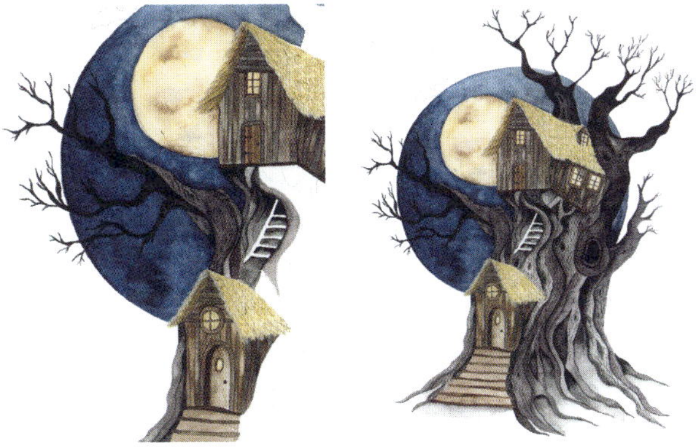

6. Entferne nun vorsichtig das Rubbelkrepp von den Ästen. Die Astenden kannst du mit einem dunklen Schwarz kolorieren. Wenn du Richtung Stamm kommst, wechsle auf einen Grauton. Betrachte auch hier wieder jeden Teil des Stamms (markiert durch die Linien in der Vorzeichnung) als eigene Fläche, die für sich mit einem kleinen Verlauf koloriert wird. Nutze für Flächen, die im Schatten liegen, einen dunkleren Farbton. Mit einem Minipinsel lassen sich abschließend Holzstrukturen und Astlöcher auf einige Äste aufmalen.

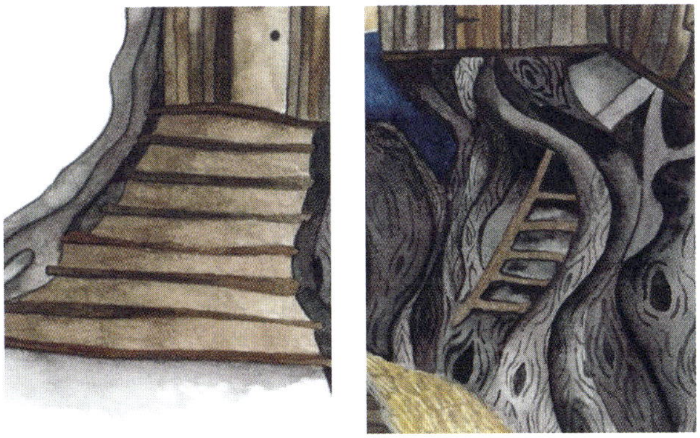

7. Im letzten Schritt kannst du deinem Bild noch mehr Perspektive geben, indem du weitere Schattierungen aufträgst. Falls noch nicht in Step 5 erfolgt, kannst du eine Treppenseite etwas dunkler kolorieren. Dies lässt sich auch mit einem weichen, braunen Bleistift einfach durchführen. Mit einem helleren Braunton lässt sich nun auch die kleine Leiter im Baum kolorieren. Die fliegenden Fledermäuse kannst du mit einem schwarzen Fineliner umranden und dann mit schwarzem Pigment ausfüllen.

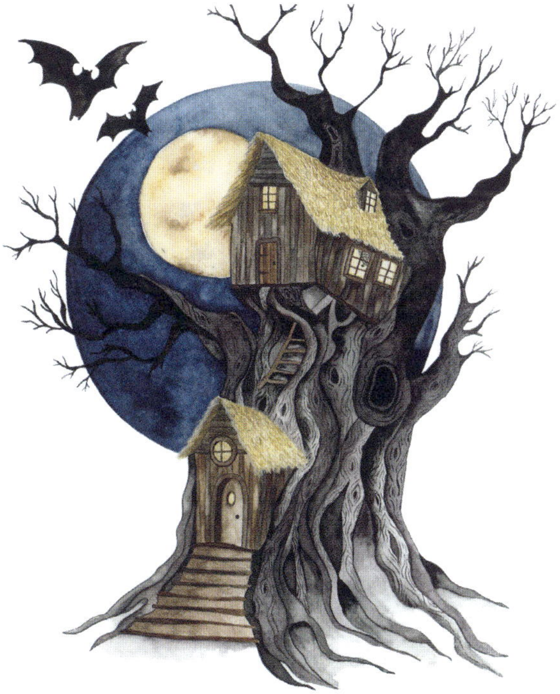

Im Baumhaus

Baumhäuser geben uns die Möglichkeit, einen Rückzugsort in Verbundenheit mit der Natur zu finden. Wer würde nicht gerne einen gemütlichen Lesenachmittag in einem Baumhaus verbringen und dabei dem Vogelgezwitscher lauschen?

MATERIAL

> Aquarellpapier, matt

> Rundpinsel Nr. 6 und 2 zum Kolorieren

> Minipinsel für Details, z. B. Nr. 0

> schwarzer Fineliner und Bleistift für Konturen

> Schere, Buntstift

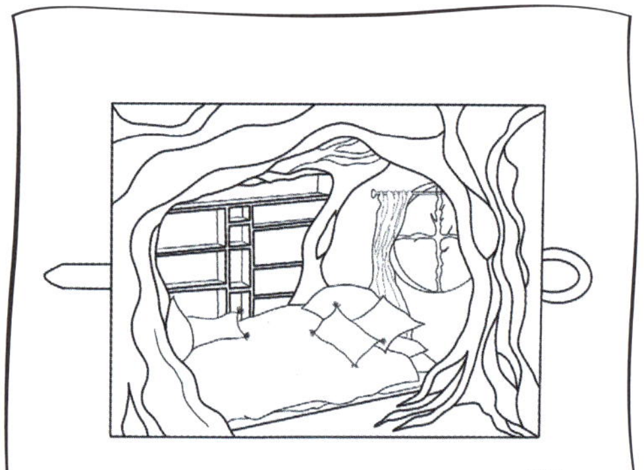

– Skizze

TIPP

Dieses Motiv kannst du einzeln malen, aber auch zusammen mit dem Projekt „Tür“ umsetzen. Lies dir dazu die Beschreibung auf den Seiten 58 und 59 durch.

FARBPALETTE

Indischgelb (220)

Indigo (485)

Kadmiumrot dunkel (350)

Grünoliv (515)

Wüstengrau (925)

Umbra natur (667)

Umbra gebrannt (668)

Sepiabraun rötlich (662)

Lampenschwarz (781)

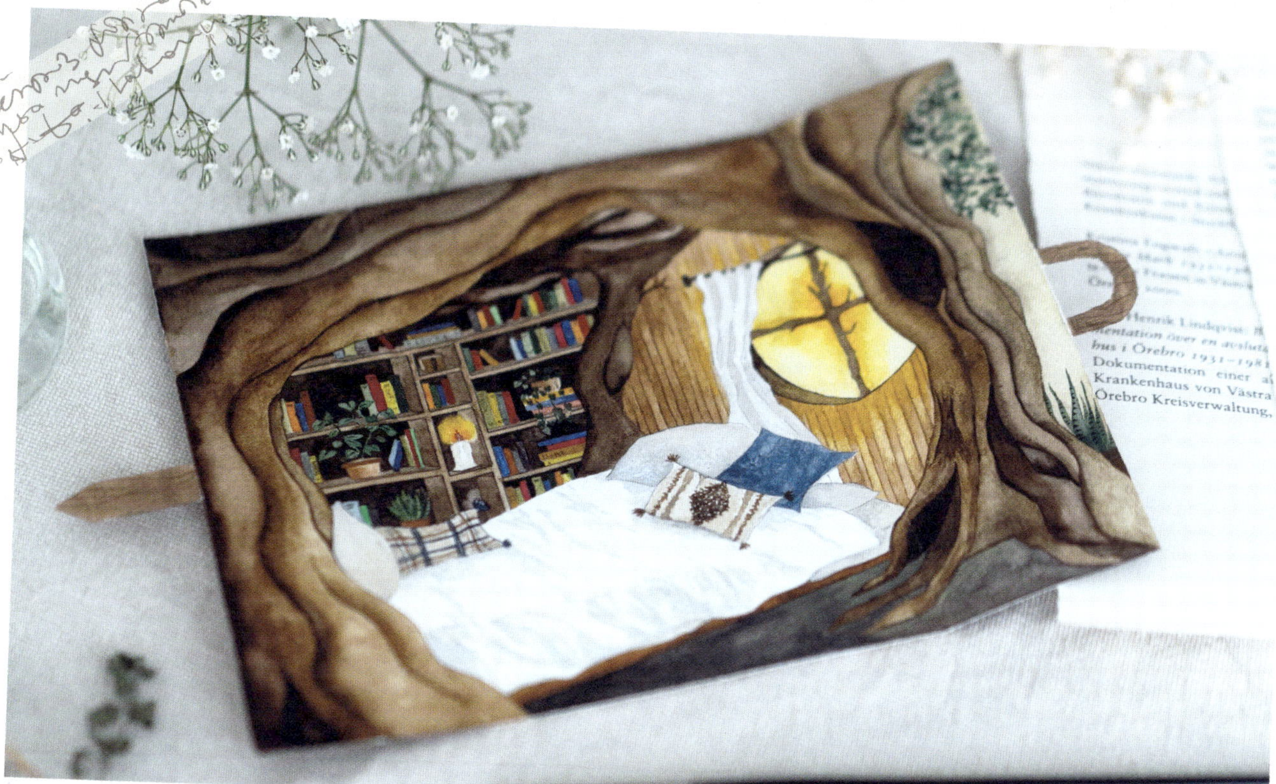

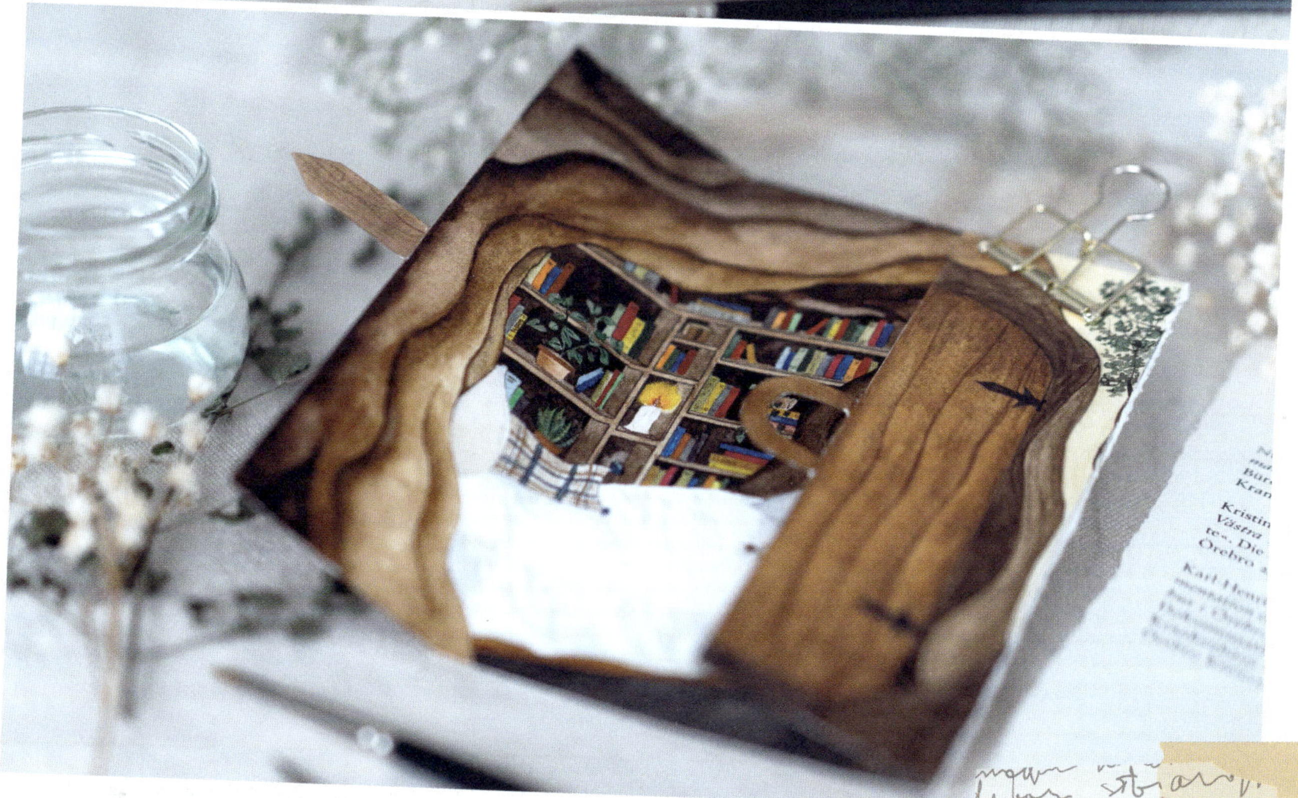

So geht's

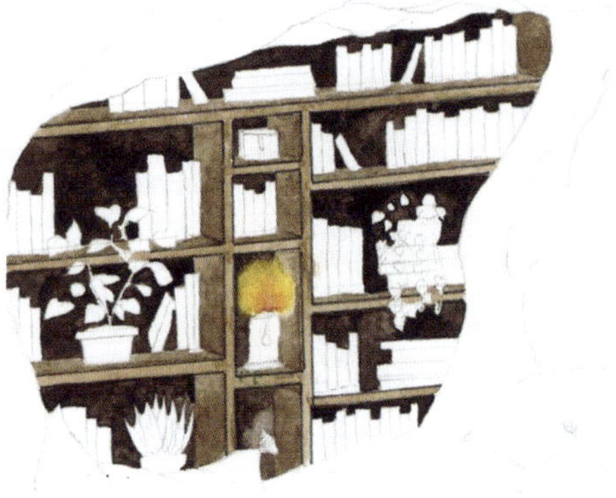

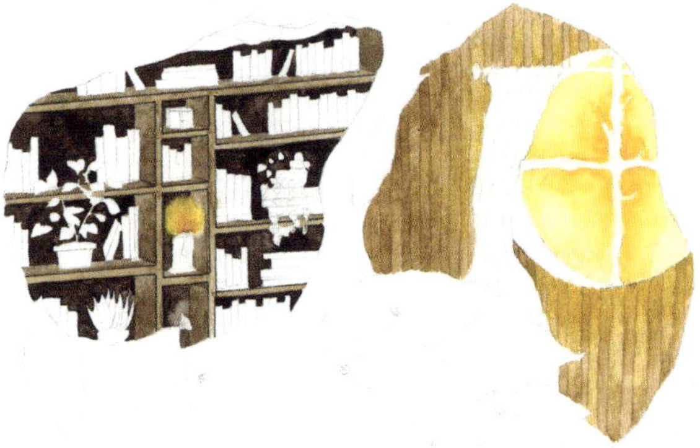

1. Wenn du die Skizze übertragen hast, beginne mit dem dunkelsten Part des Motivs: der Wand hinter den Büchern. Dazu empfehle ich dir, einen Minipinsel zu wählen, da die Flächen rund um die Bücher sehr kleinteilig sind. Verwende die Farbe Umbra gebrannt, gemischt mit ein wenig Lampenschwarz, und nicht zu viel Flüssigkeit. Für das Kerzenlicht kannst du gelbe Farbe auftragen und etwas Orange an die Stelle des Dochtes geben. Wähle dann einen helleren Braunton und koloriere die Regalbretter. Mit einem schwarzen Fineliner kannst du anschließend die Konturen nachfahren.

2. Gib den Gelbton auch in die vier Fensterscheiben. Jeweils zur Fenstermitte hin kannst du dunkleres Pigment hinzugeben und nach außen hin verblenden. Wähle bei den Holzlatten wieder die Technik, bei der auf Lücke gemalt wird. Trage danach auch eine leichte Gelbschicht auf die Holzlatten auf. Auf diese Weise entsteht der Eindruck, als würde das Zimmer mit Sonnenlicht durchflutet werden.

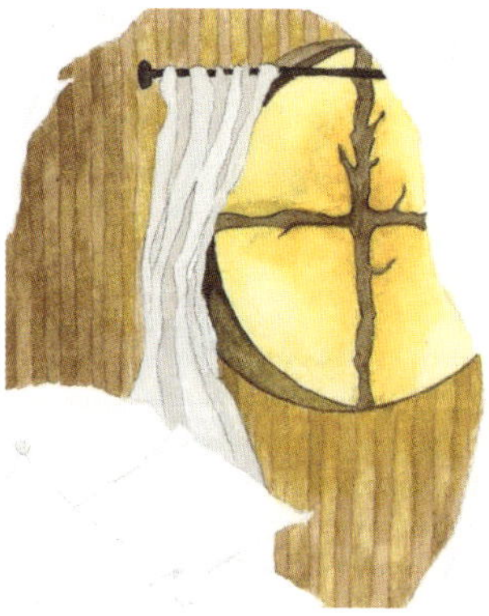

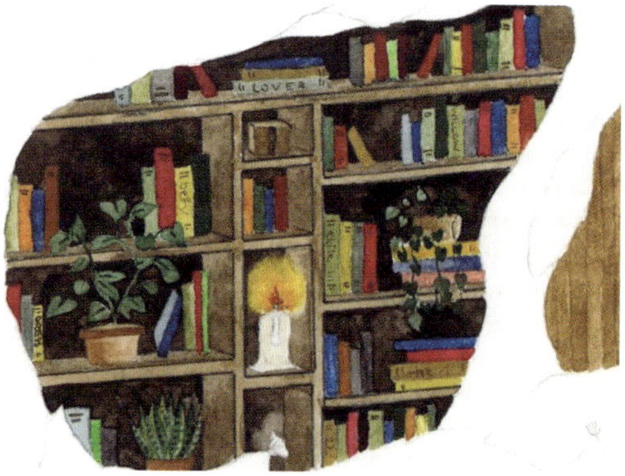

3. Die Brauntöne der Bücherregale kannst du nun auch für den Fensterrahmen verwenden. Achte für die richtige Perspektive darauf, den innen sowie hinter dem Vorhang liegenden Teil des Rahmens etwas dunkler zu malen. Für den Vorhang kannst du etwas Deckweiß mit dem Hellbraun anmischen und anschließend auf jeder Bahn einzeln auftragen. Einen spitzen Bleistift kannst du nutzen, um den Vorhangbahnen Kontur zu verleihen, indem du sie leicht umrandest.

4. Jetzt ist Detailarbeit gefragt! Schnappe dir den Minipinsel und zaubere viele bunte Buchrücken. Wenn du eine Farbe aufträgst, kannst du immer gleich sechs bis sieben weitere Buchrücken damit einfärben. So wiederholen sich die Farben öfter mal und das Bild wirkt harmonischer. Um das Kerzenlicht realistischer aussehen zu lassen, kannst du rund um den Docht etwas Rot und Orange zugeben und nach außen hin in den gelben Schein verblenden.

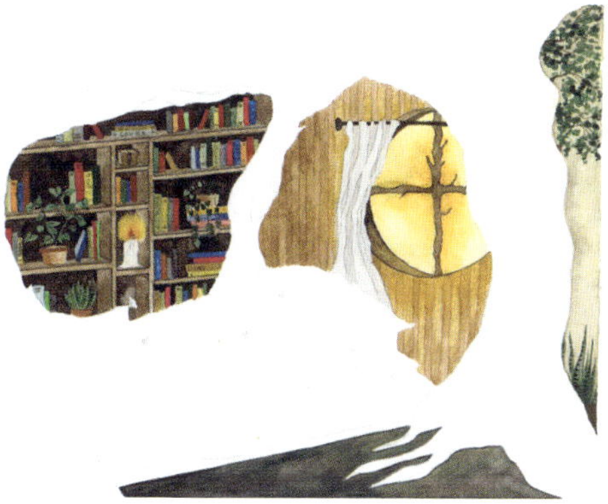

5. Koloriere den Boden von links nach rechts, um einen leichten Verlauf zur offenen Seite des Zimmers zu erzielen, aus dem das Licht kommt. Außerhalb des Baumhauszimmers sieht man vielleicht einen Ast mit Blättern wachsen. Koloriere dafür den Bereich in einem leichten Beigeton und wende für die Blätter die Tupftechnik mit unterschiedlichen Grüntönen an.

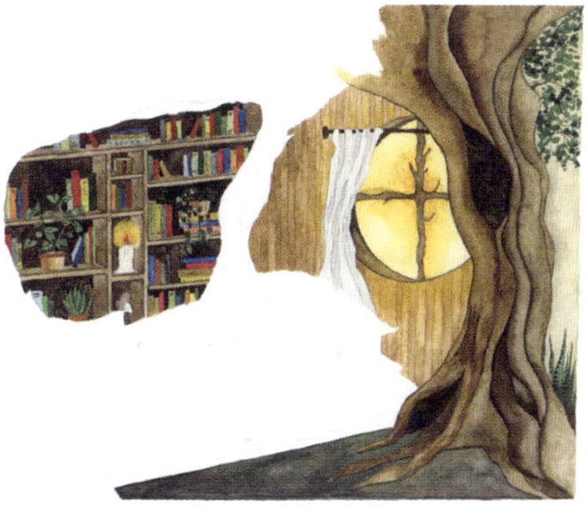

6. Das Herzstück des Motivs ist die Baumhöhle. Der Stamm unterteilt sich dabei in unterschiedliche Flächen (siehe Skizze), welche einzeln koloriert werden sollten. Versuche in jede einzelne Fläche einen kleinen Verlauf einzubauen. Auf diese Weise setzt sich der Baumstamm Fläche für Fläche zusammen. Bei größeren Flächen solltest du auf jeden Fall zügig kolorieren, damit alles gleichmäßig trocknet.

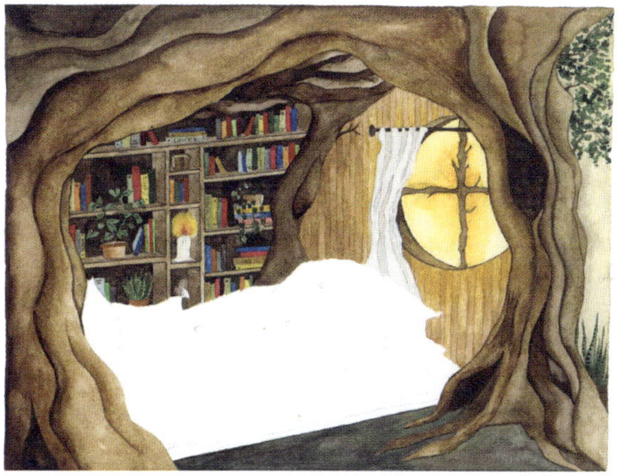

TIPP

Wenn eine Fläche bereits angetrocknet ist, kannst du diese reaktivieren, indem du mit etwas (!) Wasser auf dem Pinsel die Pigmente wieder aufweckst und in Bewegung bringst.

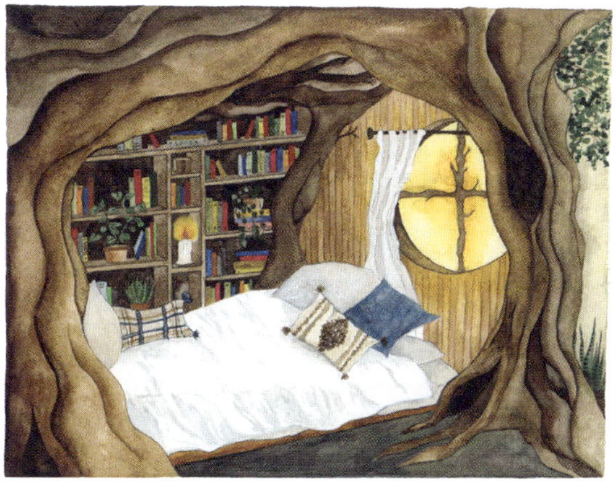

7. Im letzten Schritt fehlen nur noch die Bettdecke und die Kissen. Um die Falten auf dem Laken zu imitieren, kannst du mit einem leichten Hellgrau vertikale Wellenlinien aufmalen. Bei den Kissen kannst du deiner Kreativität freien Lauf lassen und verschiedene Muster ausprobieren.

Tür

Was sich wohl hinter dieser dicken, alten Eichentür verbirgt? Dieses Motiv ist eine Erweiterung des Projektes „Im Baumhaus“. Um die Welt hinter der Tür zu gestalten, schau dir die Step-by-Step-Anleitung auf den Seiten 56 und 57 an.

So geht's

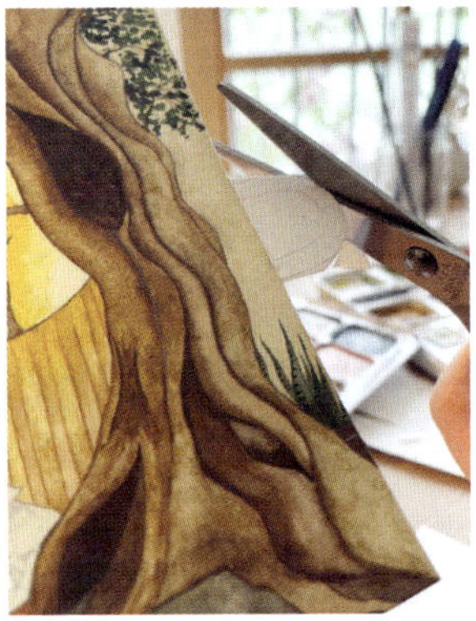

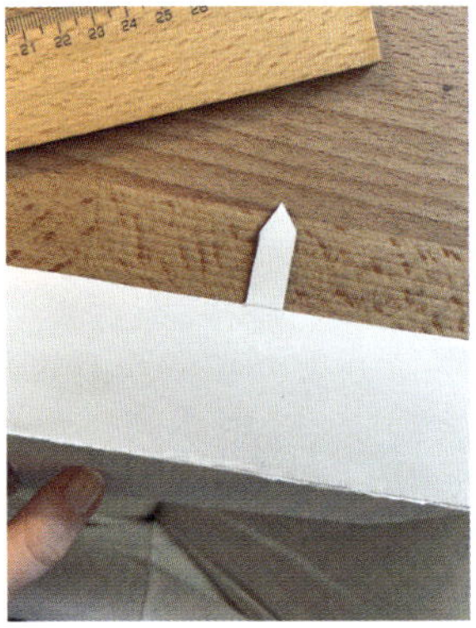

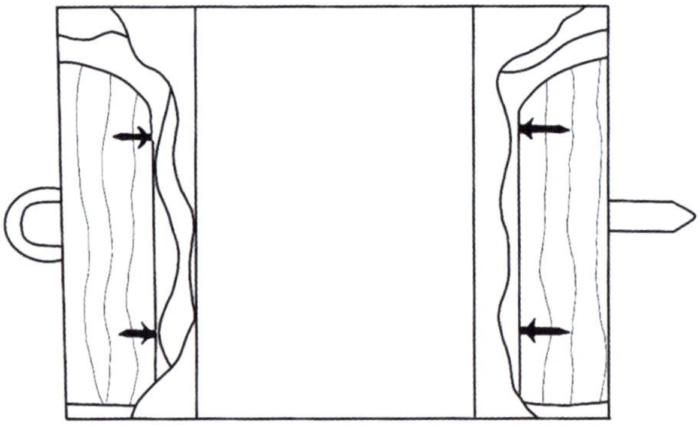

1. Schneide im ersten Schritt das Motiv „Im Baumhaus“ aus. Wechsle für das Schloss ggf. auf eine Nagelschere, um genauer arbeiten zu können.

2. Miss nun auf der Rückseite mit dem Lineal vier gleiche Spalten ab. Die zwei äußeren werden die Türseiten, die bemalt werden müssen. Damit die Tür später geschlossen werden kann, müssen die zwei äußeren Spalten umgeknickt werden. Lege sie dir dazu an die Tischkante, nutze dein Lineal als Falz und streiche über die Kante.

3. Klappe anschließend die Rückseite wieder auseinander und übertrage die Vorlage auf das Papier.

ACHTUNG

Ein Aquarellpapier ist auf seiner Rückseite anders beschaffen als auf seiner Vorderseite. Meist ist die Struktur viel glatter, wodurch die Kapazität, Flüssigkeit aufzunehmen, von deinen gewohnten Bedingungen abweichen kann.

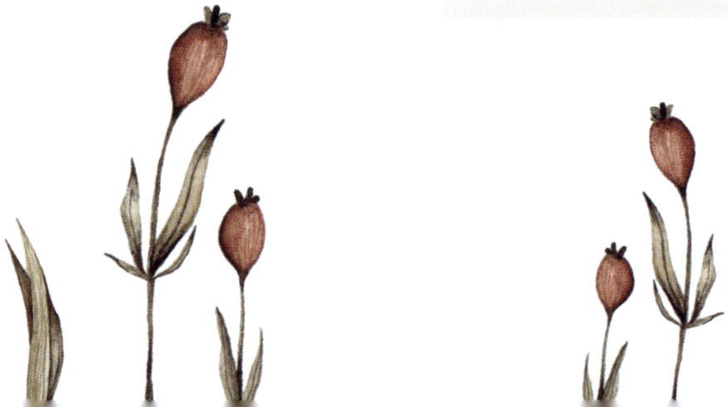

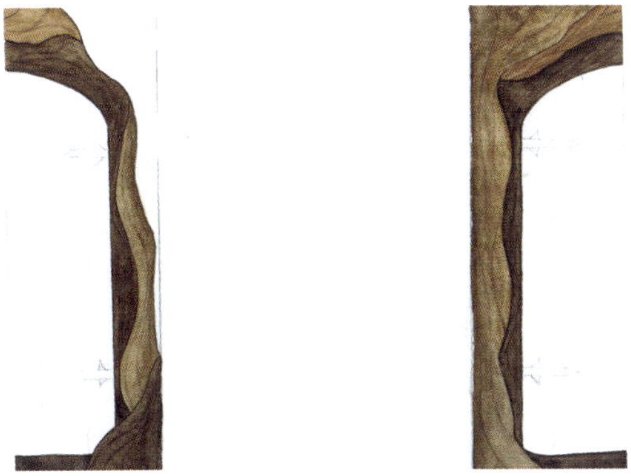

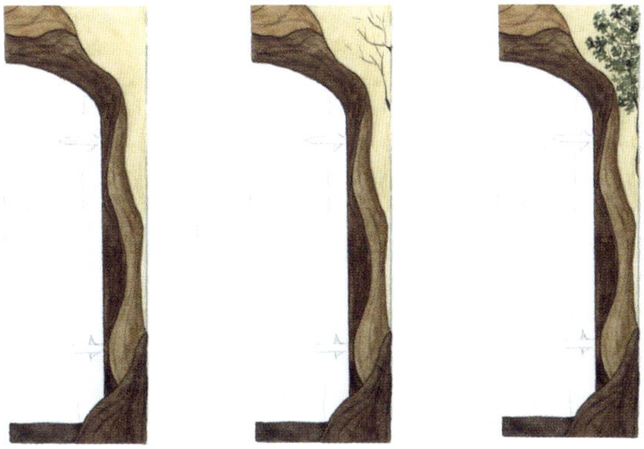

4. Beginne nun mit dem Farbauftrag für den Baumstamm. Gehe dabei vor wie in Step 6 des Projektes „Im Baumhaus" und koloriere jede Fläche einzeln mit einem kleinen Verlauf. Sobald alles getrocknet ist, kannst du mit einem braunen Buntstift Holzstrukturen ergänzen.

5. Koloriere nun den Hintergrund in der gleichen Farbe, wie du es bereits im Projekt „Im Baumhaus" getan hast. Auch hier kannst du einen Blätterast ergänzen. Male dazu erst ein paar Äste mit einem Minipinsel auf und tupfe anschließend mit der Spitze eines Rundpinsels verschiedene Blätter darum herum.

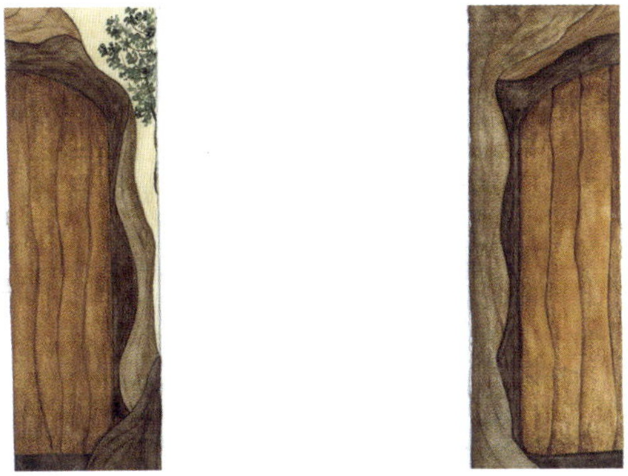

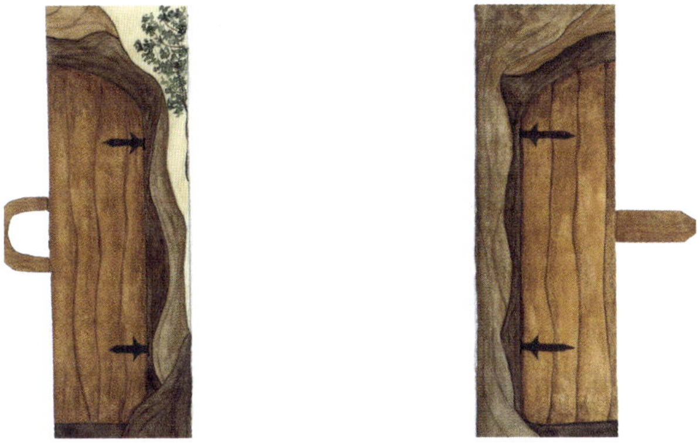

6. Weiter geht es mit der Türe! Koloriere diese flächig in einem anderen Braunton, als du ihn für den Stamm verwendet hast. Gib dazu zum Beispiel einen rötlicheren Braunton in dein Pigment-Wasser-Gemisch. Zeichne dann mit dem Minipinsel die Holzlatten auf. Mit dem Buntstift kannst du ebenfalls Strukturen und dunklere Stellen an den Rändern der Tür ergänzen.

7. Jetzt fehlen noch die Scharniere an der Tür. Wähle dazu ein Schwarz aus deinem Aquarellkasten und male die Scharniere mit einem Minipinsel auf. Alternativ kannst du einen schwarzen Fineliner verwenden.

8. Im letzten Schritt muss noch das Schloss angemalt werden. Koloriere hier erst wieder flächig und male anschließend mit dem Buntstift Wellenlinien auf, um die Holzstrukturen auch hier wieder aufzugreifen. Nun kannst du die Lasche in das Hufeisen schieben und die Tür verschließen. Besonders Spaß macht es aber, das Schloss aufzumachen, die Tür zu öffnen und das Baumhaus von innen zu entdecken.

ACHTUNG

Denke daran, die Rückseite des Schlosses auch auf der Seite des Motivs „Im Baumhaus" anzumalen.

Vogelhäuschen

Um Rotkehlchen, Amseln und Blaumeisen einen schönen Platz zum Nisten zu bauen, braucht es etwas handwerkliches Geschick. Auf dem Blatt Papier kann man aber auch schon als Beginner*in ein tolles Vogelhäuschen gestalten.

MATERIAL

> Aquarellpapier, matt

> Rundpinsel Nr. 2 zum groben Kolorieren

> Minipinsel für Details, z. B. Nr. 0

> schwarzer Fineliner

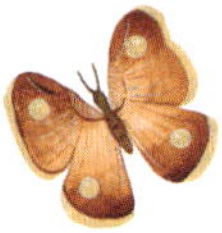

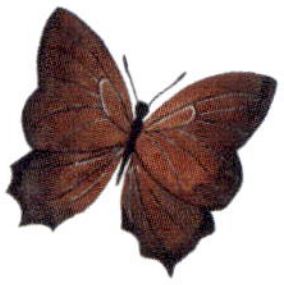

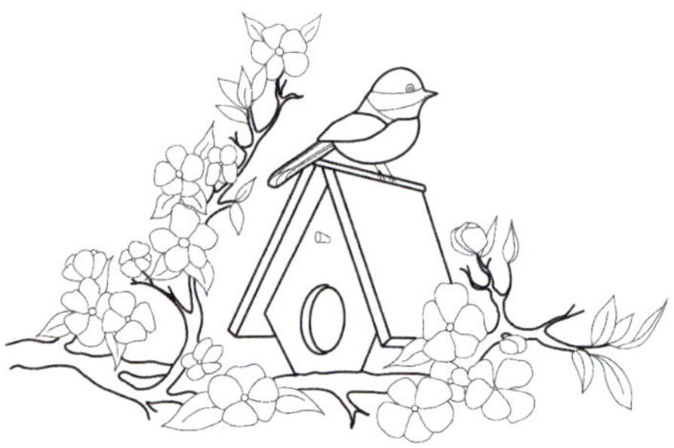

– *Skizze*

FARBPALETTE

Indischgelb (220)

Chinacridonrosa (366) von van Gogh

Umbra gebrannt (668)

Lichter Ocker natur (656)

Wüstengrau (925)

Indigo (485)

Olivgrün gelblich (525)

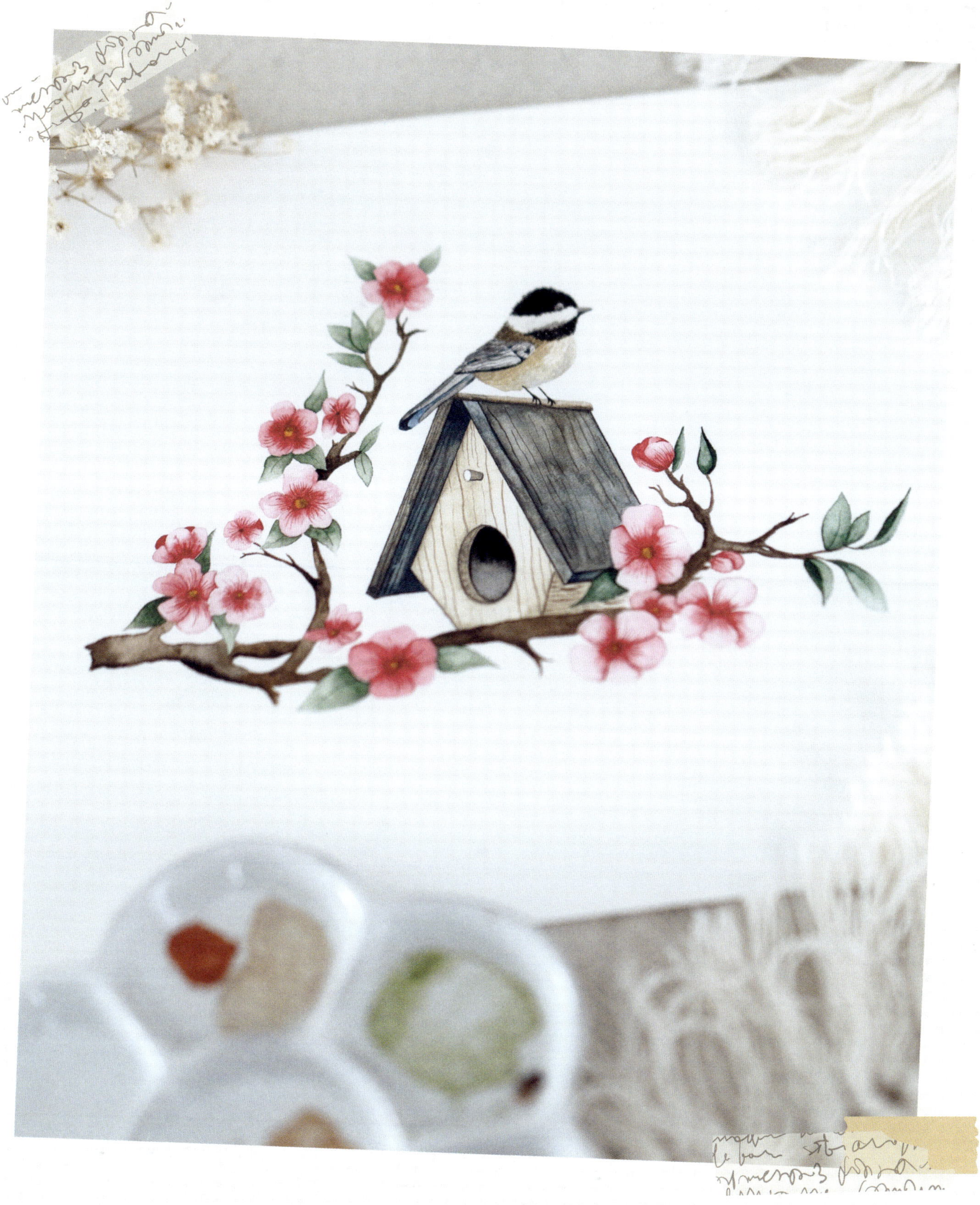

So geht's

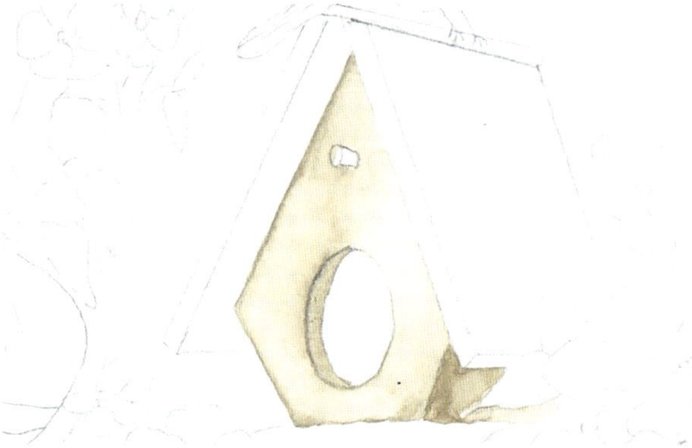

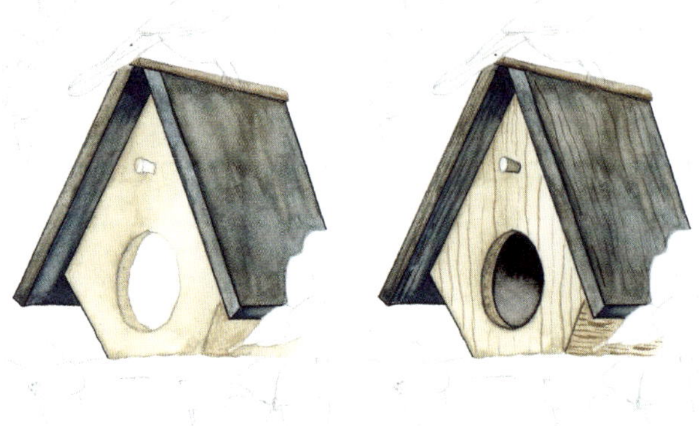

1. Los geht's mit dem Häuschen. In einem hellen Braunbeige können die ersten drei Flächen koloriert werden. Bei der seitlichen Fläche solltest du darauf achten, etwas dunkler als die Frontfläche zu werden. Das Gleiche gilt für die ovale Öffnung.

2. Als Nächstes folgt das Dach. Trage dazu einen Indigoton auf und ergänze dann an einigen Stellen einen Braunton. Auf diese Weise erscheint das Häuschen etwas verwittert. Auf der Unterseite des Daches sollte der Farbauftrag deutlich dunkler sein. Wenn du die Flächen einzeln hintereinander ausmalst, erhältst du gleich klare Konturen. Wenn der Farbauftrag getrocknet ist, kannst du feine Linien ergänzen, um Holzstrukturen zu imitieren. Verblende das Loch im Vogelhäuschen von Schwarz in einen helleren Grauton.

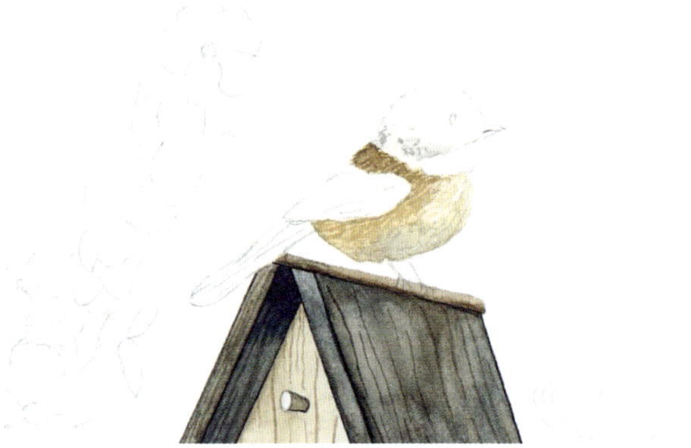

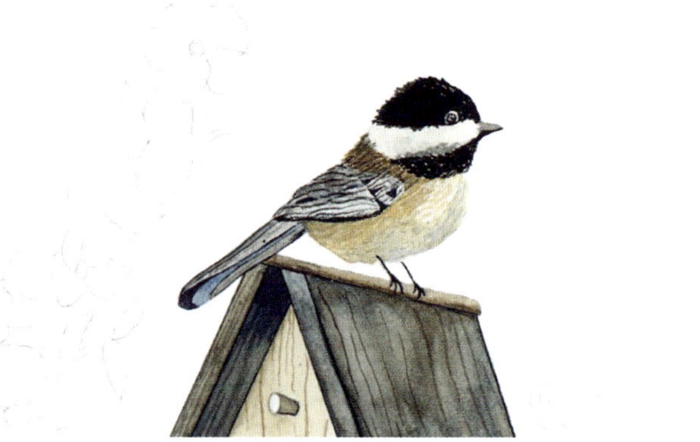

3.a Das Vögelchen bekommt im ersten Schritt den Körper koloriert. Dafür kannst du denselben Beigeton aus Step 1 verwenden. Auch der Minipinsel kommt wieder zum Einsatz, um mit kurzen Linien dem Federkleid Struktur zu geben.

3.b Mit einem kräftigen Schwarz können jetzt die Flächen am Kopf gemalt werden. Die Umrandung ums Auge sollte dabei weiß bleiben. Mit einem Fineliner kann das Auge dann ausgemalt werden. Vergiss dabei nicht den Weißpunkt im Auge. Mit dem Schwarz können auch die Beinchen gezeichnet werden. Dann folgen der Flügel und die Schwanzfedern. Koloriere dazu alle Bereiche, ausgenommen einer Schwanzfeder, mit einem Hellgrau und füge nach der Trocknung mit einem Indigoton Linien und Details hinzu. Anschließend kannst du die eine Feder charakteristisch hellblau ausmalen.

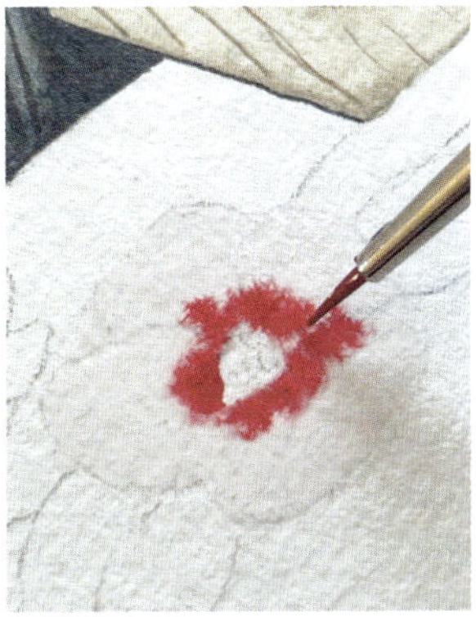

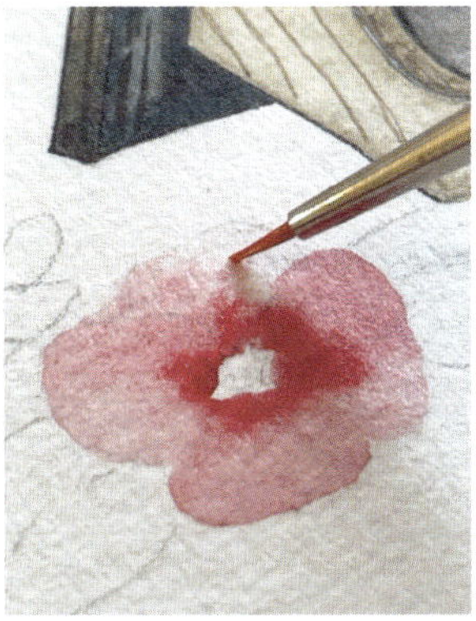

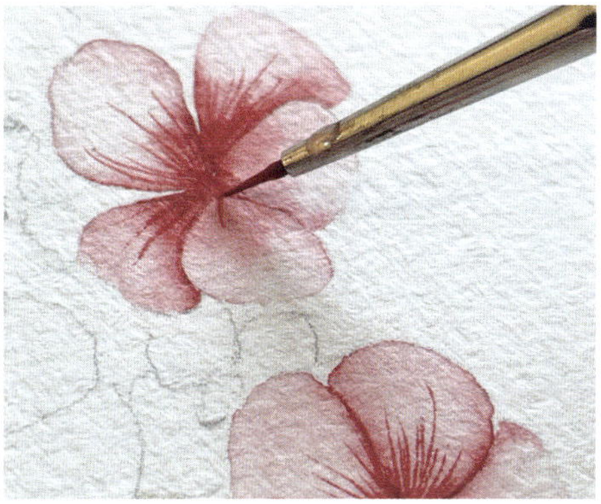

4.a Wasche deinen Pinsel gründlich aus und gib etwas Wasser in die Blütenblätter. Wähle jetzt ein Pink aus deiner Palette und tupfe die Pinselspitze an den inneren Rand der Blätter. Jetzt kannst du beobachten, wie sich Wasser und Pigment auf dem Papier miteinander verbinden und ein schöner Übergang entsteht. Mit deinem Pinsel kannst du etwas nachhelfen und die Pigmente in die richtige Richtung schubsen.

4.b Wenn alles abgetrocknet ist, geht es an die Feinarbeit. Male ausgehend von der Blütenmitte ganz feine Linien in jedes Blatt. Wähle dazu einen Minipinsel und versuche jede Linie ohne Absetzen zu ziehen.

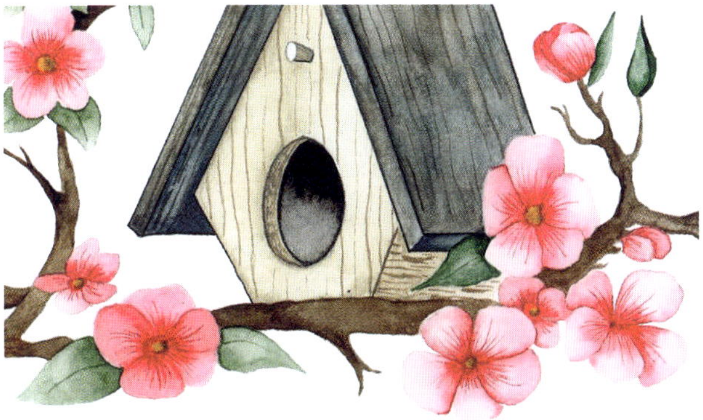

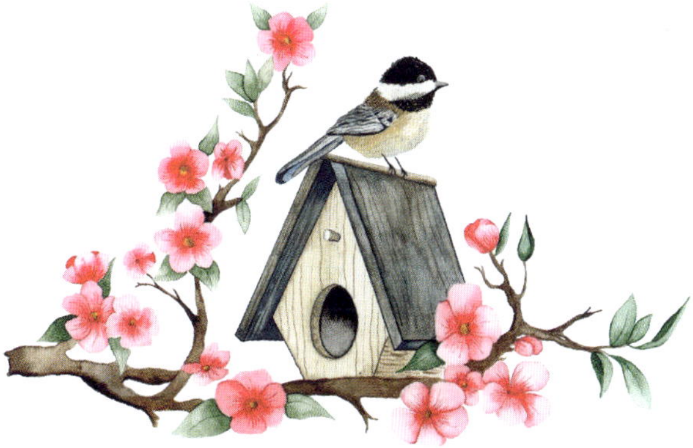

5. Setze in die Blütenmitte ein wenig Gelb. Wenn die Blüten trocken sind, kannst du noch Blätter ergänzen. Gehe hier ähnlich wie bei den Blüten vor. Dann fehlt nur noch der Ast. Statt diesen einheitlich braun zu kolorieren, spiele mit der Farbintensität.

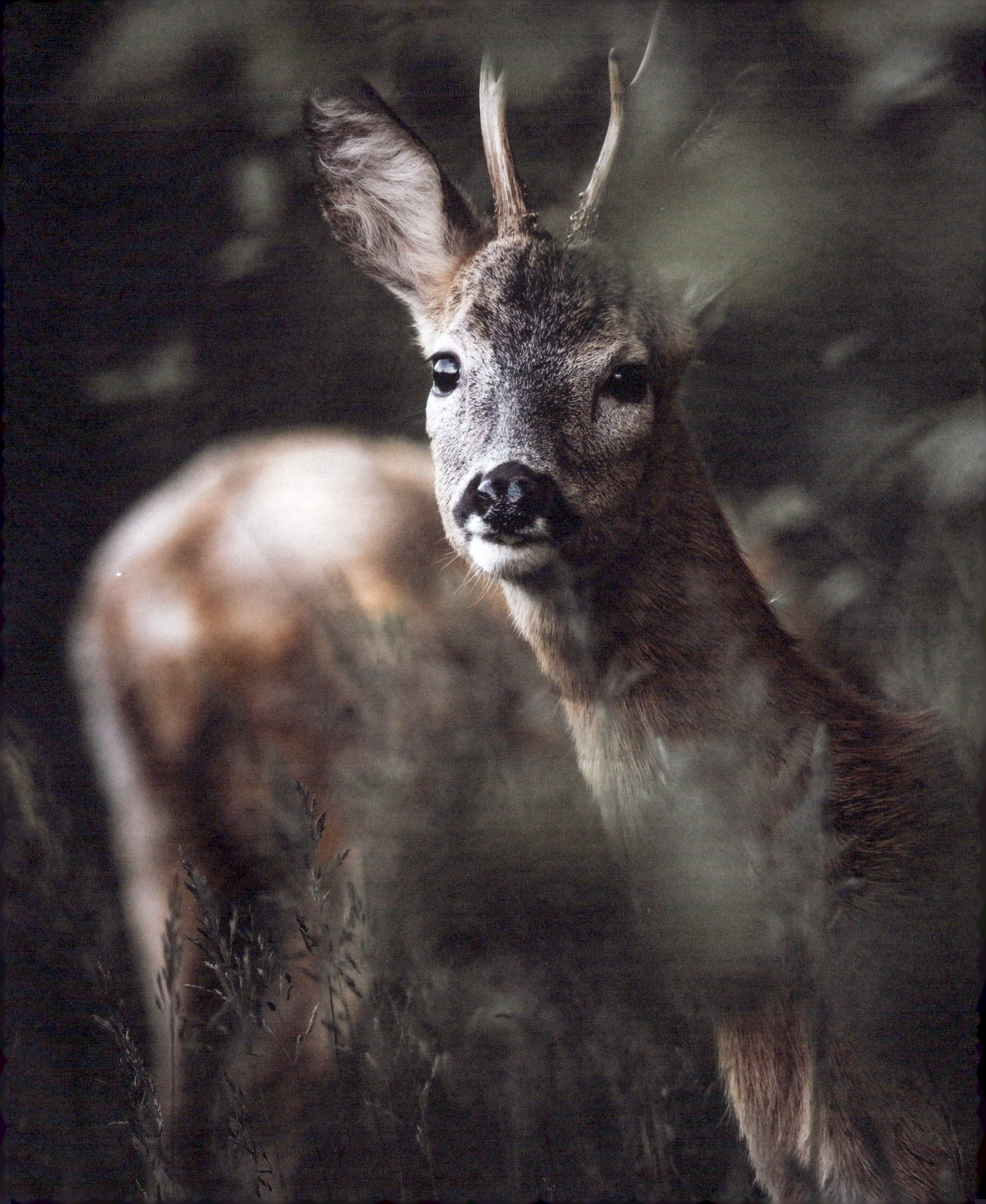

Waldbewohner

FOKUSTHEMA

Eigene Vorzeichnungen erstellen

Das Internet und auch dieses Buch halten viele tolle Vorlagen für ganz unterschiedliche Projekte bereit. Doch manchmal möchte man noch etwas verändern oder hat plötzlich eine ganz eigene Idee. Denn gerade auf einem kreativen Waldspaziergang kann einem schnell mal ein schönes Motiv in der Natur auffallen. Daher möchte ich ein paar Tipps und Tricks mit dir teilen, wie du dir eine eigene Malvorlage erstellen kannst.

SCHNELLE IDEENSKIZZE

Für die Bleistiftzeichnung dürfen das Aquarellpapier und die Pinsel noch in der Schublade bleiben, denn wir starten auf einem einfachen Zeichenpapier oder im Skizzenbuch. Oft beginne ich mit einer schnellen Ideenskizze, bei der ich grob die Konturen verschiedener Elemente erfasse, ohne erst mal auf Licht und Schatten oder die richtigen Proportionen zu achten. Kritzeln ist dabei auf jeden Fall erlaubt!

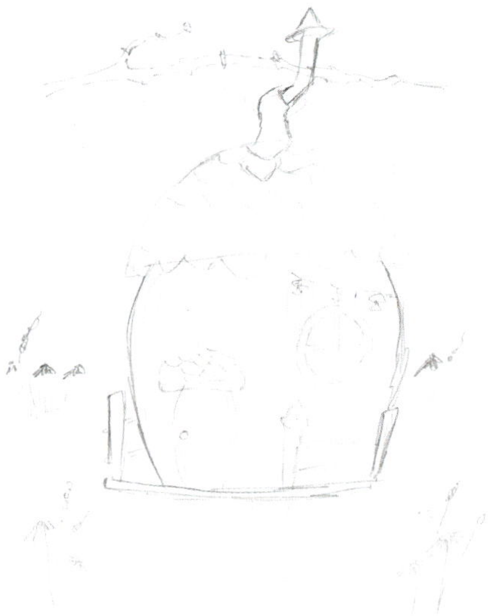

DIE VORZEICHNUNG

Wenn die Idee für ein Motiv grob steht, kannst du mit der Vorzeichnung beginnen. Dabei geht es nicht darum, bereits jedes Detail aufzuzeichnen, sondern Grundformen zu erkennen und die wichtigsten Elemente in deiner Vorlage zu platzieren.

Flächenformen

Beginne dazu mit dem präsentesten Objekt in deinem Motiv und versuche seine Grundform zu erkennen. Nimm dir dafür die geometrischen Grundformen zu Hilfe und zerlege dein Motiv in einfache Flächenformen.

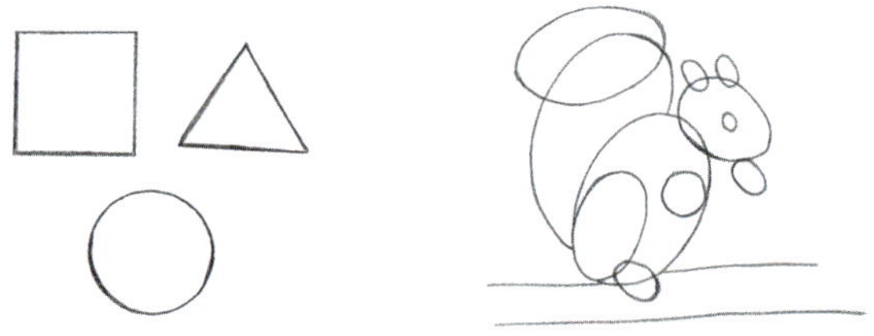

Um einen räumlichen Eindruck in der Vorzeichnung zu erhalten, kannst du statt den Flächenformen auch die Grundkörper Quader, Zylinder, Kegel und Kugel hernehmen.

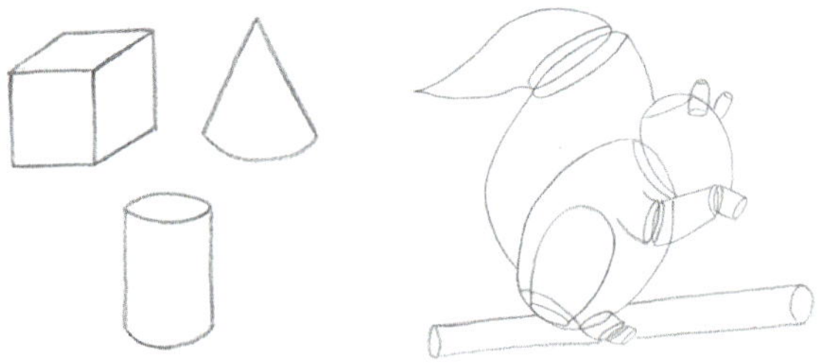

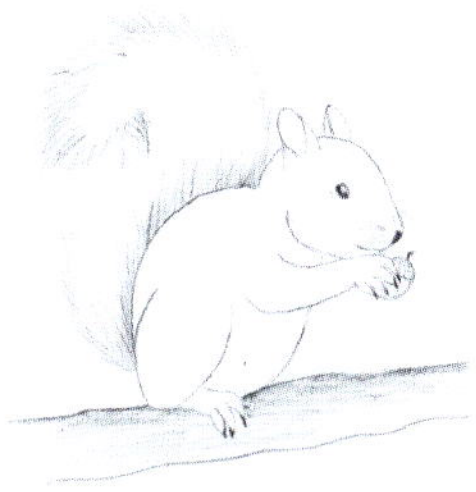

Im nächsten Schritt kannst du deine Flächenformen mit natürlichen Konturen verbinden, um als Ergebnis eine proportionierte Vorzeichnung für dein Motiv zu erhalten. Es geht dabei nicht darum, eine perfekte, schattierte Bleistiftzeichnung anzufertigen. Konzentriere dich weiterhin auf die wichtigsten, formgebenden Linien.

TIPP

Wenn du deine Zeichenskills verbessern möchtest, lege dir ein kleines Skizzenbuch an. Darin kannst du immer wieder Motive abzeichnen, Perspektiven üben und Ideen sammeln. Das regelmäßige, lockere Zeichnen wird deinen Blick für Proportionen und Formen schulen.

LICHT UND SCHATTEN

Um deine Motive lebendig und räumlich zu gestalten, braucht es das Spiel mit Licht und Schatten. Um zu wissen, wann du zwischen hellen und dunkleren Flächen abwechseln musst, ist es sinnvoll, vorab Licht- und Schattenseiten festzulegen.

MERKE

Der hellste Bereich ist immer die Fläche, die der Sonne zugewandt ist. Schatten entsteht auf der Seite, die der Sonne abgewandt ist.

Überlege dir dafür, von welcher Seite die Sonne in deinem Motiv kommen soll, und zeichne sie in einer Skizze ein. Schattiere dann die Flächen, wo kein oder wenig Licht hin fällt. Durch den Kontrast zu den nun helleren Flächen bekommt dein Motiv Tiefe. Wirf später im Farbauftrag immer mal wieder einen Blick auf deine Skizze, um sicherzugehen, dass du Licht und Schatten immer einheitlich im Bild malst.

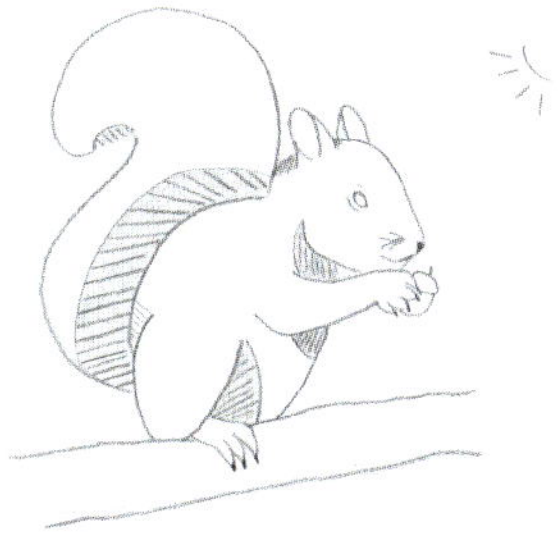

Die Vorlage finalisieren

Wenn du deine Skizze fertiggestellt hast, kannst du die finalen Konturen mit einem dickeren Filzstift oder dickeren Fineliner nachmalen. Auf diese Weise erkennst du beim Übertragen deiner Vorlage auf das Aquarellpapier die Linien besser.

TIPP

Auf den Seiten 28 und 29 findest du Tipps, wie du deine Skizze vom Zeichenpapier auf das Aquarellpapier übertragen kannst.

Die Vorlage digitalisieren

Du kannst deine Skizze auch abfotografieren und auf dem Tablet als Malvorlage anlegen. Voraussetzung dafür ist, dass du die App „Procreate" hast und einen digitalen Stift. Zeichne nun die Konturen, zum Beispiel mit dem Brush „Monoline", nach und exportiere deine digitalisierte Vorlage. Jetzt kannst du sie auch an deine Watercolor-Freund*innen schicken und ein Motiv in ganz unterschiedlichen Stilen malen lassen. Die perfekte Idee für einen gemeinsamen kreativen Abend!

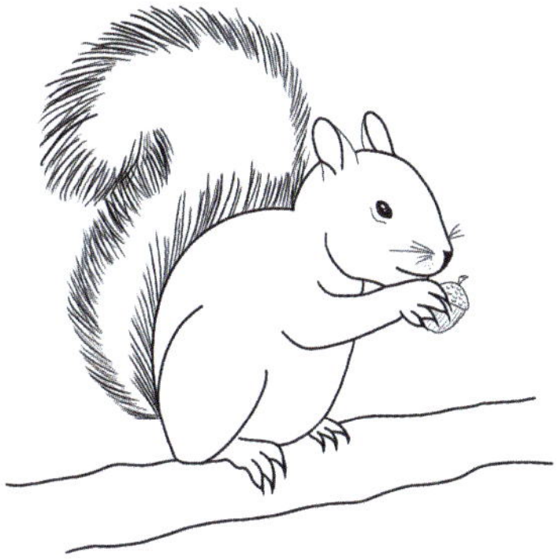

Bärchen

Der kleine Eisbär, Winnie Puuh und Paddington Bär haben mich in meiner Kindheit begleitet und sind mir mit ihrem knuddeligen Aussehen im Gedächtnis geblieben. Dabei gibt es sehr viele unterschiedliche Bärenarten mit ihrem jeweiligen eigenen charakteristischen Aussehen. Schau dir dazu im Vorfeld verschiedene Bilder an und studiere den Körper. Die meisten haben aber gemein, dass sie einen rundlichen und kräftigen Körperbau haben, kleine runde Ohren, meist eine länglichere Nase und kräftige Tatzen.

MATERIAL

- Aquarellpapier, matt
- Rundpinsel Nr. 2 zum Kolorieren
- Minipinsel für Details, z. B. Nr. 0
- Fineliner für kleine Details (Strichstärke 0,05)

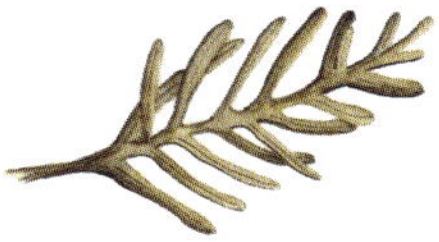

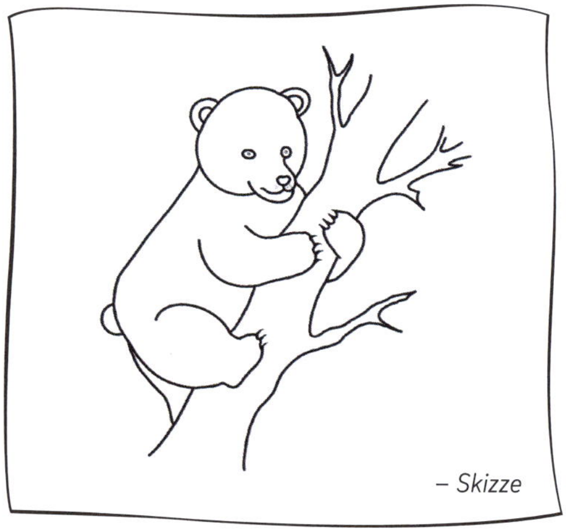

– Skizze

FARBPALETTE

Umbra natur (667)

Umbra gebrannt (668)

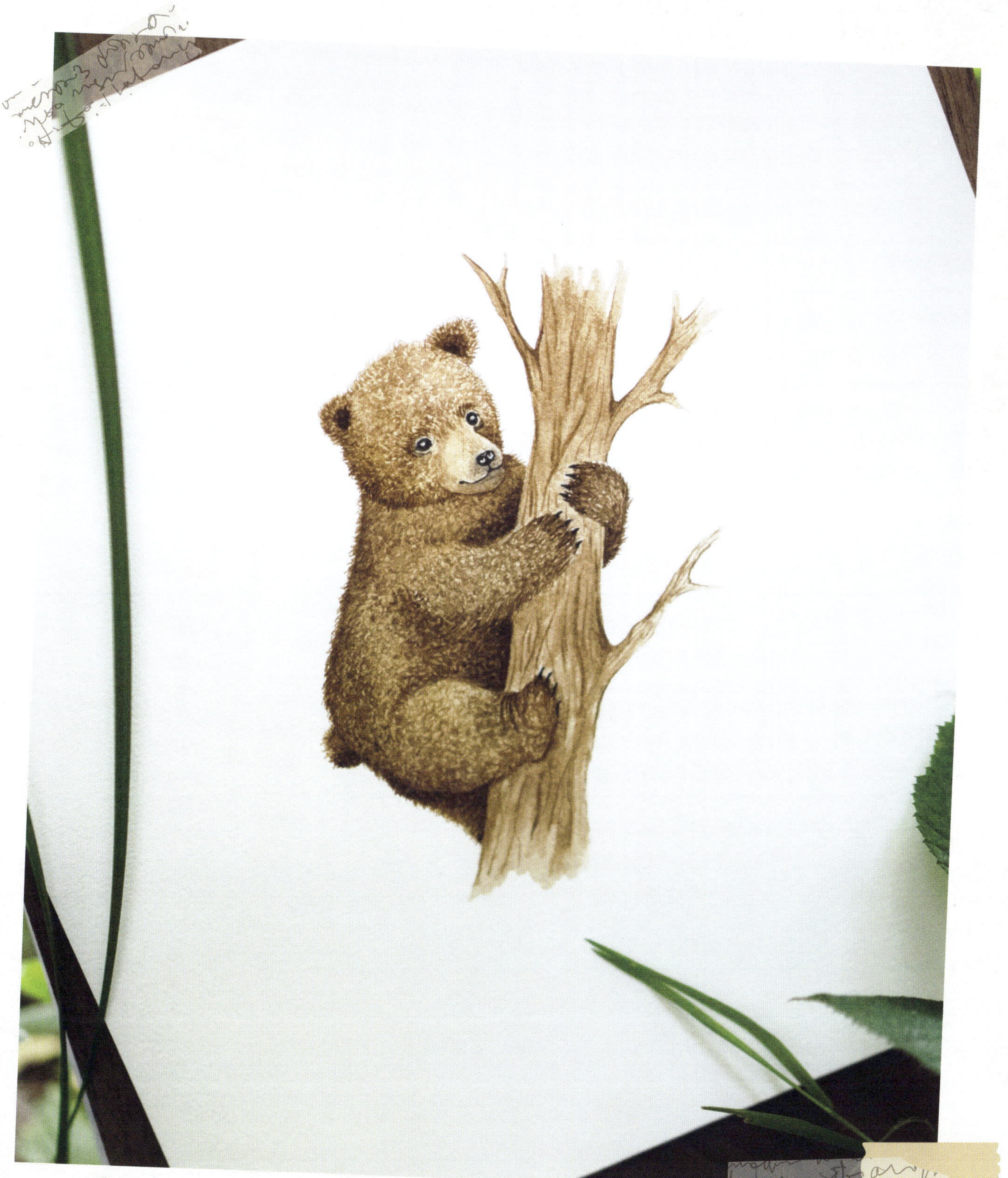

So geht's

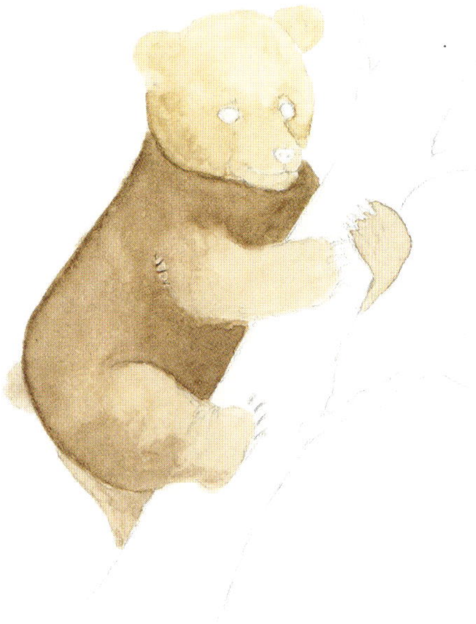

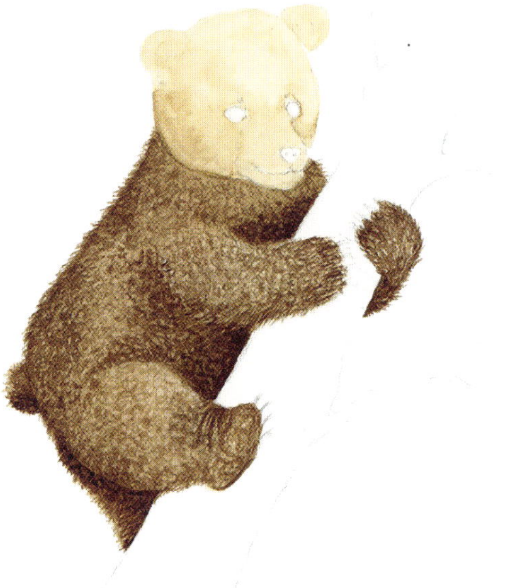

1. Um dir eine Orientierung und Grundlage für die nächsten Schritte zu schaffen, hilft eine erste Grundierung. Damit lassen sich dunklere und hellere Stellen schon mal markieren. Mische dir dazu einen hellen Braunton an und wähle einen dünnen Rundpinsel. Beginne dann den Farbauftrag an der Rückenlinie und verblende das Pigment zum Körper hin. Auf der Bauchseite, die zum Stamm schaut, kannst du noch mal mit dem Pinsel Pigment hineintupfen, denn hier ist das Fell im Schatten. Die Tatzen und der Kopf sollten deutlich heller sein, da diese Stellen der Sonne zugewandt sind.

2. Um die Struktur des Fells zu imitieren, benötigt es viele kleine Pinselstriche. Nimm dir einen Minipinsel und schichte Schritt für Schritt kleine „Pinselhaken" auf die Grundierung. Wechsle dabei immer wieder den Braunton. Schattenseiten sollten deutlich dunkler sein. Bei Stellen, die heller grundiert sind, kannst du weniger Pigment für die Striche verwenden.

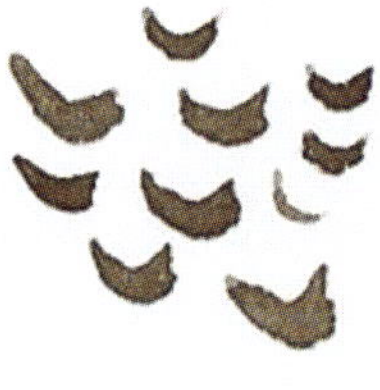

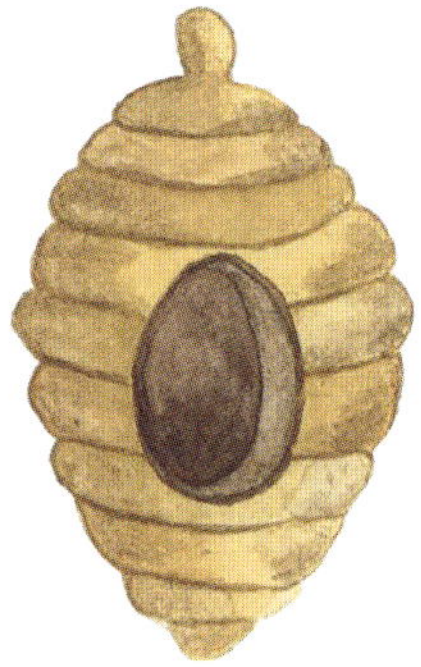

TIPP

Schüttle immer mal wieder deine Hand aus. Die Arbeit mit einem kleinen Pinsel kann schnell anstrengend werden.

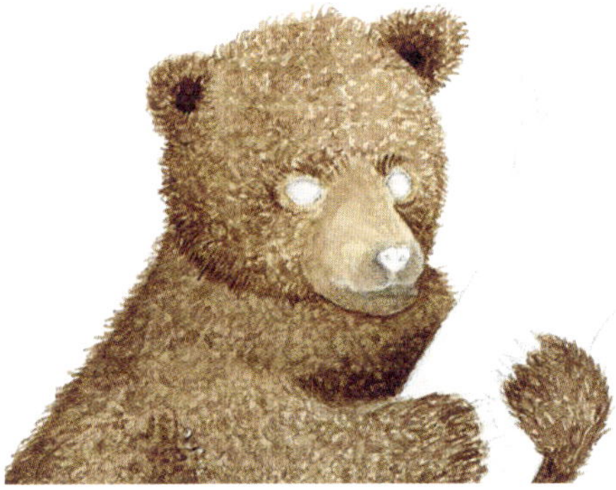

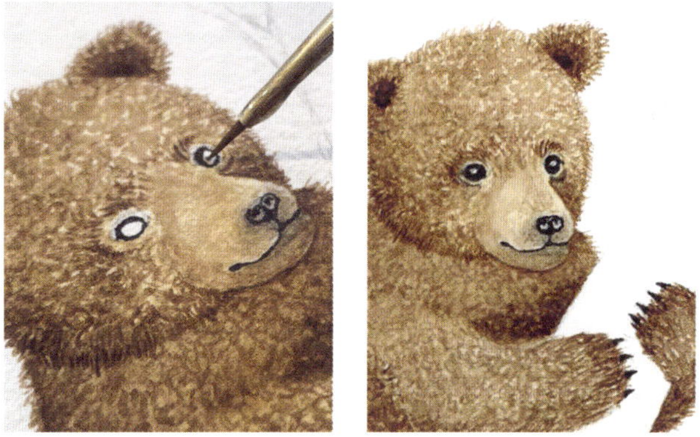

3. Setze die Arbeit nun auch am Kopf fort. Achte darauf, dass du die Schnauze aussparst. Hier scheint nur die Grundierung aus Step 1 hervor. In den Innenseiten der Ohren, um die Augen und an den Backen kannst du dunklere Pinselstriche auftragen. Damit gibst du dem Kopf des Bärchens direkt mehr Kontur.

4. Als Nächstes kommen die Details an die Reihe. Um mehr Kontrolle zu haben, ist es leichter, diesen Schritt mit einem schwarzen Fineliner durchzuführen (Strichstärke 0,05). Wenn du schon geübter bist, kannst du auch einen Minipinsel wählen. Male die Krallen auf, die unter den Tatzen hervorschauen. Wenn du die Augen aufmalst, achte darauf, dass du einen Lichtpunkt frei lässt, sonst wirkt dein Bärchen nicht lebendig. Auch die Schnauze und das Maul kannst du nachfahren. Lasse bei den Nasenlöchern ebenfalls etwas Weißraum.

5. Im letzten Schritt fehlt noch der Baumstamm, an dem sich das Bärchen festhält. Koloriere diesen in einem hellen Braunton. Wechsle eventuell bei den Krallen und Tatzen zu einem kleineren Pinsel, um genauer malen zu können. Sobald der Baumstamm trocken ist, können noch Strukturen in Form von dunkleren Linien aufgemalt werden.

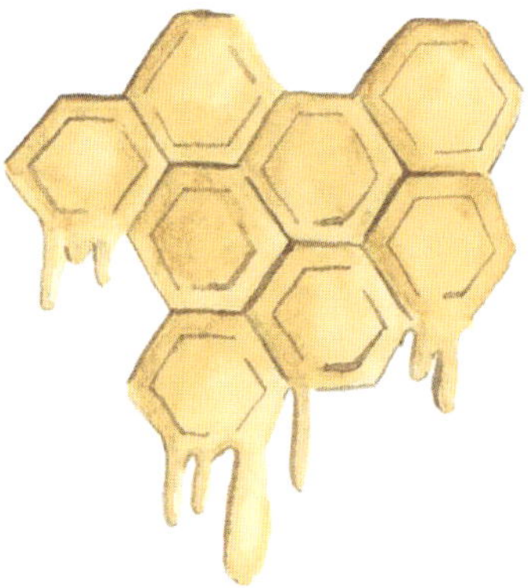

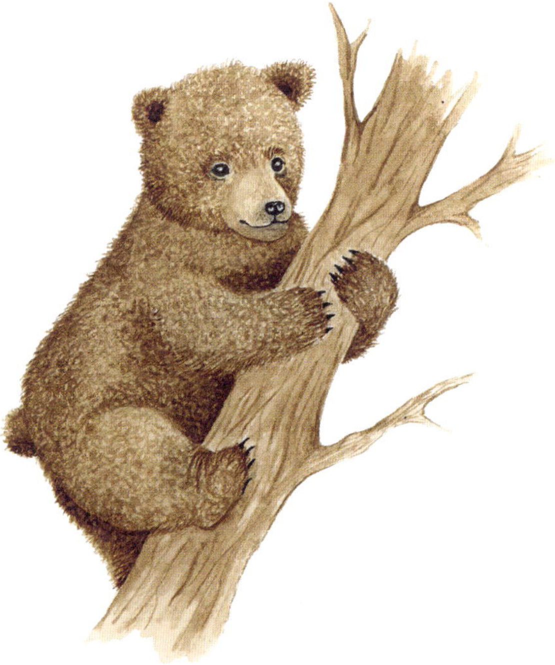

Uhu

Als eine der größten Eulenarten ist der Uhu uns allen bekannt. Die signifikantesten Merkmale des Uhus sind seine gelben Augen und die Federohren. Das Motiv eignet sich auch perfekt, um es in einem der Baumhausmotive einzubauen. Vielleicht schauen zwei gelbe, leuchtende Augen aus einem Loch im Baumstamm hervor?

MATERIAL

> Aquarellpapier, matt

> Rundpinsel Nr. 2 zum Kolorieren

> Minipinsel für Details, z. B. Nr. 0

> Fineliner für kleinere Details

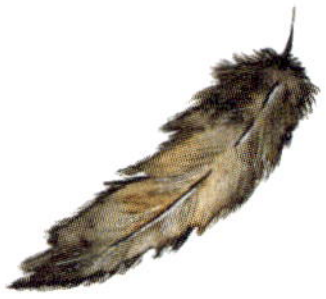

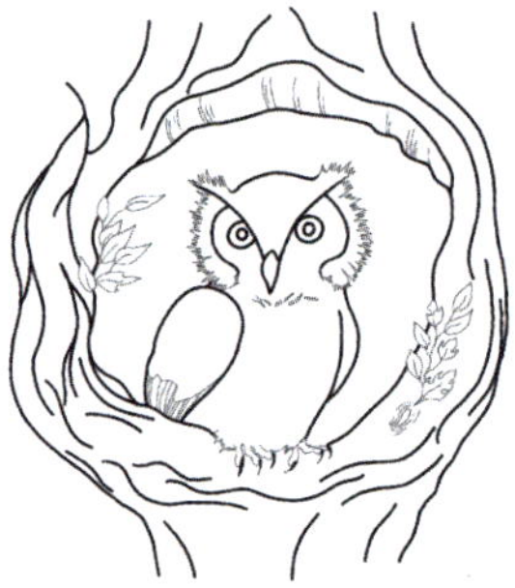

– Skizze

FARBPALETTE

Indischgelb (220)

Umbra gebrannt (668)

Tundragrün (985)

Lichter Ocker (655)

Neutralgrau (785)

Lampenschwarz (781)

Umbra natur (667)

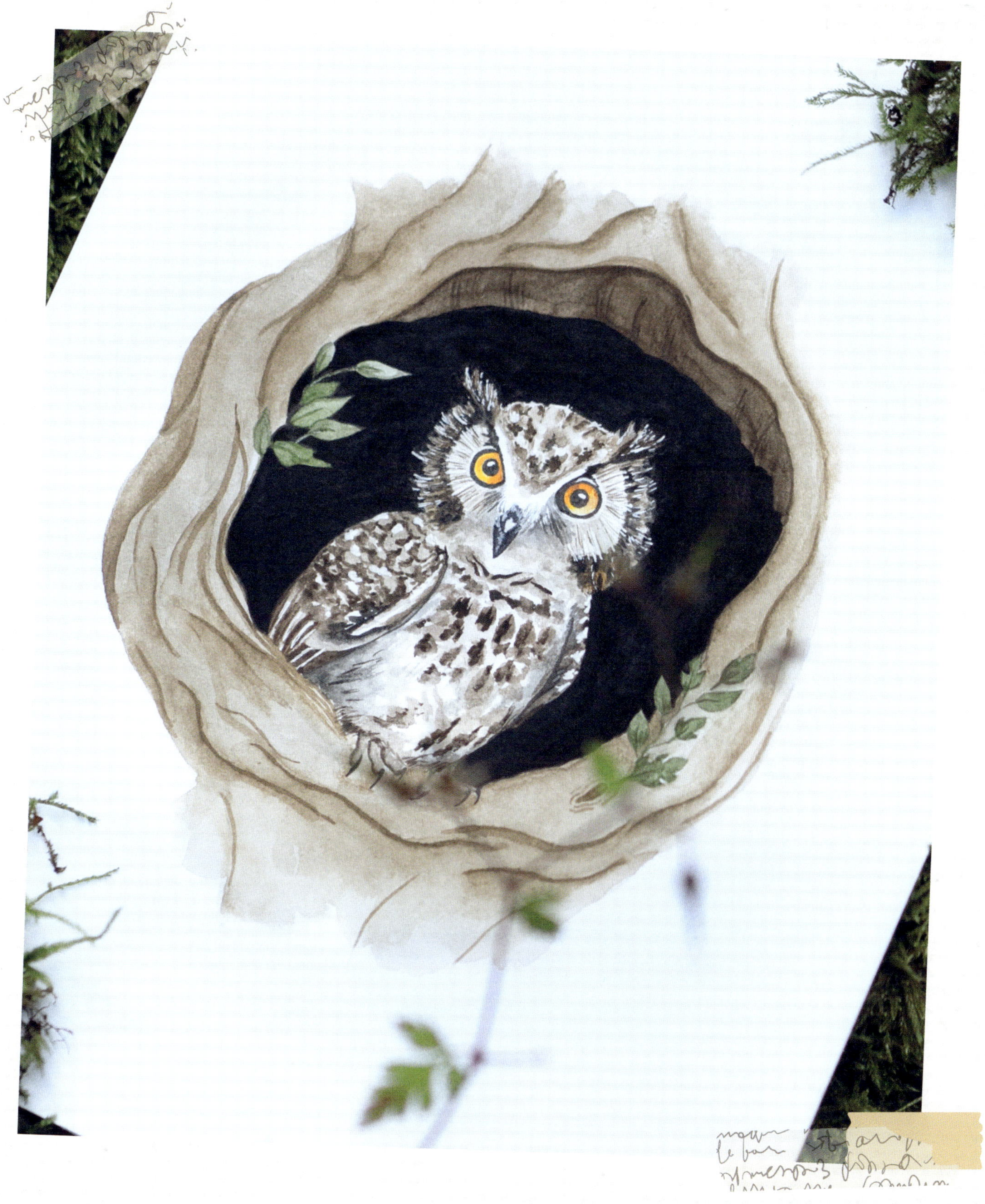

So geht's

1. Wir beginnen wieder mit einer leichten Grundierung. Diese gibt dem Uhu eine erste Grundfarbe und ermöglicht es, hellere und dunklere Stellen zu markieren. Dafür sollte ein heller Beigeton angemischt werden. Diesen erhält man durch das Aufhellen von einem Braunton. In einigen Aquarellkästen ist ein Beige auch enthalten.

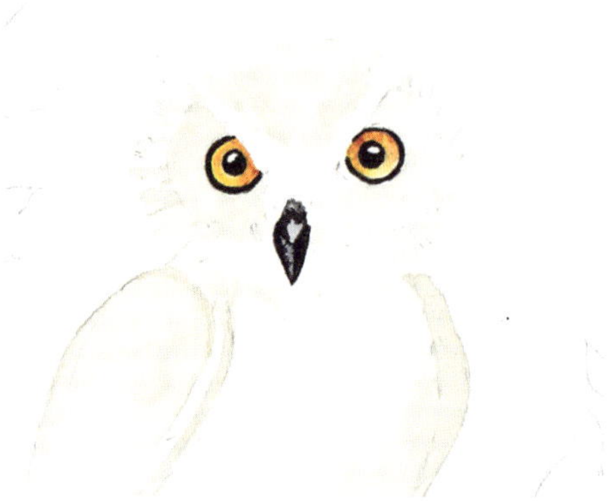

2. Mische dir für das Highlight des Motivs – die Augen des Uhus – zwei Gelbtöne an: einen hellen und einen dunkleren, ockerfarbenen. Gib zuerst den helleren Gelbton in den äußeren Ring und tupfe dann in der Nasenseite etwas vom Ockerton hinzu. Während die Farbe trocknet, kannst du mit einem schwarzen Fineliner oder kleinen Pinsel die Krallen und den Schnabel aufmalen. Achte beim Schnabel darauf, Lichtpunkte auszusparen. Gehe so auch im Inneren des Auges vor. Umrande dann die gelben Augen mit einem schwarzen Ring.

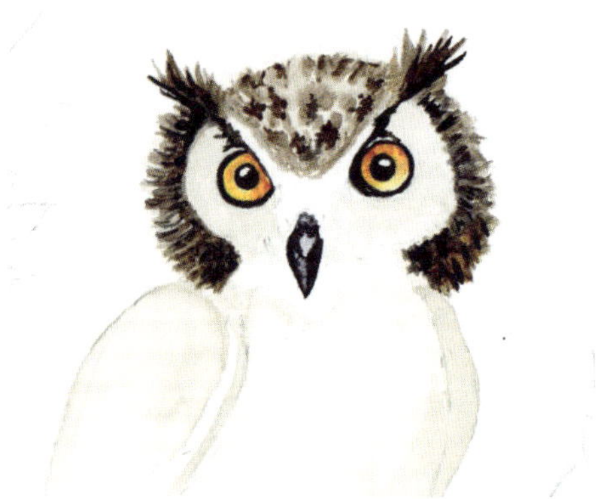

3. Im nächsten Schritt arbeiten wir den Kopf aus. Mische dazu einen helleren und dunkleren Braunton an. Beginne, mit dem helleren die Struktur des Kopfes mit vielen Pinselaufstrichen zu formen. Ergänze dann im zweiten Schritt dunklere Pinselaufstriche. Bedenke, dass die Federohren charakteristisch für den Uhu sind.

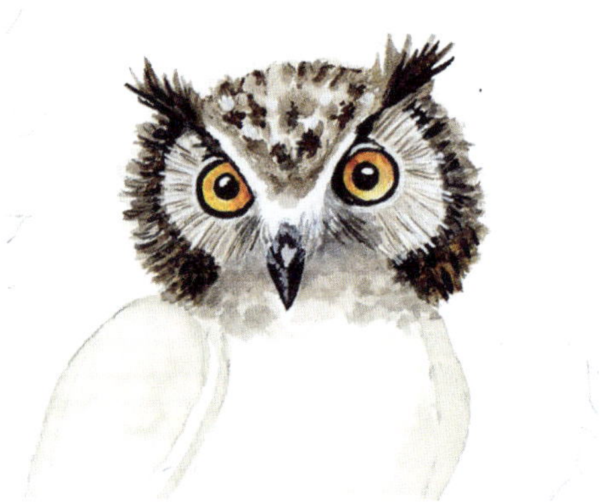

4. Wechsle zu einem feineren Pinsel und ergänze helle und braune Pinselstriche rund um die Augen. Einfacher geht es, wenn du hier immer wieder dein Blatt drehst, damit du die Linien einheitlicher aufmalen kannst. Mische dir dann einen gräulicheren Ton an und arbeite dich mit der Tupftechnik den Hals entlang vor.

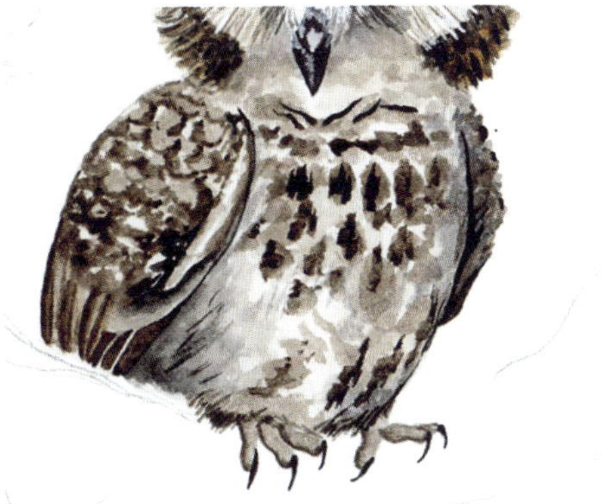

5. Nutze den gräulichen Ton, um auch den Flügel in der Tupftechnik zu kolorieren. Wechsle dann zu dem dunkleren Braunton, den du bereits am Kopf verwendet hast, und tupfe in regelmäßigen Abständen in einer U-Form auf den oberen Teil des Flügels. Achte darauf, dass hier und da hellere Stellen stehen bleiben. Im unteren Teil des Flügels kannst du mit Pinselabstrichen weitere Federn ergänzen. Gehe für den Bauch des Uhus ebenso vor. Vergiss nicht, die Krallen zu kolorieren.

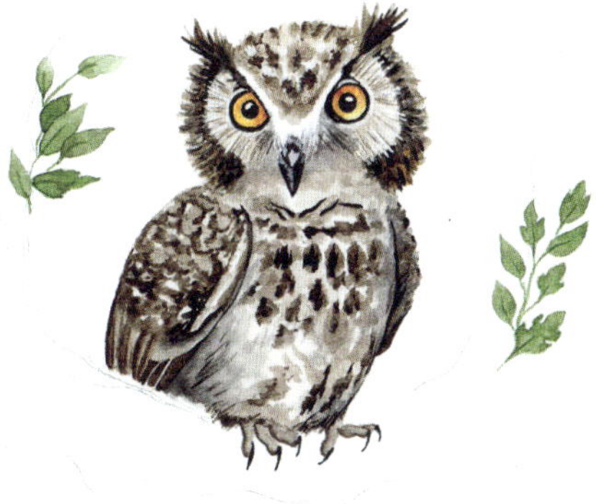

6. Weiter geht es mit dem Unterschlupf des Uhus! Starte dazu mit den Blättern, die rund um das Loch im Baum wachsen. Mit einem dunkleren Grünton kannst du abschließend eine Blattader in der Mitte jedes Blattes aufzeichnen.

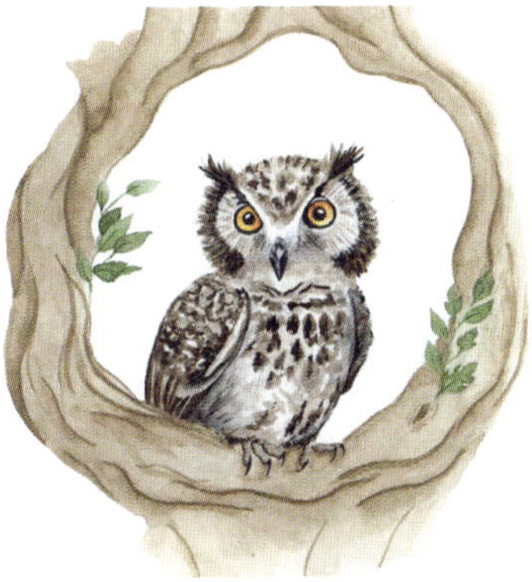

7. Als Nächstes folgt der Baumstamm. Koloriere dafür gleichmäßig in einem hellen Braun die Flächen. Mit einem dunkleren Braunton können dann die Strukturlinien des Baumes aufgemalt werden. An Stellen, wo die Krallen oder Blätter auf dem Baumstamm liegen und es schwieriger wird mit der Kolorierung, kannst du auch zu einem kleineren Pinsel greifen.

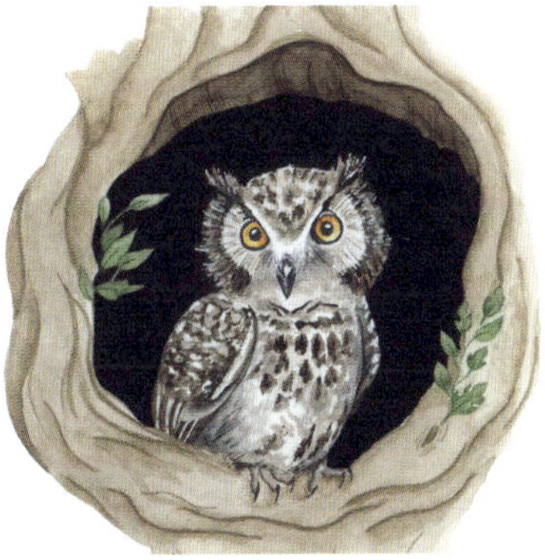

8. Der obere Bereich des Astlochs muss nun mit einem dunkleren Braunton koloriert werden. Um die runde Form anzudeuten, kannst du anschließend feine, gebogene Linien aufmalen. Damit der Uhu in diesem Motiv zur Geltung kommt, wird das Innere des Baumlochs schwarz eingefärbt. Wähle einen schwarzen Fineliner, um die Stellen rund um die Ohren und der Blätter einfacher auszumalen. Für die restliche Fläche kannst du auch wieder mit einem Rundpinsel und schwarzer Aquarellfarbe arbeiten.

Rehkitz

In den ersten Tagen nach der Geburt findet man die jungen Rehkitze im hohen Gras versteckt liegen. Wusstest du, dass die charakteristischen weißen Flecken auf dem Fell der Kitze zur Tarnung dienen? Bei diesem Motiv lassen sich auch wieder unterschiedliche Watercolor-Techniken anwenden und üben.

MATERIAL

> Aquarellpapier, matt

> Rundpinsel Nr. 6 und 2 zum groben Kolorieren

> Minipinsel für Details, z. B. Nr. 0

> Fineliner für Konturen

> weißer Gelstift

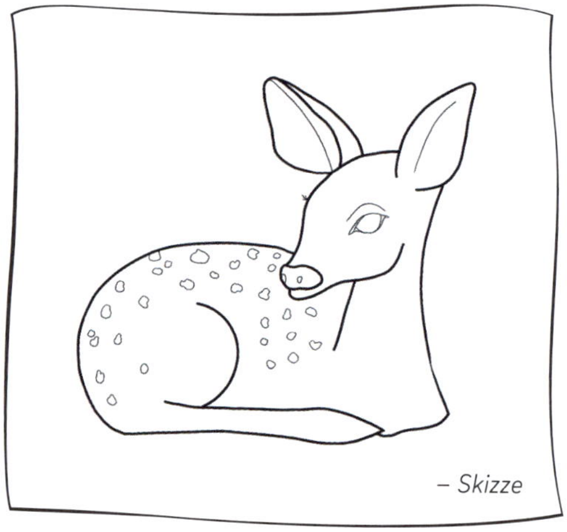

– Skizze

FARBPALETTE

Grünoliv (515)

Goldbraun (654)

Umbra gebrannt (668)

Perylengrün (784)

Umbra natur (667)

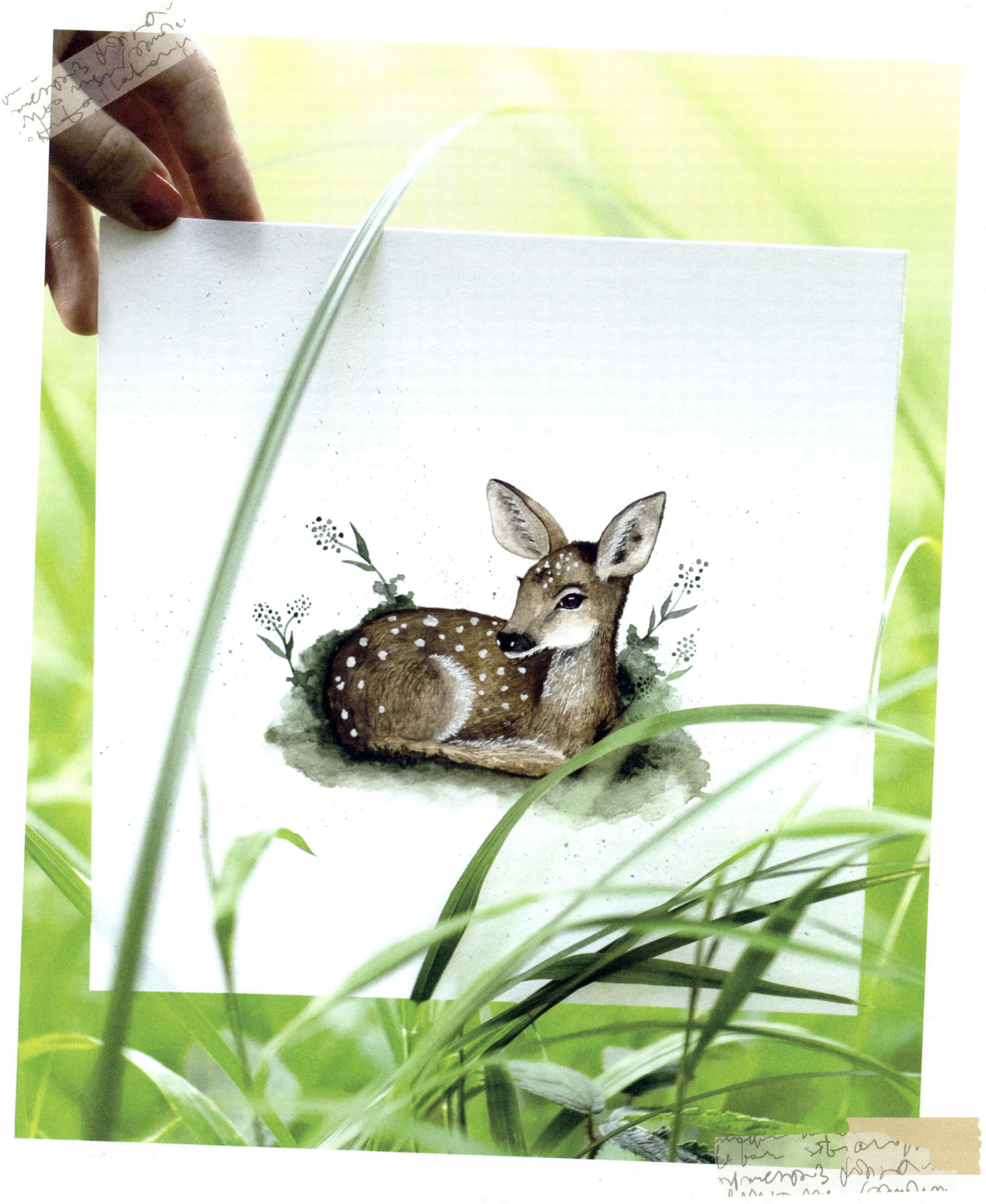

So geht's

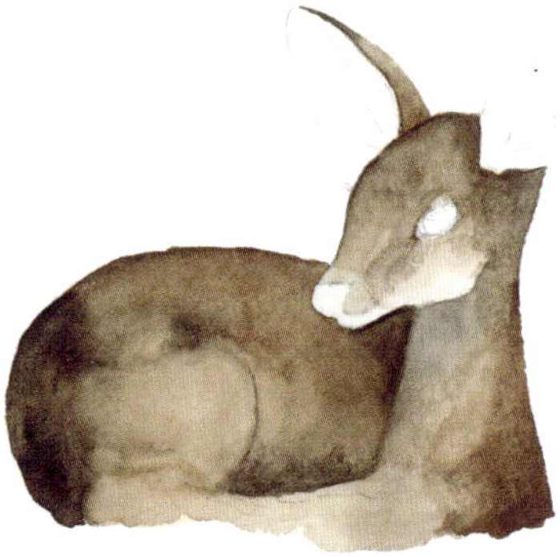

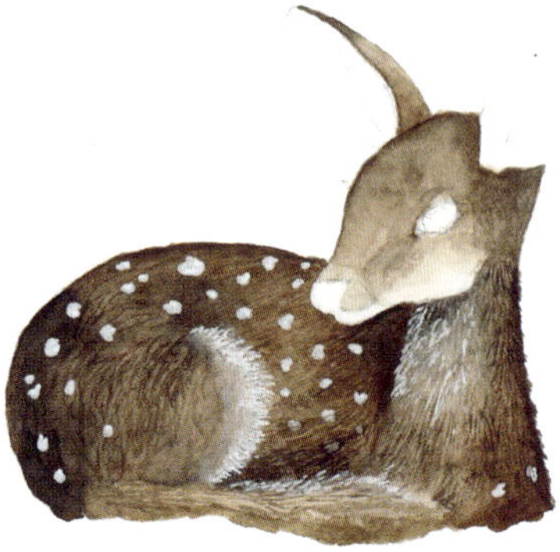

1. Vorab ist es wichtig, sich zu überlegen, wo dunklere und wo hellere Stellen sind. Dort, wo das Motiv dunkler sein soll, wird bei der Grundierung mehr Pigment aufgetragen. Starte also an dieser Stelle mit dem Farbauftrag und verblende die Farbe an die helleren Stellen.

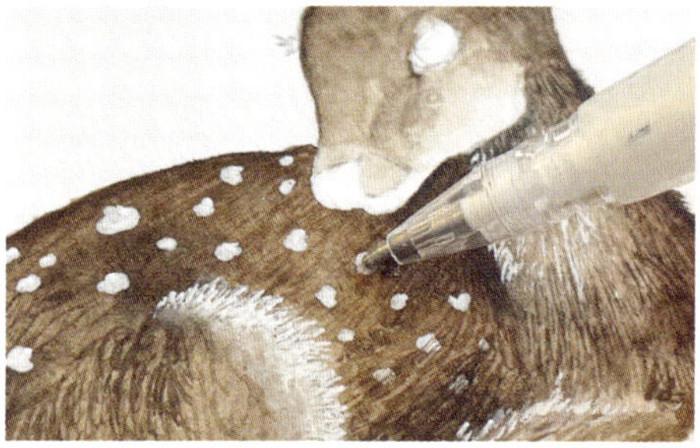

2. Wenn der erste Farbauftrag getrocknet ist, können die Details auf dem Fell aufgetragen werden. Wähle dazu einen feinen Pinsel und mische dir ein dunkles Braun an. Achte darauf, dass dein Farb-Wasser-Gemisch nicht zu wässrig ist. Feine Linien lassen sich einfacher malen, wenn du mehr Kontrolle über die Farbe auf deinem Pinsel hast. Ergänze jetzt feine, kurze Striche, um eine Fellstruktur zu imitieren. Achte darauf, dass du das Fell immer in einer Wuchsrichtung aufträgst. Mit einem weißen Gelstift können danach die charakteristischen weißen Flecken sowie weißes Fell an den helleren Stellen aufgemalt werden.

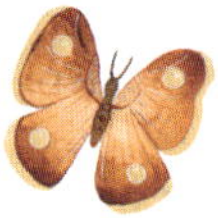

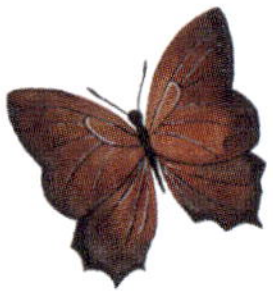

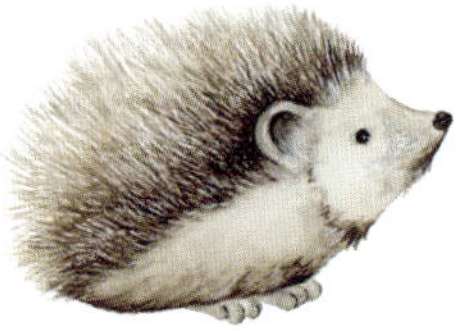

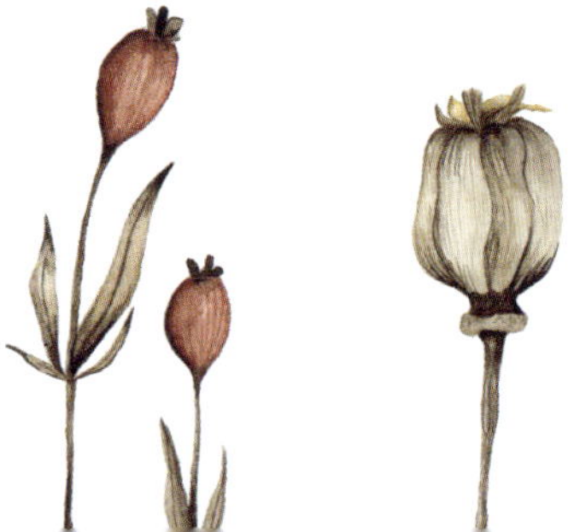

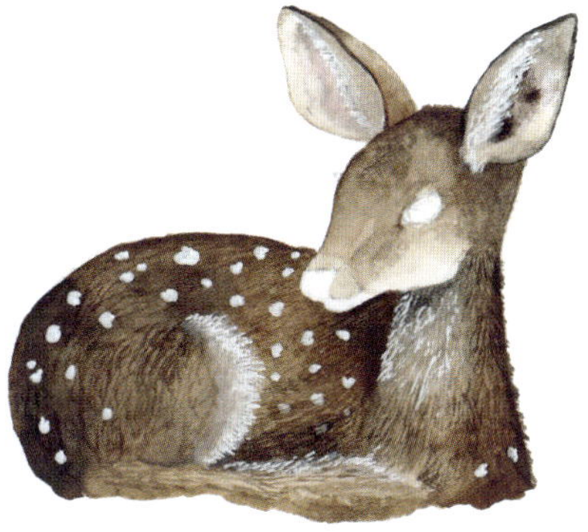

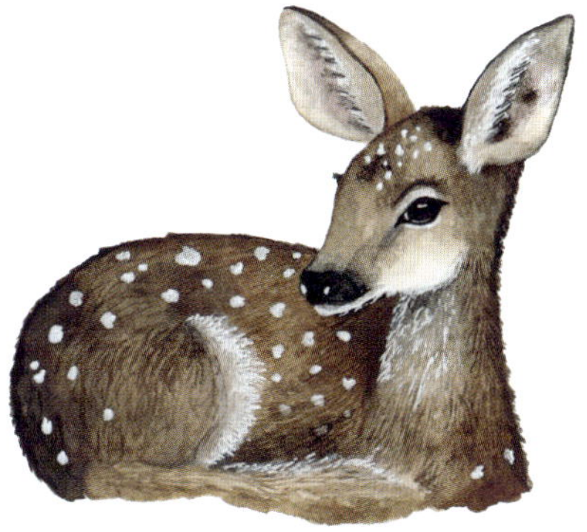

3. Im nächsten Schritt geht es an die Ohren. Koloriere diese in einem hellen Braun-Grau. Das Innere sollte sich dabei farblich absetzen. Im linken Ohr kannst du einen leichten Rosaton dazugeben und rechts etwas dunkleres Pigment. Mit einem weißen Gelstift lässt sich auch hier weißes Fell auf den Ohren ergänzen.

4. Nun folgen die Details am Kopf. Der einfachste Weg ist, das Maul und die Augen mit einem schwarzen Fineliner auszumalen. Lichtpunkte können ganz einfach mit dem Gelstift aufgemalt werden. Ergänze dann oberhalb des Auges eine kleine Augenbraue und setze darunter sowie am unteren Augenlid ein weißes Highlight. Greife jetzt noch mal zu deinem feinen Pinsel und ergänze mit einem Dunkelbraun dunklere Stellen am Kopf. Bei diesem Schritt kannst du auch den restlichen Körper noch mal mit vielen kleinen Strichen umranden, so als würde das Fell etwas abstehen.

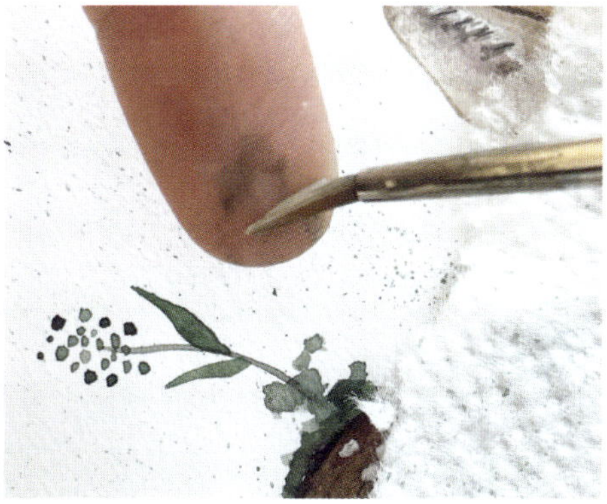

5. Jetzt fehlt nur noch die Umgebung. Mische dazu ein Dunkelgrün an und gib direkt am Rand zum Rehkitz das Pigment auf das Papier. Verblende die Farbe mit ausreichend Wasser auf dem Pinsel nach außen hin. Ein paar Grashalme und Sträucher geben dem Motiv das Gefühl, als läge das Rehkitz in einer Wiese. Als finales Highlight kannst du noch kleine Sprenkel ergänzen. Decke mit einem kleinen Stück Küchenpapier dein Rehkitz ab und nimm ausreichend Farbe auf deinem Pinsel auf. Streiche den Pinsel dann schnell an deinem Finger ab, sodass die Farbe auf das Papier sprenkelt. Du kannst diese Technik auch erst einmal auf einem Probepapier üben.

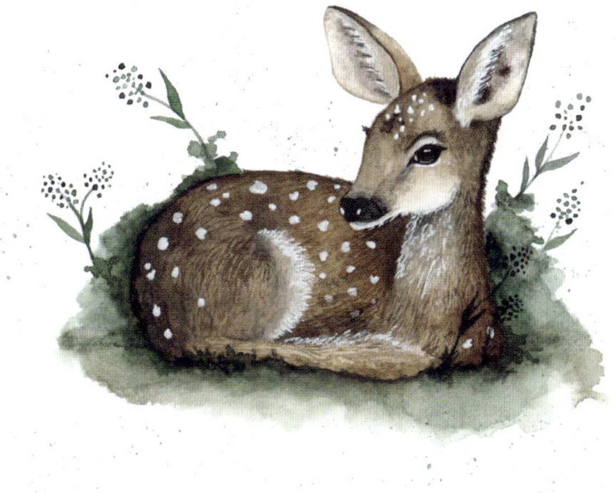

Buntspecht

Wenn man genau hinhört, kann man auf einem Waldspaziergang das Klopfen eines Buntspechts vernehmen. Dabei hackt er mit seinem Schnabel Löcher in Äste, um dort Larven freizulegen oder sogenannte Spechtschmieden zu bauen. Diese nutzt er, um Nüsse oder Käfer in den Löchern zu knacken. Bei diesem Projekt lernst du nicht nur, einen Buntspecht zu illustrieren, sondern auch, eine Birkenrinde mit Watercolor zu gestalten.

MATERIAL

- Aquarellpapier, matt
- Rundpinsel Nr. 2 zum Kolorieren
- Minipinsel für Details, z. B. Nr. 0
- Fineliner für kleinere Details

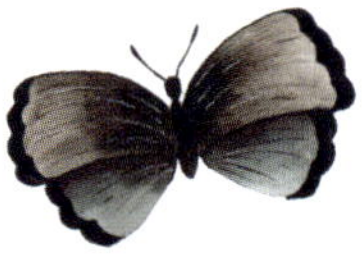

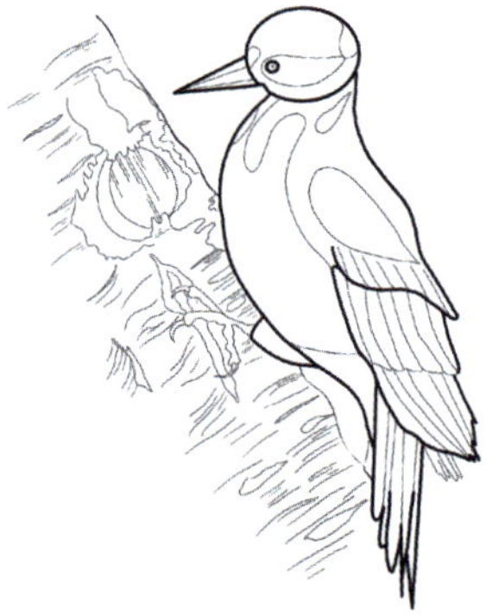

– *Skizze*

FARBPALETTE

- Kadmiumrot dunkel (350)
- Tundragrün (985)
- Lampenschwarz (781)
- Titanium Buff (291) von van Gogh
- Sepiabraun rötlich (662)

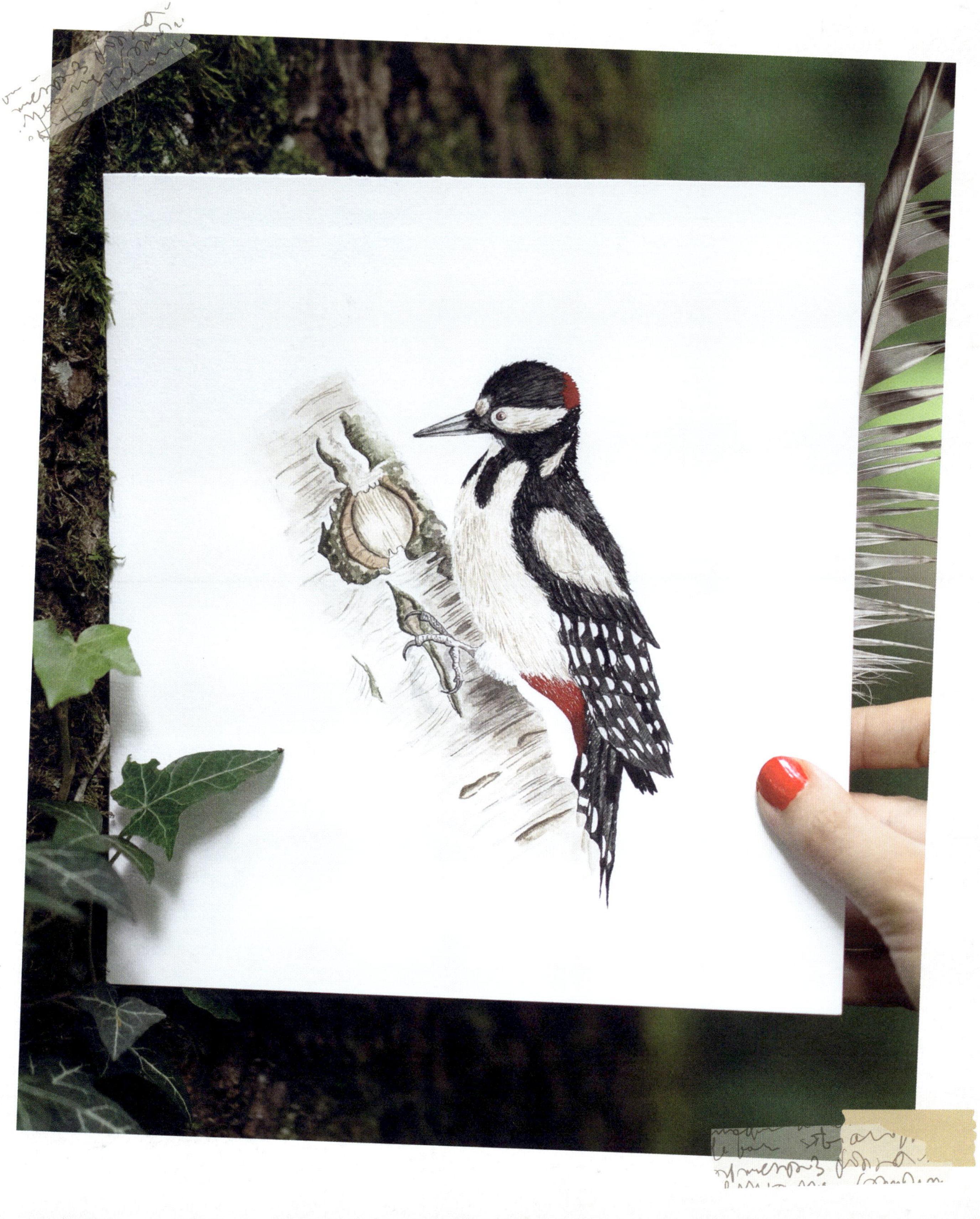

So geht's

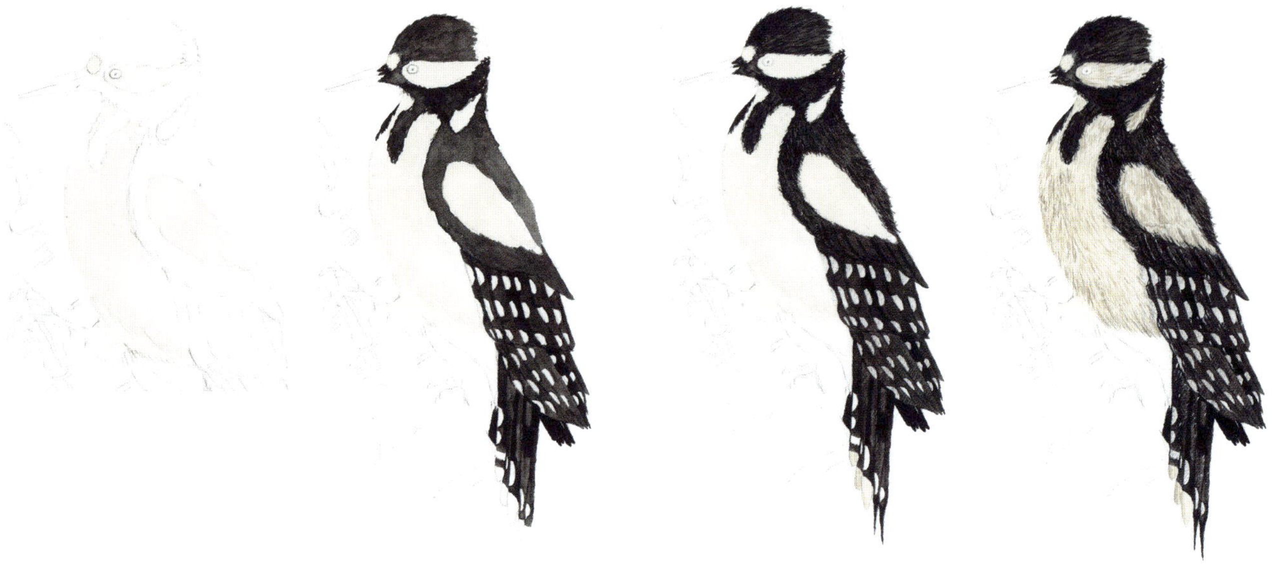

1. Wir beginnen mit den Stellen, die später beim Buntspecht am hellsten erscheinen sollen, und kolorieren diese in einem leichten Beigeton. Achte darauf, dass es hier nicht bereits zu dunkel wird.

2. Im zweiten Schritt geht es an die schwarzen Federn. Versuche dabei, nicht jede Fläche eintönig schwarz zu färben, sondern auch immer mit der Intensität zu spielen. Gib dazu einfach etwas mehr Wasser in dein Pigment-Wasser-Gemisch, um den Schwarzton aufzuhellen. Achte bei den Federn darauf, dass du die charakteristischen weißen Flecken nicht übermalst. Das Gleiche gilt auch für die Flächen, die in Step 5 mit roten Federn ergänzt werden.

3. Kleiner Step – große Wirkung! Schnappe dir deinen Minipinsel, tauche ihn in ein dunkles, pigmentreiches Schwarz und zeichne anschließend viele kurze, feine Linien auf deine schwarze Grundierung. Dadurch, dass du in Step 2 auch hellere schwarze Flächen gemalt hast, scheinen diese durch und man erkennt die kleinen Striche als feine Federn. Die weißen Federn zwischen den schwarzen kannst du ganz leicht mit einem Bleistift schraffieren.

4. Wiederhole diesen Schritt auch an den helleren, beigen Flächen. Wasche deinen Pinsel aber davor gut aus und nimm einen dunkleren Beigeton auf.

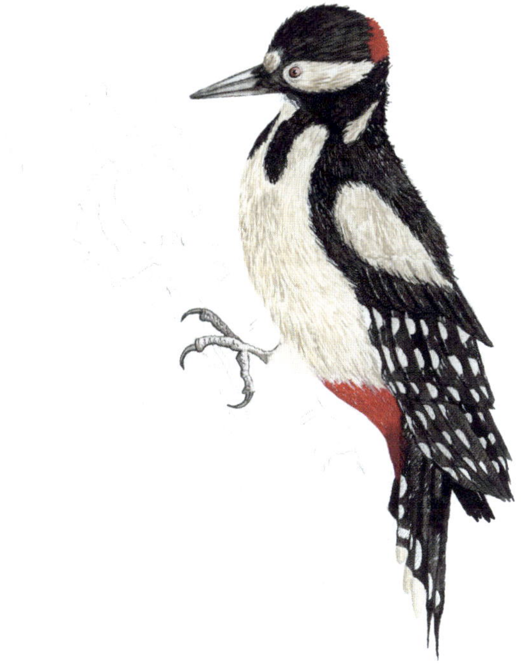

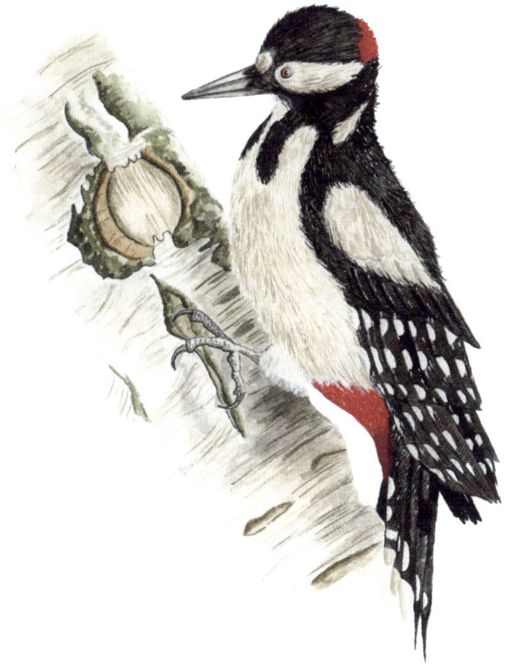

5. Jetzt fehlen nur noch die Details am Specht! Fülle die noch leeren Flächen mit vielen kleinen Pinselstrichen in rotem Pigment. Den Schnabel und die Krallen kannst du in einem Grau kolorieren und mit einem Fineliner oder schmalen, schwarzen Pinselstrich nachziehen. Etwas Rot darf auch in das Auge des Spechts. Achte aber drauf, dass es nicht zu knallig wird und dass der Lichtfleck in der Mitte des Auges frei bleibt.

6. Im letzten Step bekommt die Birke ihren Anstrich. Koloriere diese dazu erst einmal in einem hellen Beige. Wenn diese Schicht getrocknet ist, trage mit einem feinen Pinsel viele Querlinien auf, wodurch die charakteristische Struktur der Rinde dargestellt wird. An Stellen, wo die Rinde bereits abgegangen ist, kannst du mit einem hellen und dunkleren Grün in der Tupftechnik arbeiten. Damit das Bild realistischer wird, kannst du an den Stellen auf der Rinde, über denen der Specht sitzt, einen kleinen Schatten auf die Rinde malen. Nimm dazu ein ganz leichtes Grau und gib dieses auf die bereits kolorierte Rinde. Dieser kleine Schritt macht einen deutlichen Unterschied.

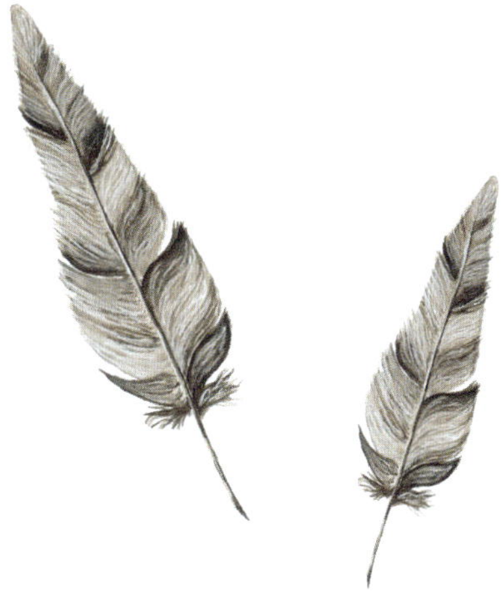

Waldkreis

Verschiedene Naturelemente und Waldbewohner lassen sich auch wunderbar als gemeinsames Motiv in Form eines Kreises gestalten. Je nach Thema und Jahreszeit kann dieser dann mit den entsprechenden Pflanzen und Tieren ausgewechselt werden und als Karten- oder Kalendermotiv verwendet werden.

MATERIAL

- Aquarellpapier, matt, oder Round Watercolor Paper von Hahnemühle
- Minipinsel für Details, z. B. Nr. 0
- optional: Kreiszeichner

TIPP

Mit einem Kreiszeichner lässt sich ganz einfach ein Kreis auf das Papier bringen.

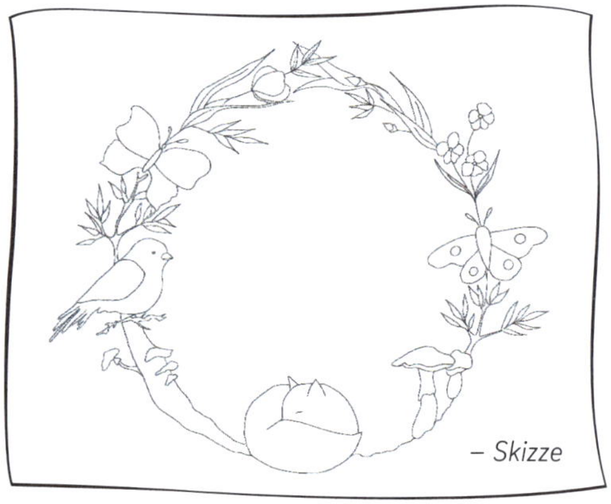

– *Skizze*

FARBPALETTE

- Titanium Buff (291) von van Gogh
- Permanent Orange (266) von van Gogh
- Englisch-Venezianisch Rot (649)
- Lasurgoldgrün (537)
- Tundragrün (985)
- Umbra natur (667)
- Umbra gebrannt (668)
- Sepiabraun rötlich (662)
- Lampenschwarz (781)

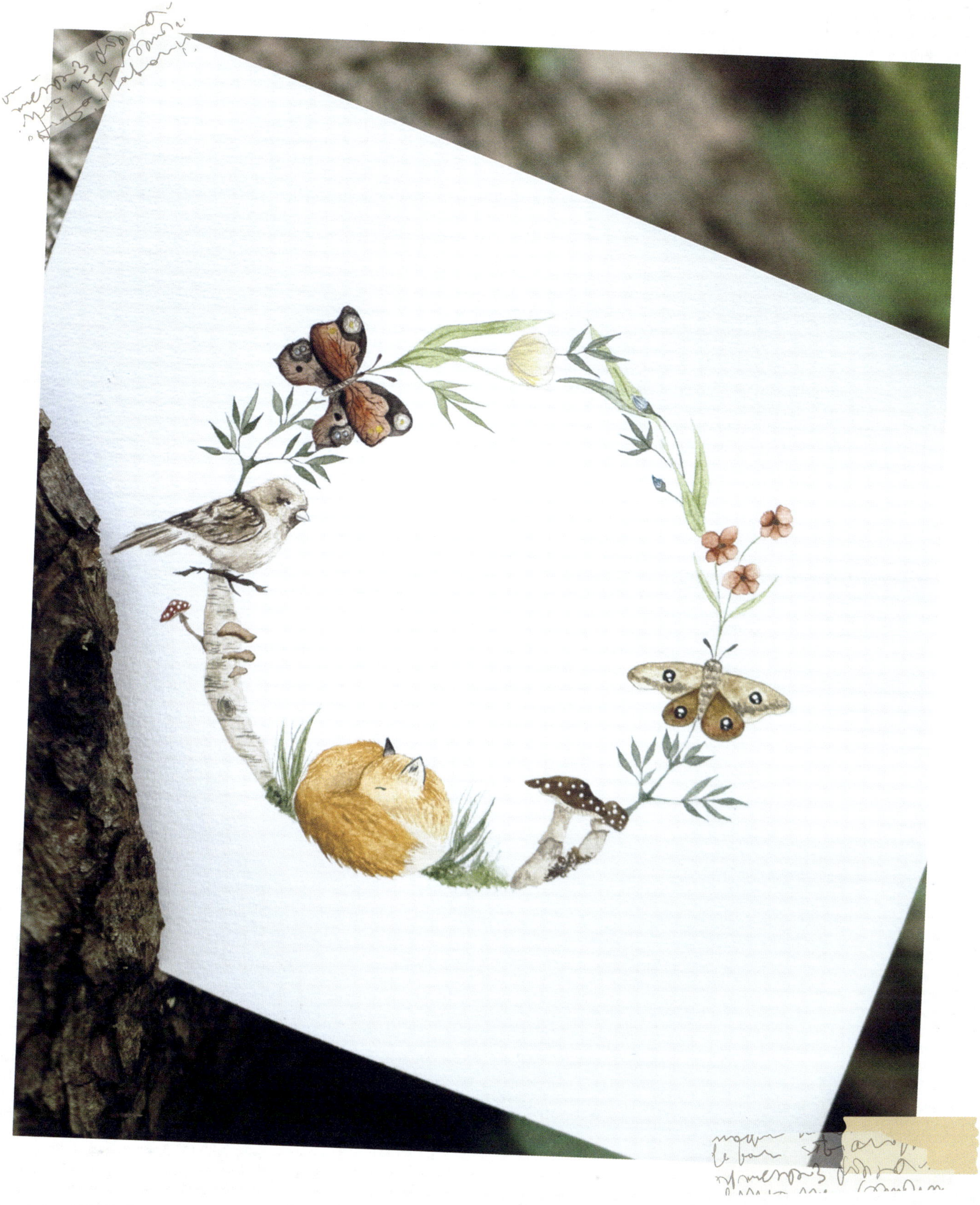

So geht's

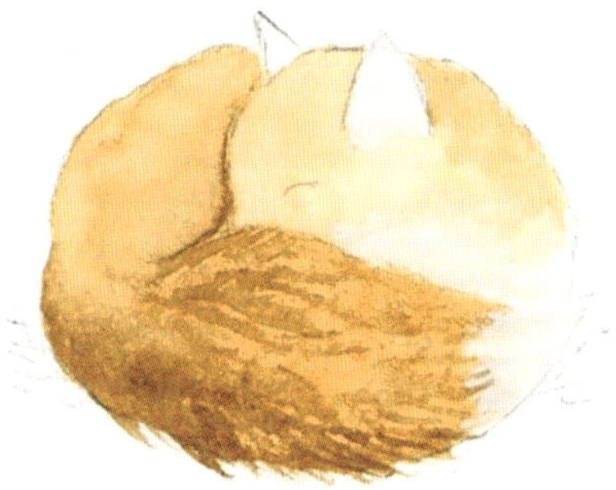

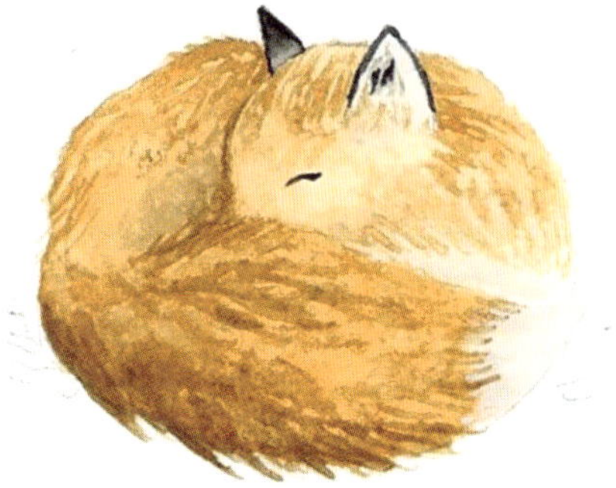

Fuchs

1. Beginne mit dem Fuchs und mische dir für diesen einen Orangeton an. Grundiere damit den Körper und den Schwanz des Fuchses. Achte darauf, dass du die Schwanzspitze weiß lässt. Nimm anschließend etwas Deckweiß mit dem Pinsel auf und lasiere damit die Schwanzspitze sowie den Bereich unter dem Kopf. Wenn alles etwas getrocknet ist, kannst du auch den Kopf grundieren. So verhinderst du, dass alles ineinanderläuft. Nimm dann etwas mehr Pigment auf dem Pinsel auf und ergänze eine Fellstruktur auf dem Schwanz.

2. Wähle nun ein Dunkelgrau oder Schwarz aus deinem Aquarellkasten und ergänze die Ohren und das Auge. Mit dem dunkleren Orange kannst du nun ein paar Linien in das getrocknete Deckweiß streichen, damit es noch mehr nach Fell aussieht.

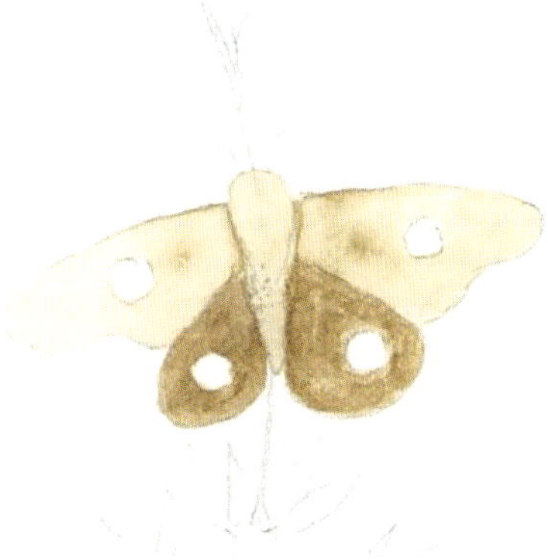

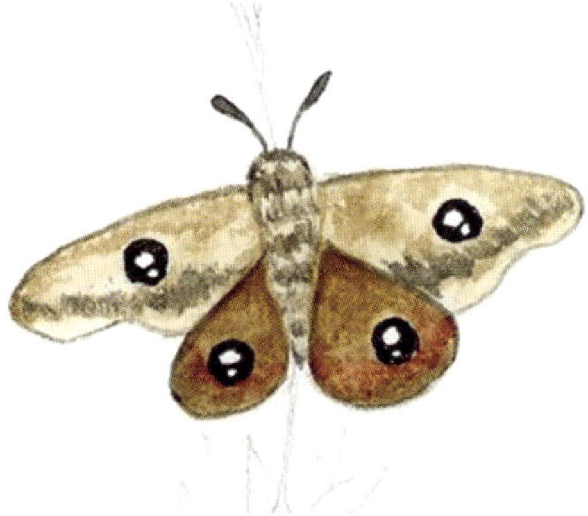

Motte

1. Koloriere die Motte in einem Beigeton. Mische dir von diesem Ton gleich mehr an, da du diese Farbe im Laufe des Projektes noch öfter brauchen wirst. Achte dann darauf, dass du die Kreise in den Flügeln weiß lässt. Den unteren Teil der Flügel kannst du mit deutlich mehr Pigment ausmalen, wodurch sie dunkler werden.

2. Jetzt geht es an die Details! Ergänze Pinselstriche in einem dunkleren Ton auf dem Körper und den Flügeln der Motte. Die Kreise kannst du mit Schwarz ausmalen, achte aber darauf, jeweils einen großen und einen kleinen Fleck frei zu lassen. Die Fühler dürfen natürlich auch nicht fehlen.

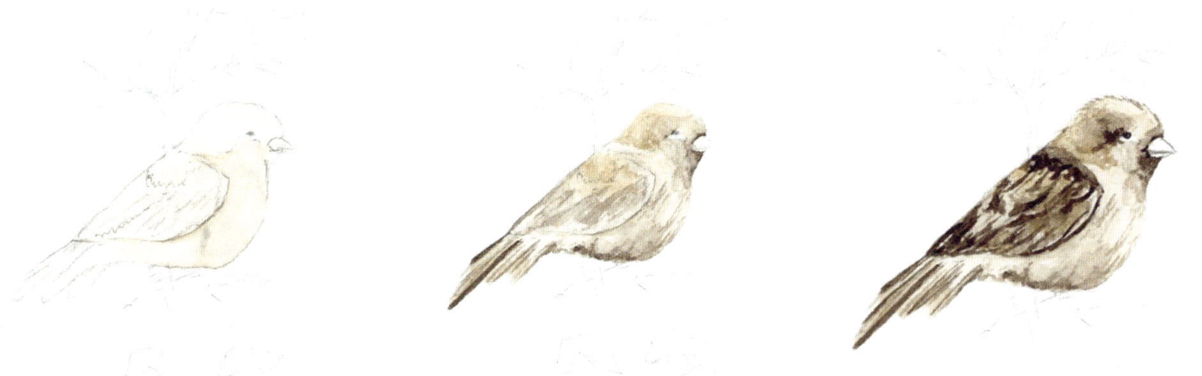

Vögelchen

1. Mit dem gleichen Beigeton, den du für die Motte verwendet hast, kannst du nun auch das Vögelchen grundieren.

2. Deute mit einem dunkleren Beigeton und einem Braunton durch lange Pinselstriche die Federn an. Rund um den Schnabel kannst du ebenfalls mehr konturieren.

3. Der gleiche Schritt kann nun mit einem noch dunkleren Braunton durchgeführt werden. Dadurch grenzt sich der Flügel deutlicher vom Körper ab. Auch hinter dem Auge kann dunkleres Pigment eingesetzt werden.

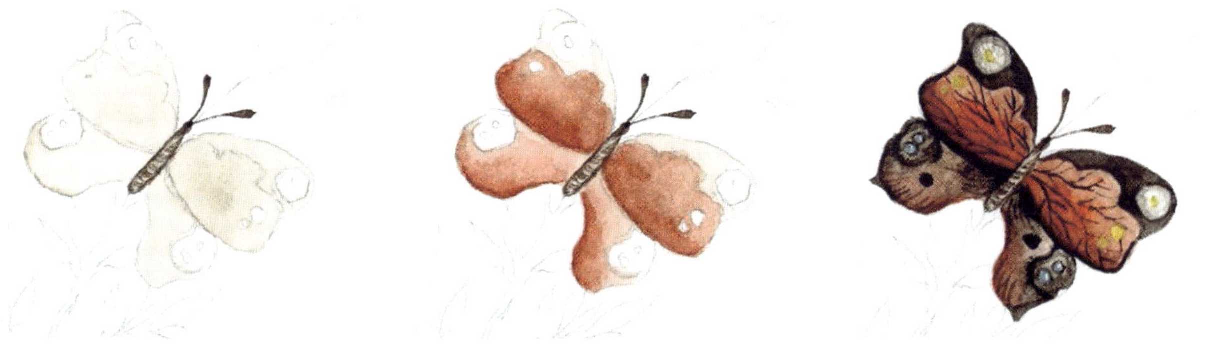

Schmetterling

1. Der bereits angemischte Beigeton kommt auch beim Schmetterling für die Grundierung zum Einsatz. Achte hier wieder darauf, dass die Kreise in den Flügeln frei bleiben. Der Körper des Schmetterlings kann mit einem dunkleren Braunton aufgezeichnet werden.

2. Ergänze nun einen Rotton in die Flügel. Achte darauf, dass du einen kleinen Verlauf ergänzt, indem du im unteren Flügel das Pigment nach oben hin verblendest.

3. Jetzt geht es ans Verzieren! Male mit einem Minipinsel und dunkler Farbe Muster und Konturen auf die Flügel. Helle Farben, wie Gelb oder Weiß in den Kreisen, geben dem Schmetterling ein Highlight.

Weiter geht's

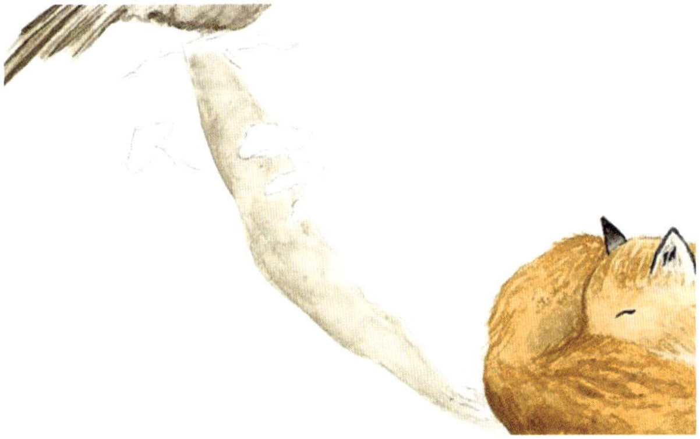

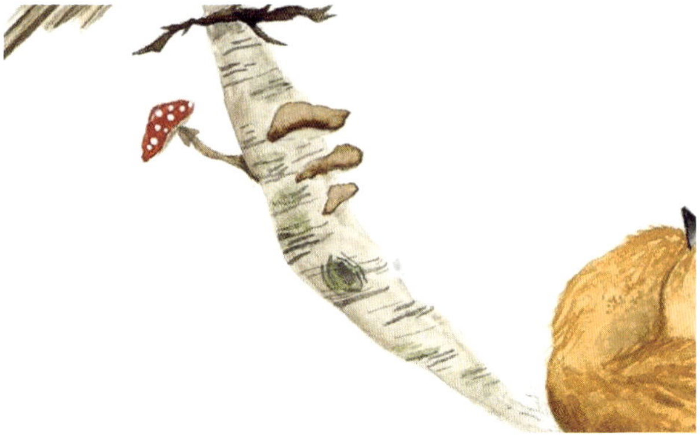

Stamm

1. Für den kurzen Birkenstamm im linken Bereich des Kreises darfst du wieder den Beigeton als Grundierung auftragen.

2. Ergänze dann mit feinen Längslinien die Struktur der Rinde und male die Pilze auf, die am Stamm wachsen.

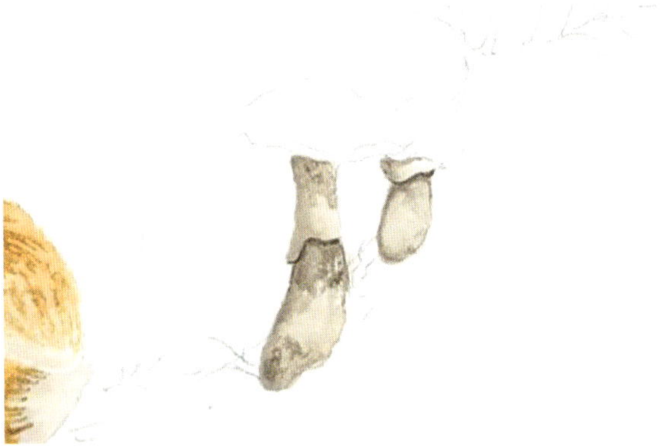

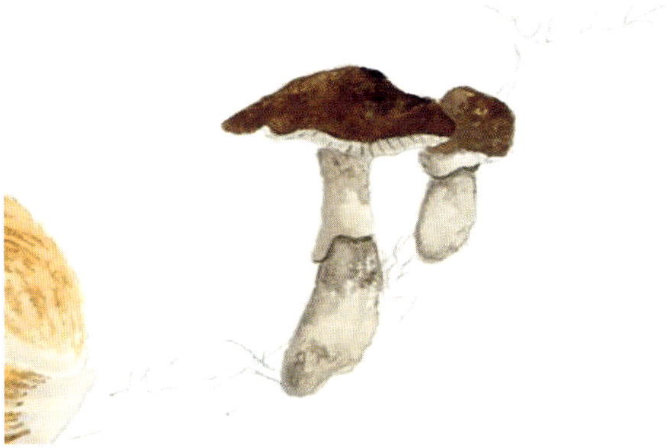

Pilze

1. Für die Stiele der Pilze kannst du (Überraschung!) wieder den Beigeton verwenden. Wenn du etwas dunkleres Pigment hinzunimmst, kannst du noch weitere Schichten lasieren, um dem Pilz mehr Struktur zu verleihen.

2. Mit einem dunkleren Braun lassen sich nun die Kappen der Pilze auftragen. Vergiss nicht, die Lamellen als kleine, feine Linien zu ergänzen, wenn man sie bei deinem Pilz sehen sollte.

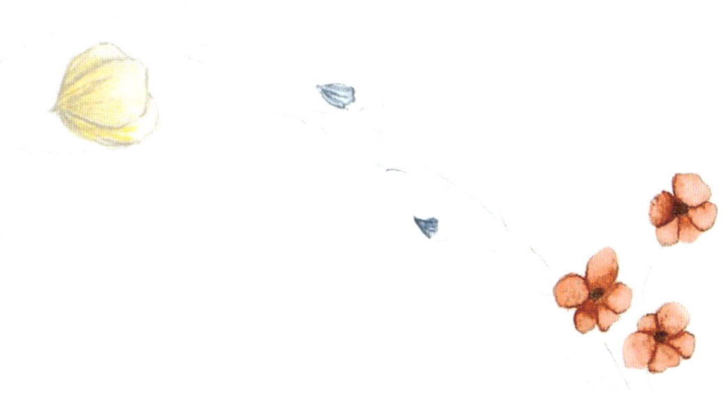

Blüten

Nun fehlen noch einige Blüten. Greife zum Beispiel bei den roten Blüten den gleichen Ton wie bei dem Schmetterling auf. Das Motiv wirkt harmonischer, wenn sich Farben wiederfinden.

Gräser

Um den Kreis zu schließen, fehlen jetzt nur noch Blätter und Gräser, die sich um die Motive schlingen. Greife dafür zu verschiedenen Grüntönen und Blattarten. Im unteren Bereich des Kreises kannst du auch etwas Gras aufmalen, sodass es so aussieht, als würde der Fuchs im Gras liegen.

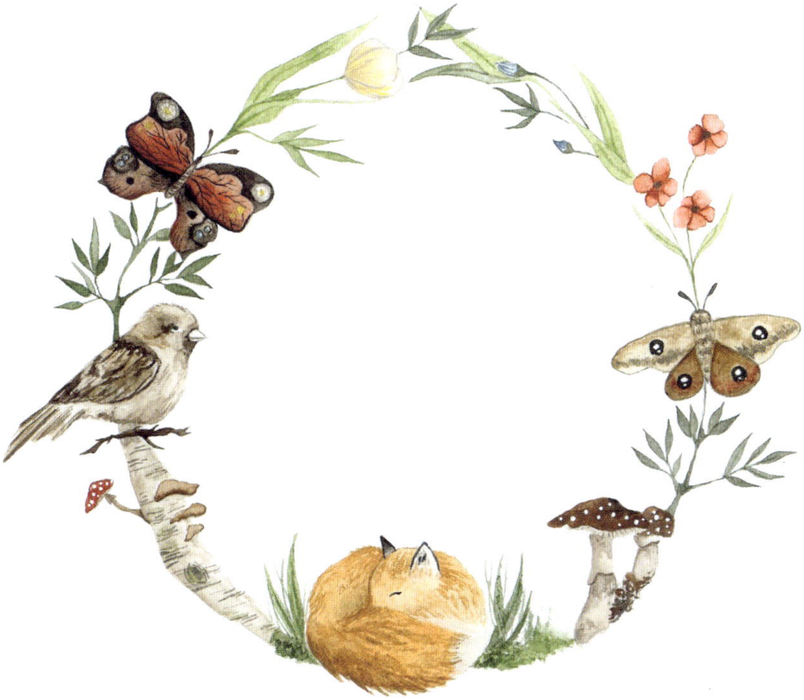

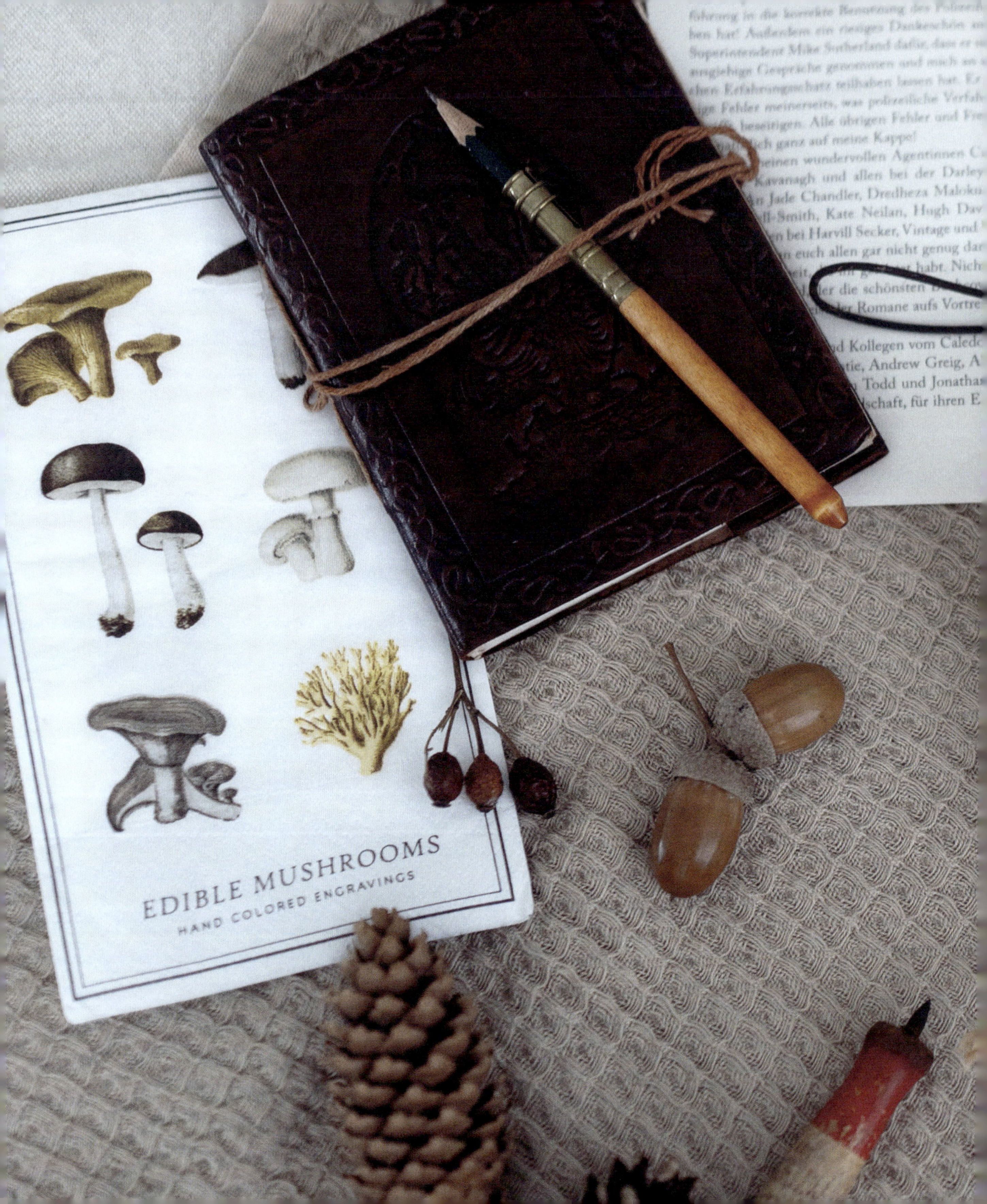
EDIBLE MUSHROOMS
HAND COLORED ENGRAVINGS

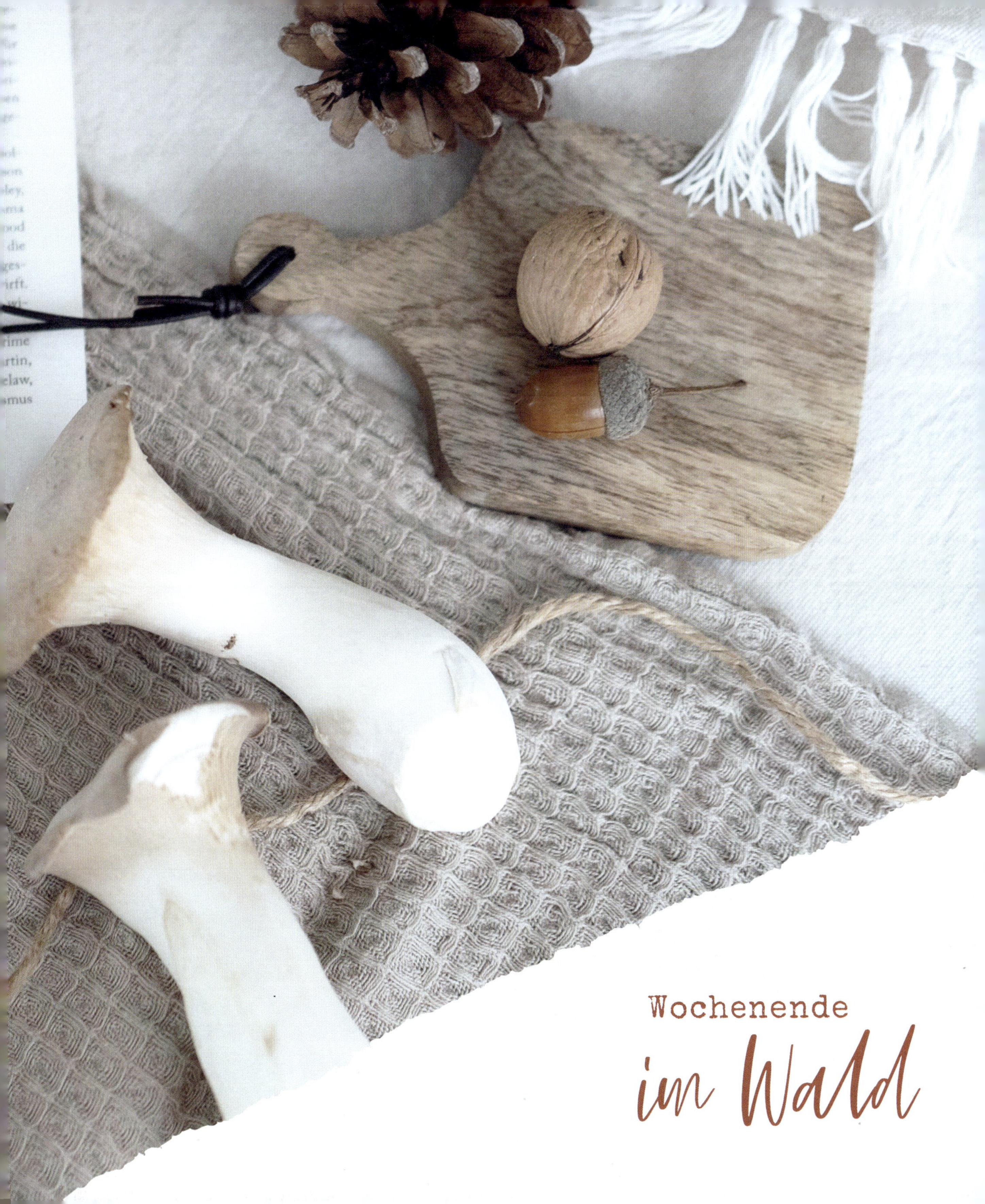

Wochenende im Wald

ÜBUNG

Kreative Schatzsuche im Wald

Ein Waldspaziergang ist die ideale Möglichkeit, um sich in der Natur auf die Suche nach kleinen Schätzen zu machen. Wieder daheim, können die Fundstücke dann in kleinen Skizzenstudien oder Illustrationen festgehalten werden. Diese Übung schult deine Watercolor-Skills und lenkt deinen Blick auf die kleinen Wunder im Wald.

TIPP

Die Vorzeichnungen zu diesen Miniprojekten findest du auch online. Scanne dazu den QR-Code auf Seite 29.

VORLAGEN

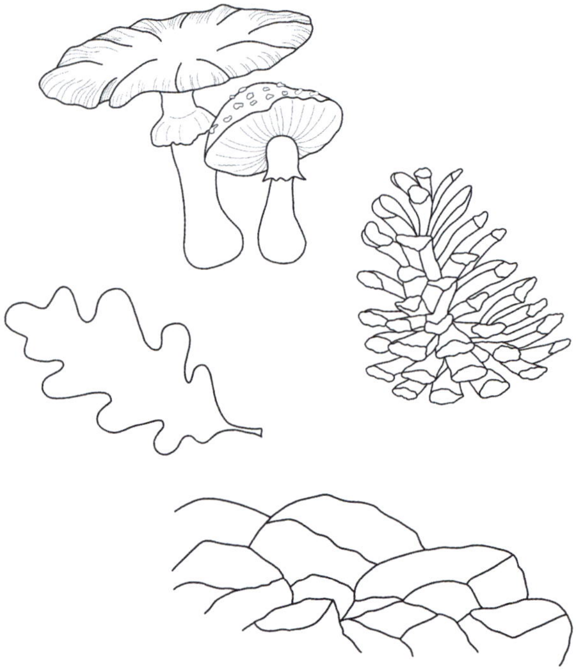

PILZE

1. Beginne mit einem Beigeton und trage ihn auf die Stiele der Pilze auf. Mische dir dann zwei weitere Brauntöne an und gib diese an die schattigen Stellen. Mit der Tupftechnik können zusätzliche Strukturen auf den Stielen ergänzt werden.

2. Weiter geht es mit den Lamellen! Trage den Beigeton aus Step 1 hier auch als Grundierung auf. Sobald diese getrocknet ist, kannst du mit einer feinen Pinselspitze die einzelnen Lamellen aufzeichnen.

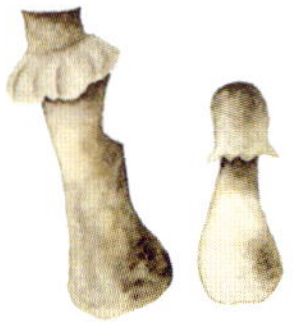

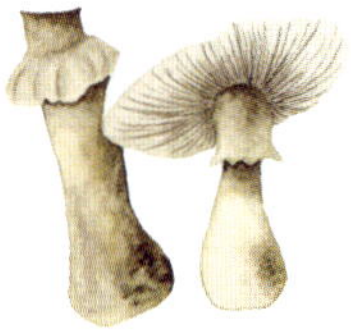

3. Beim Kolorieren des Hutes kannst du mit den unterschiedlichen Tonwerten einer Farbe spielen. Finale Strukturen können mit einem trockenen, aber feinen Farbauftrag ergänzt werden.

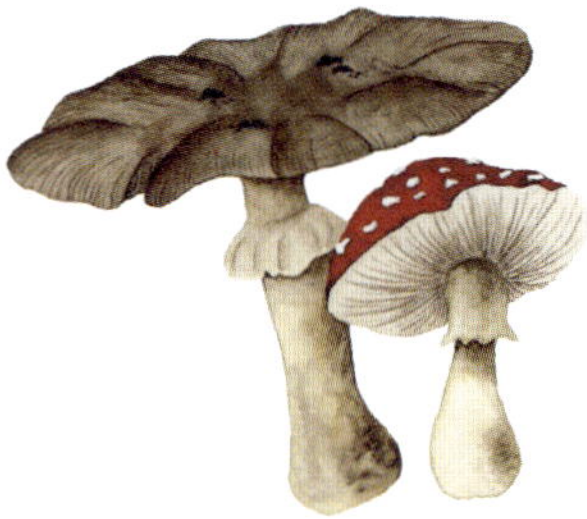

TIPP

Für die weißen Punkte beim Fliegenpilz kannst du vor der Kolorierung Rubbelkrepp auftragen.

TANNENZAPFEN

1. Koloriere im ersten Schritt nur die Enden der Zapfen. Verwende dafür einen hellen Braunton.

2. Die restlichen Flächen können nun in einem dunkleren Braunton koloriert werden. Achte darauf, im Zapfeninneren etwas dunkler zu werden. Die unteren Zapfenenden kannst du nun noch mit einer zweiten Lasur etwas dunkler färben. Wenn du stärkere Konturen haben möchtest, kannst du die Umrisse mit einem Fineliner nachziehen (Strichstärke 0,05).

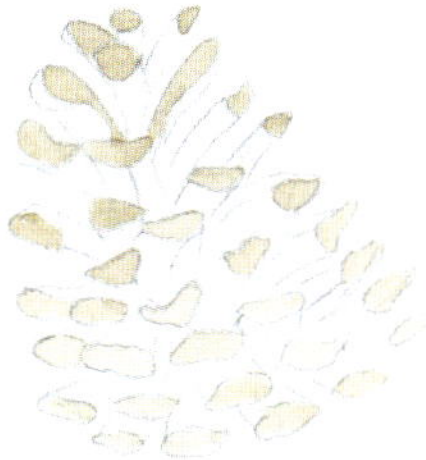

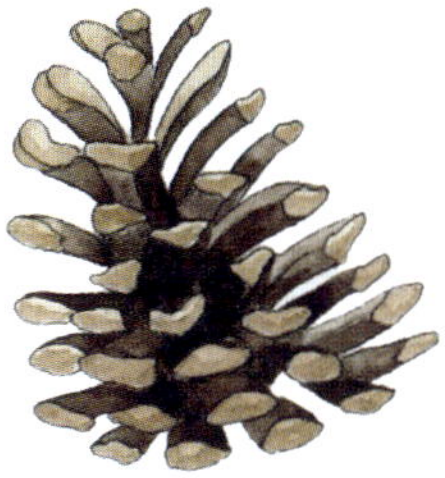

BLÄTTER

1. Gib dem Blatt einen ersten Grundton. Versuche die Pigmente zu den Blattenden und in Richtung Stiel zu schieben. Achte darauf, dass die Pigmente noch nicht zu sehr eintrocknen, und mache direkt mit Step 2 weiter.

2. Gib in die noch feuchte Farbe etwas dunkleres Pigment. Wenn alles getrocknet ist, dürfen mit feinen Pinselstrichen noch die Blattadern entstehen. Einen besonderen Effekt bekommt dein Blatt, wenn du am Ende einen leichten Schatten kreierst.

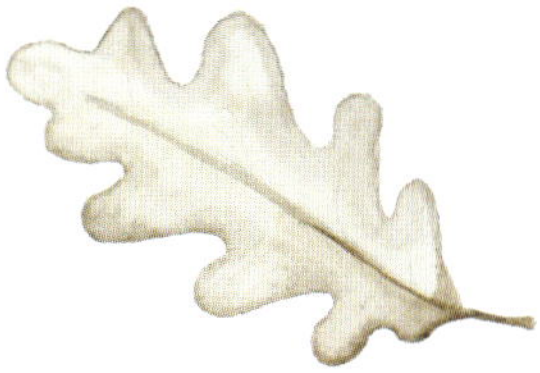

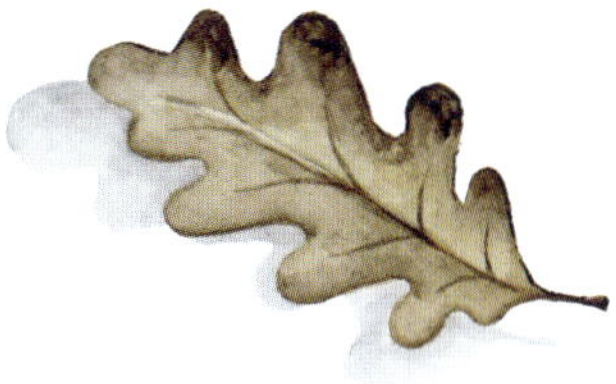

STEINE

1. Beginne damit, den unterschiedlichen Flächen ihre Grundfarben zu geben. Dies bedeutet, dass alle nach oben zeigenden Flächen am hellsten sein sollten und die rechts davon liegenden am dunkelsten.

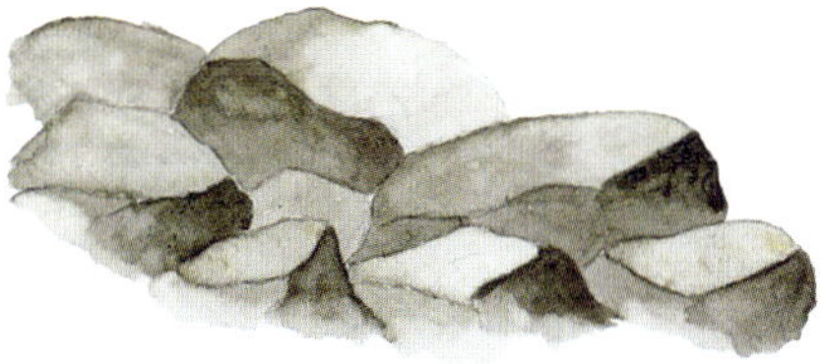

2. Wende nun die Tupftechnik an und gib mit einem jeweils dunkleren Tonwert Strukturen auf die Steine. So sehen sie etwas verwittert aus. Anschließend kannst du noch ein paar Grasbüschel ergänzen und eine grüne Wiesenfläche andeuten.

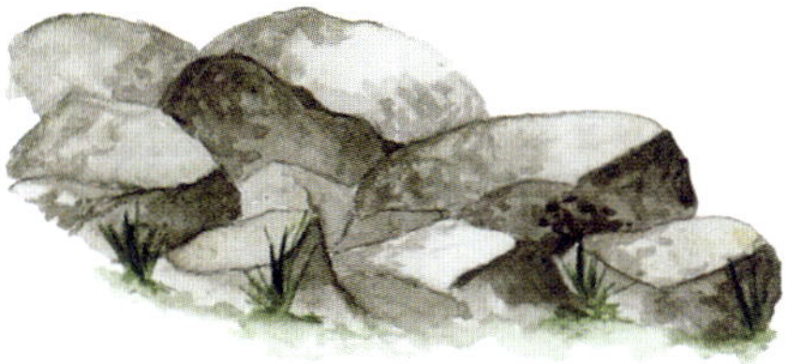

Alternative

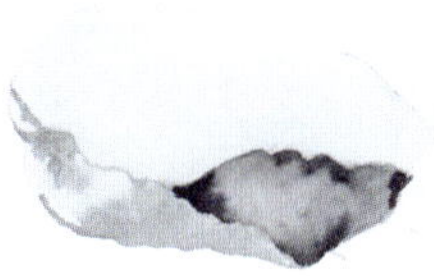

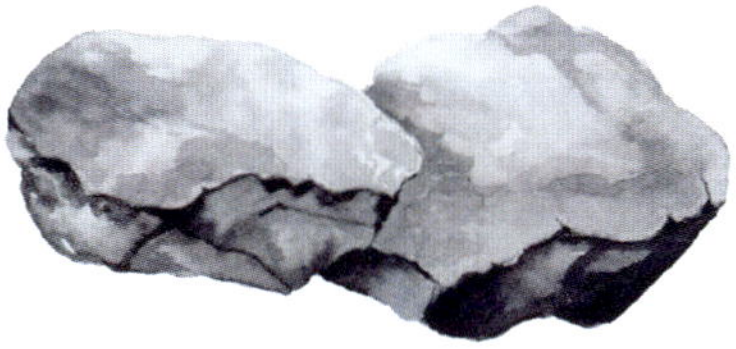

Into the Woods – eine kleine Packliste

Auf geht's zu einem Wochenende im Wald! Um dort eine gute Zeit zu haben, dürfen die wichtigsten Utensilien natürlich nicht fehlen. Dazu gibt es eine kleine Packliste in der Watercolor-Edition. Dieses Projekt ist eine super Möglichkeit, um zu üben, mit wenigen Pinselstrichen kleine Gegenstände entstehen zu lassen.

MATERIAL

> Aquarellpapier, matt, oder getöntes Aquarellpapier

> Rundpinsel Nr. 2 zum Kolorieren

> Minipinsel für Details, z. B. Nr. 0

> Bleistift für Konturen

> optional: Buntstift

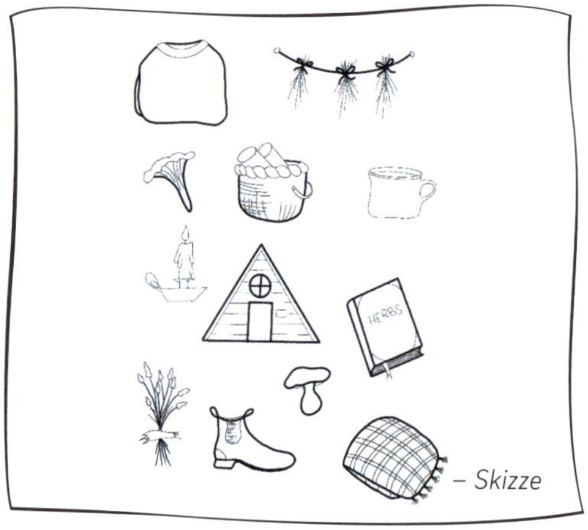

– Skizze

FARBPALETTE

Titanium Buff (291) von van Gogh

Tundragrün (985)

Umbra natur (667)

Neapelgelb (229)

Bergblau (480)

Umbra gebrannt (668)

Lasurgoldgrün (537)

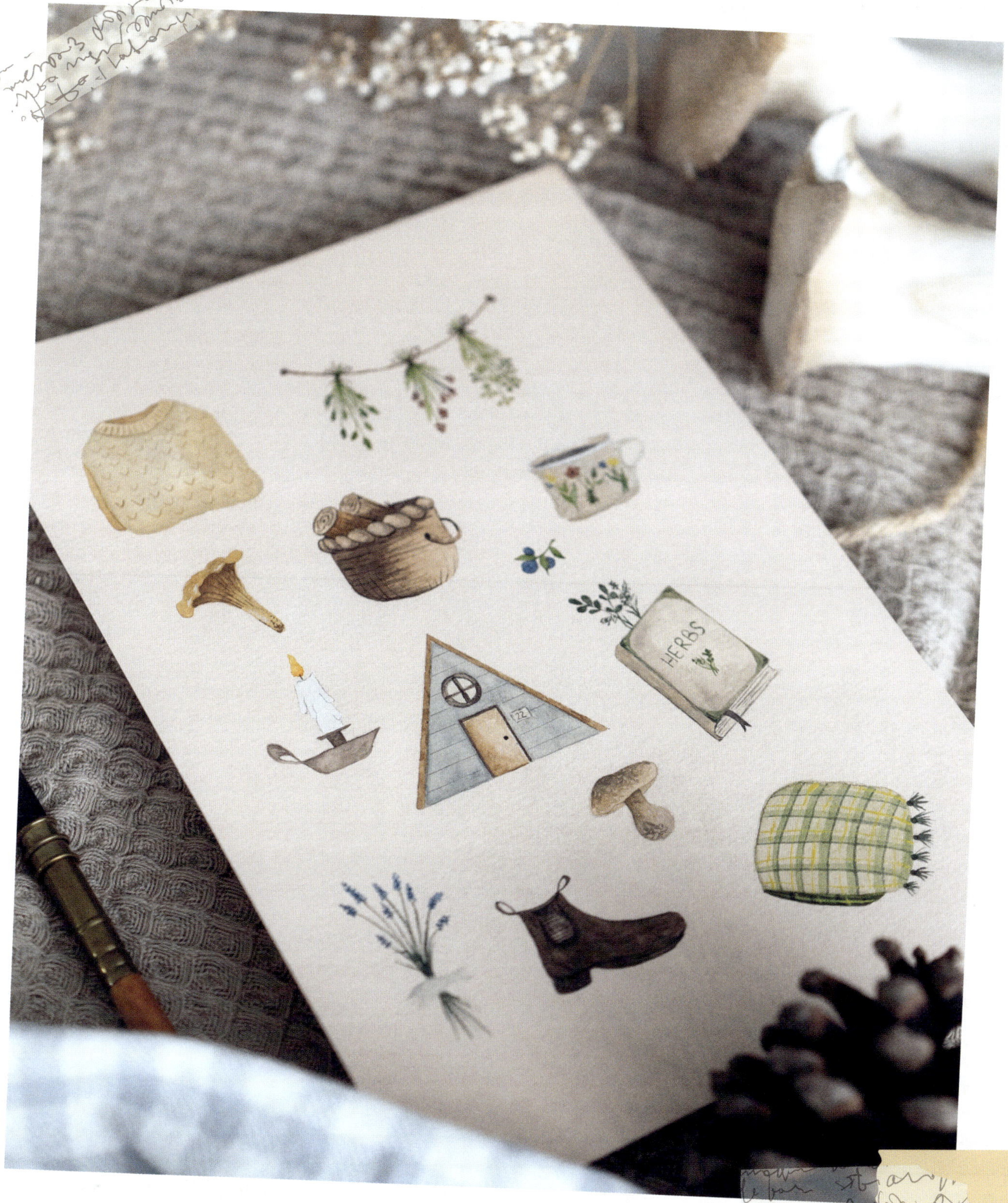
HERBS
22

So geht's

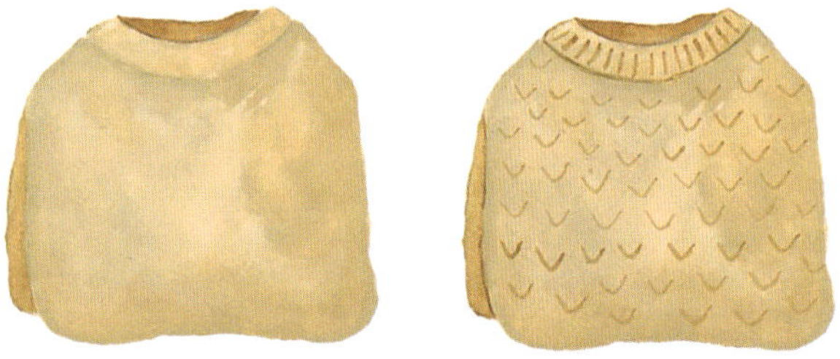

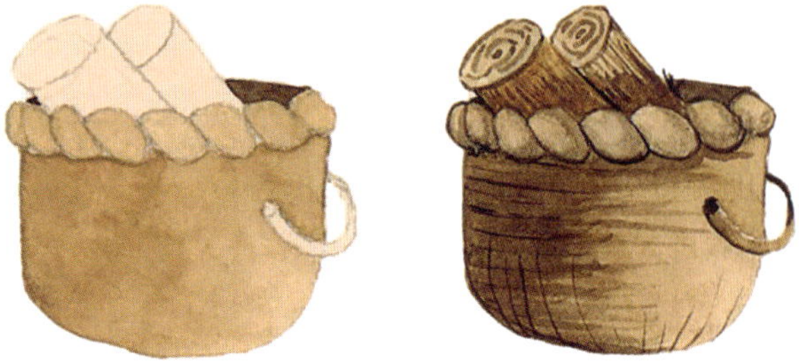

Pulli

Färbe im ersten Schritt die einzelnen Flächen des Pullis in einem hellen Braunton. Der leicht sichtbare Ärmel und das Innere des Kragens sollten dabei etwas dunkler sein. Mit einem Minipinsel können anschließend Strukturen aufgemalt werden, wie zum Beispiel kleine Strickmaschen.

Korb

Mit dem bereits angemischten Farb-Wasser-Gemisch kannst du beim Korb weitermachen. Auch hier gilt es wieder, einzelne Flächen bewusst zu kolorieren. Wenn du wenig Flüssigkeit auf dem Pinsel hast, kannst du diesen besser kontrollieren und somit sicherer kleine Flächen ausmalen. Die Details im zweiten Schritt machen hier dann den Unterschied. Mit einem dunkleren Braunton kannst du mit feinen Linien ein Korbmuster auftragen und der Rinde noch mehr Struktur geben.

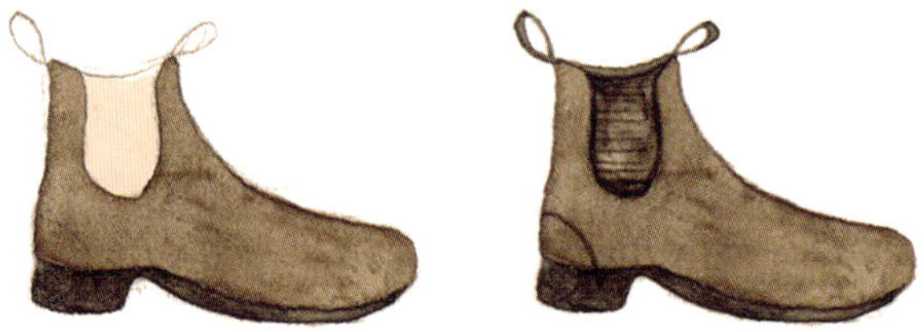

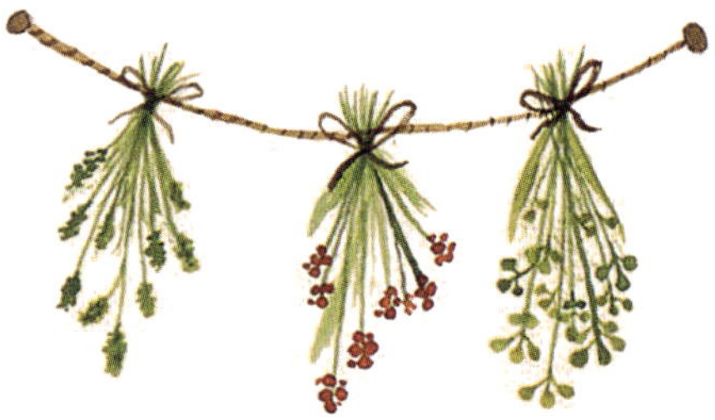

Schuh

Das gleiche Prinzip kannst du auch bei dem Schuh anwenden. Koloriere zuerst die größeren Flächen und ergänze anschließend die Details und Strukturen, wie zum Beispiel die Längslinien im Gummiband oder die Naht an der Ferse des Schuhs.

Getrocknete Kräuter

Jetzt sind die Fähigkeiten von kleinen, feinen Linien gefragt. Sieh dir dazu auch noch mal das Kapitel auf den Seiten 24 und 25 an. Die grünen Halme sollten sich alle an einem bestimmten Punkt (dem Schnittpunkt mit der Schnur) kreuzen. Anschließend kannst du Blüten, Knospen oder Blätter an den Halmen ergänzen. Über den Schnittpunkt kannst du kleine Schleifen malen.

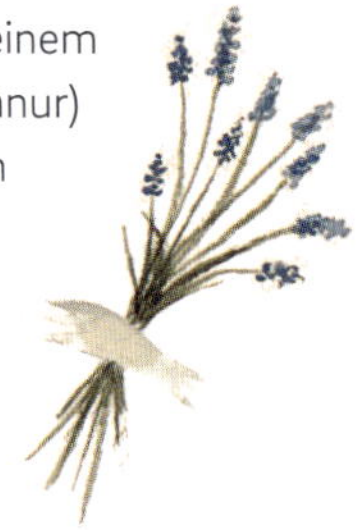

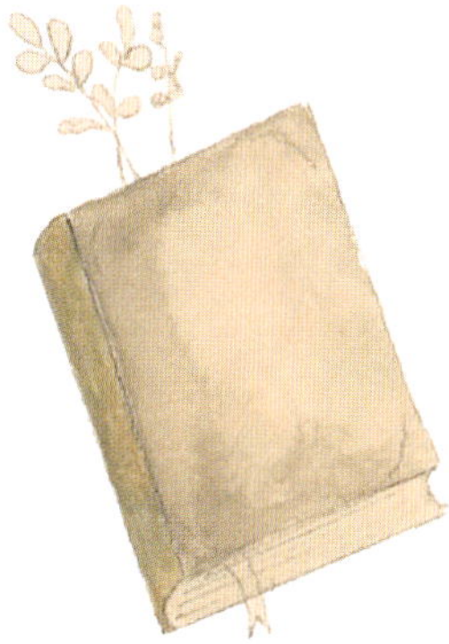

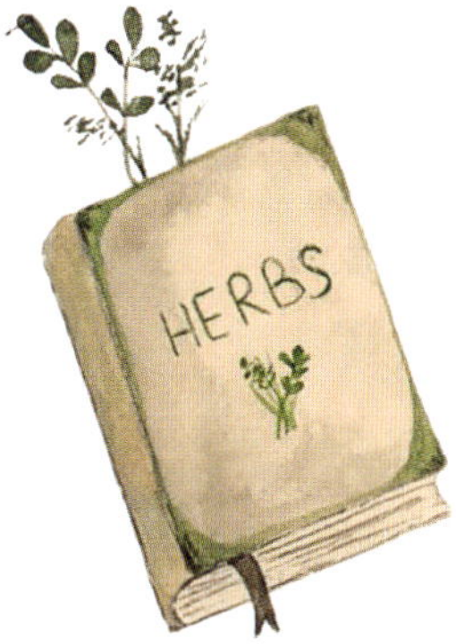

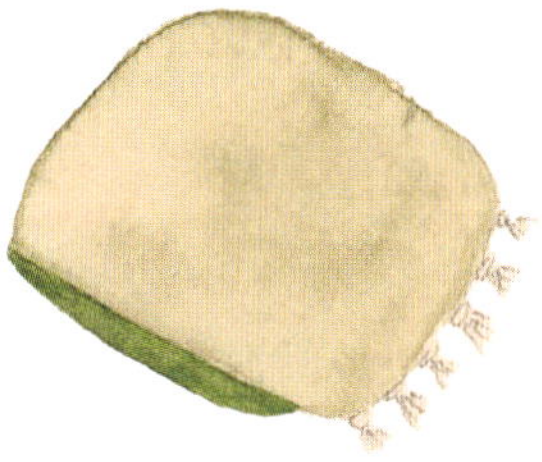

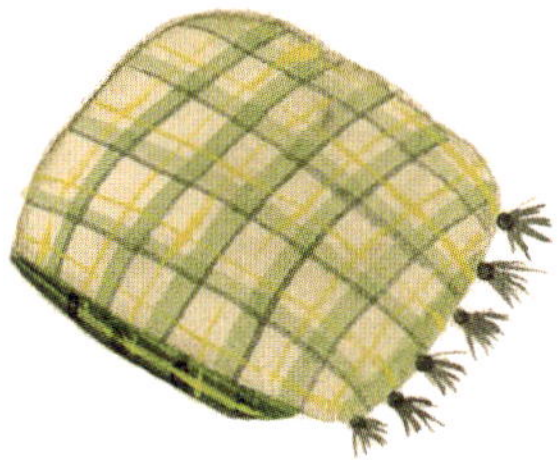

Buch

Achte beim Kolorieren des Buches darauf, dass der Buchrücken etwas dunkler ist, da er im Schatten liegt. Wenn die Fläche gut abgetrocknet ist, kann das Verzieren des Buches beginnen. Wenn es dir noch schwerfällt, einzelne Buchstaben mit einem Pinsel aufzumalen, kannst du auch zu einem spitzen Buntstift greifen.

Decke

Die Besonderheit an der Decke ist ihr Karomuster. Nachdem die Grundschicht getrocknet ist, schnappe dir einen kleinen Pinsel und male zuerst breite Linien in Hellgrün und dann schmale Linien in einem dunkleren Grün. Wenn du noch einen weiteren Farbton hinzunimmst (z. B. Gelb) kannst du den Schritt noch mal wiederholen.

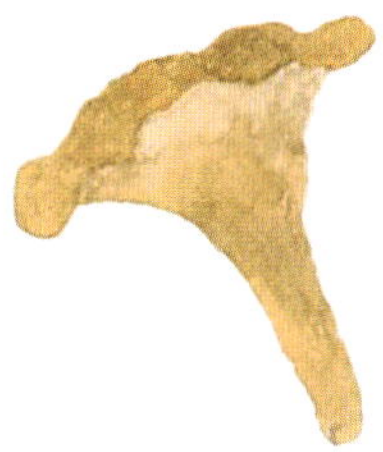

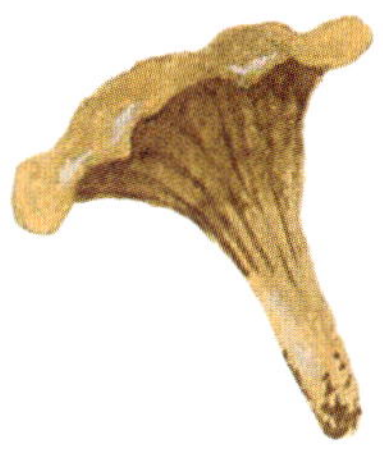

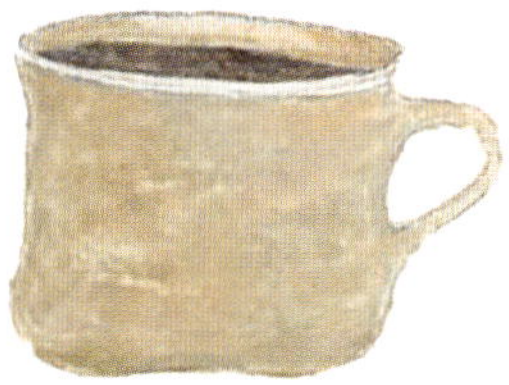

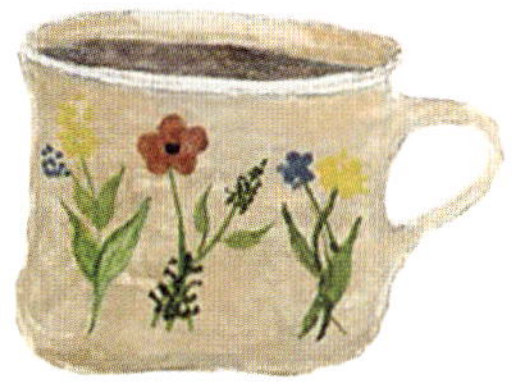

Pfifferling

Der Pfifferling hat aus dieser Perspektive zwei Flächen. Das Dach des Pilzes sollte etwas kräftiger eingefärbt werden. Die Lamellen werden anschließend von oben nach unten aufgemalt.

Tasse

Koloriere die Fläche der Tasse in einem gleichmäßigen Ton. Der innen liegende Teil kann mit einem feinen Pinsel braun ausgemalt werden und deutet so die Flüssigkeit, zum Beispiel einen warmen Kakao, an. Die Tasse kann nach dem Trocknen noch mit einem Blumenmuster verziert werden.

Lesezeichen

Wie du auf dem Motiv „Im Baumhaus“ siehst, ist dies der perfekte Ort, um die Seele baumeln zu lassen und in guten Büchern und Geschichten zu schmökern. Selbst gestaltete Lesezeichen passen dafür natürlich perfekt und sind auch eine schöne Geschenkidee, um deine Liebsten mit deinen Watercolor-Künsten zu überraschen.

MATERIAL

> Aquarellpapier, matt, oder Lesezeichenblock
> Rundpinsel Nr. 2 zum Kolorieren
> Minipinsel für Details, z. B. Nr. 0
> weißer Gelstift
> optional: Buntstift

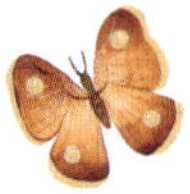

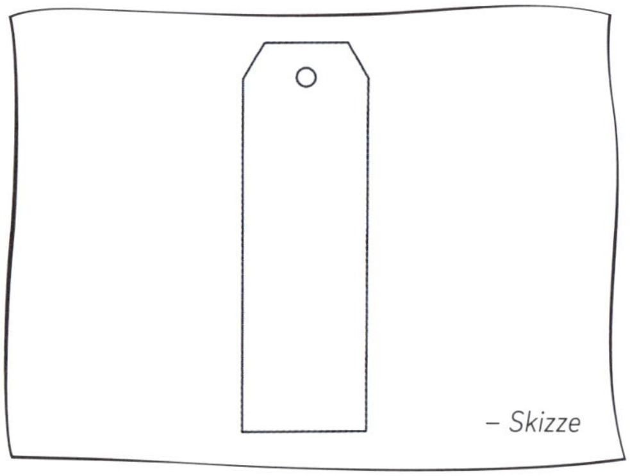

FARBPALETTE

- Titandeckweiß (101)
- Englisch-Venezianisch Rot (649)
- Goldbraun (654)
- Titanium Buff (291) von van Gogh
- Perylengrün (784)
- Sepiabraun rötlich (662)
- Indischgelb (220)

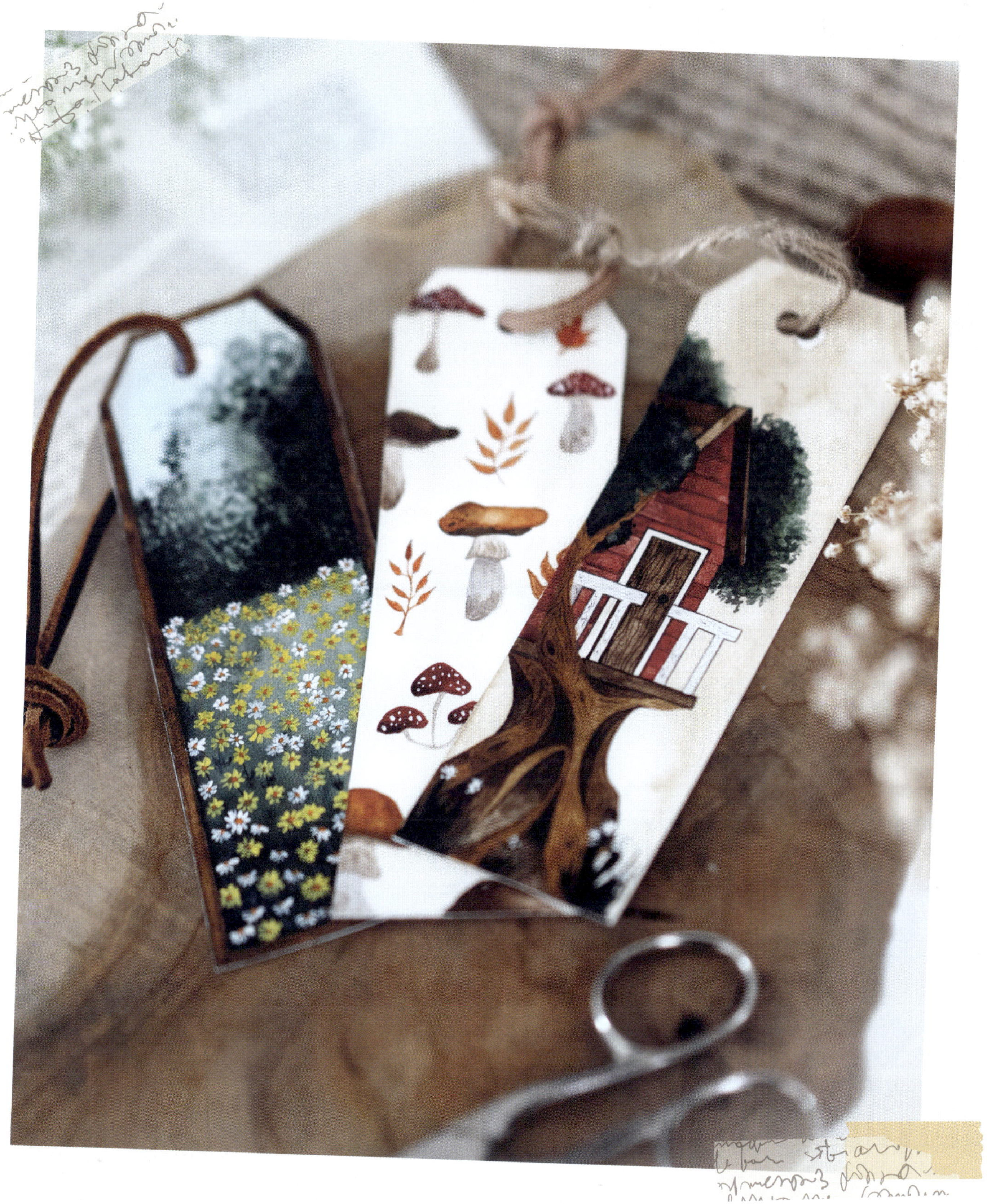

So geht's

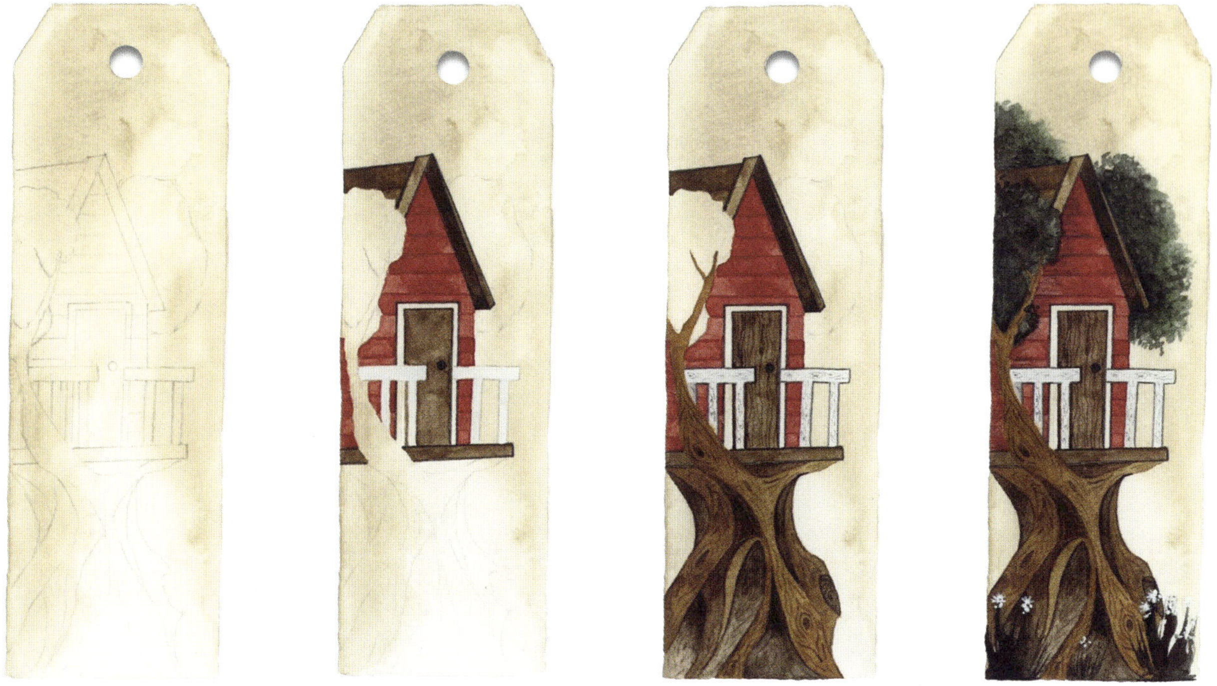

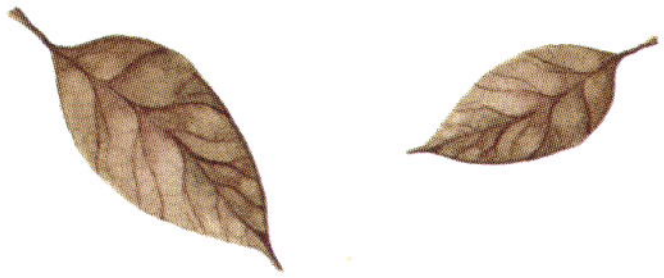

IDEE

Statt die Form der Lesezeichen auf einem Aquarellpapier aufzumalen, kannst du auch einen Lesezeichenblock aus Aquarellpapier verwenden. Von Hahnemühle gibt es zum Beispiel das Bookmark Pad.

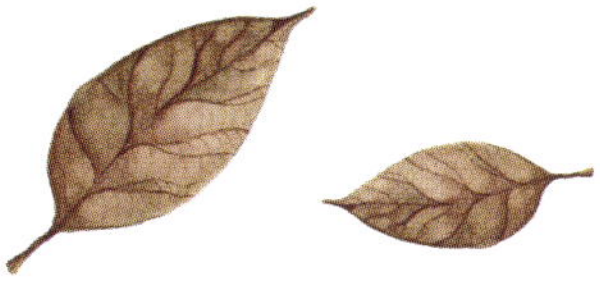

Baumhaus

1. Im ersten Schritt solltest du dem Lesezeichen eine Grundfarbe geben. Du kannst es wie hier im „Used Look" mit einem Beigeton gestalten oder aber auch in Hellblau, wie einen Himmel, einfärben. Schnappe dir danach einen Bleistift und skizziere das Baumhaus auf die getrocknete Fläche.

2. Nun kannst du anfangen, die einzelnen Flächen des Baumhauses auszumalen. Achte darauf, dass aneinanderliegende Flächen trocken sein müssen, um ein Ineinanderlaufen zu vermeiden. Male dazu zum Beispiel die Holzlatten immer auf Lücke aus.

3. Mit einem Braunton geht es nun an den Stamm. Gehe hier genauso vor und male Fläche für Fläche einzeln aus. Mit einem Minipinsel oder braunen Buntstift kannst du anschließend Holzstrukturen ergänzen.

4. Mit der Tupftechnik können jetzt noch die Blätter des Baumes ganz einfach ergänzt werden. Sieh dir dafür noch einmal die Erklärung der Technik auf Seite 35 an. Verwende für die Grashalme und Blumen deckende Aquarellfarben, damit diese gut über den bereits gemalten Stamm geschichtet werden können.

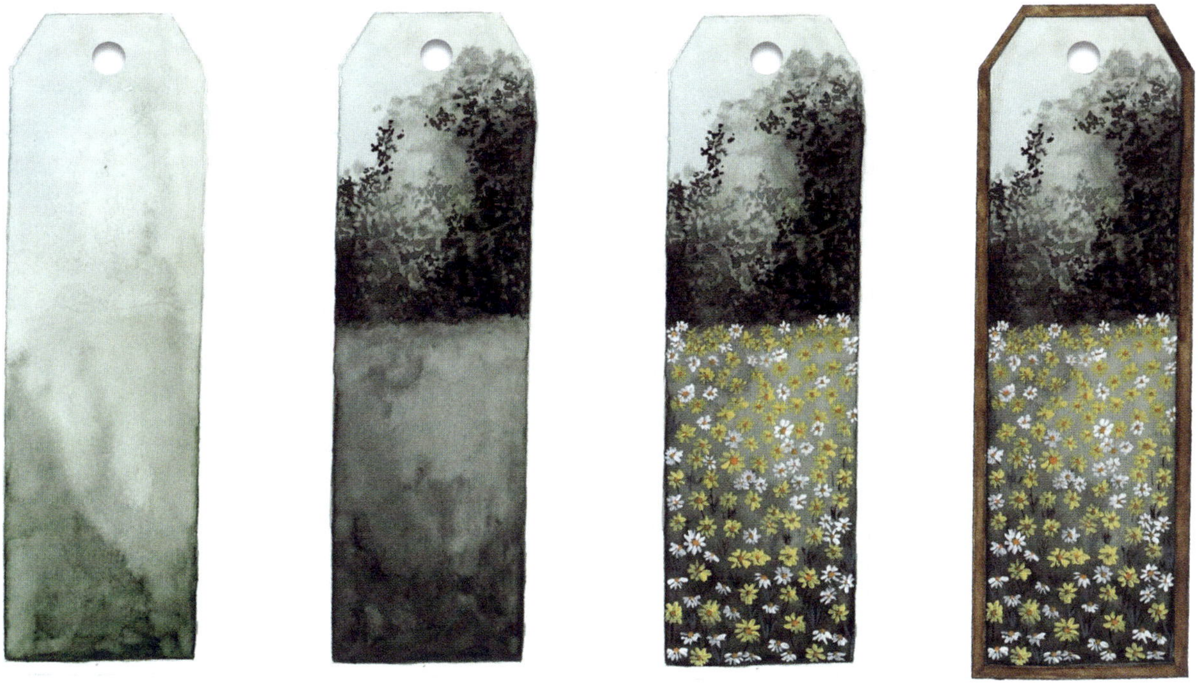

Blumenwiese

1. Wir beginnen wieder mit der Grundfarbe. Starte den Farbauftrag direkt im unteren Teil des Lesezeichens und verblende das Pigment nach oben hin.

2. Im nächsten Schritt wird eine dunklere Grünschicht aufgetragen und die Wiese soll optisch von den dahinterliegenden Bäumen abgegrenzt werden. Durch eine tupfende Pinselbewegung können die Blätter der Bäume und Büsche angedeutet werden. Wechsle hier auch mal die Intensität des Pigments.

3. Das Herzstück des Lesezeichens ist die Blumenwiese. Male dazu zunächst ganz viele Punkte (für die Blütenmitte) auf und ergänze dann darum herum die Blütenblätter. Um eine deckende Aquarellfarbe zu erhalten, empfehle ich dir, ein Deckweiß hinein zu mischen. Dadurch heben sich die Blumen sehr gut vom Hintergrund ab.

4. Im letzten Schritt kannst du noch den Holzrahmen kolorieren.

ZUM SCHLUSS

Um die Lesezeichen zu finalisieren, kannst du sie ausschneiden und mit einem Locher oben ein Loch ausstanzen. Fädele dann ein schönes Band durch und fertig ist dein Lesezeichen. Viel Spaß beim Lesen oder Verschenken!

INSPIRATION

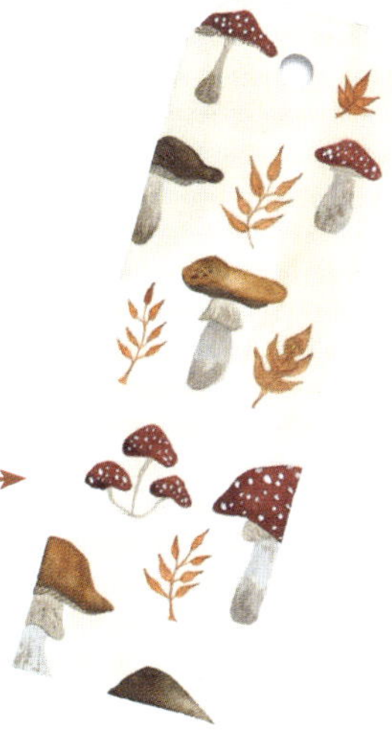

WOCHENENDE IM WALD

Cabin

Auf einer Waldlichtung, eingefügt zwischen hohen Kiefern und Tannen, steht eine kleine Hütte. Eine Cabin im Wald ist für alle die beste Alternative, denen die Baumhäuser zu hoch gelegen sind, aber trotzdem neue Energie aus der umliegenden Natur schöpfen möchten. Auch auf dem Blatt Papier ist dieses Motiv eine Alternative zu den Baumhäusern und gibt die Möglichkeit, Holzstrukturen noch mal mehr zu üben.

MATERIAL

- Aquarellpapier, matt
- Rundpinsel Nr. 2 zum Kolorieren
- Flachpinsel für die Holzbalken
- Minipinsel für Details, z. B. Nr. 0
- Buntstifte für Strukturen und kleine Details

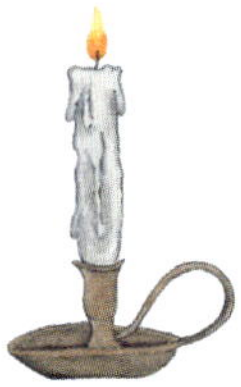

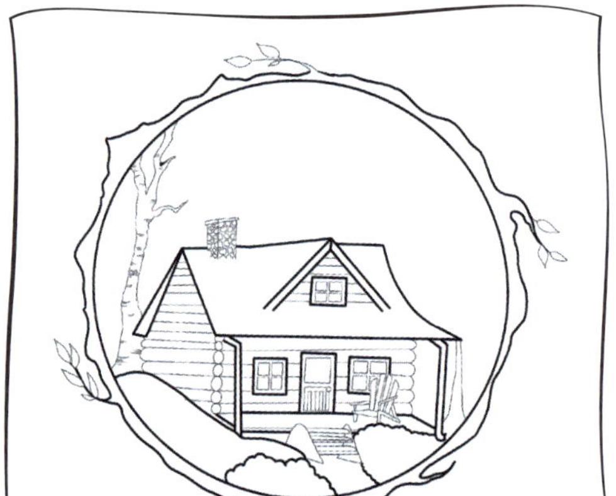

– Skizze

FARBPALETTE

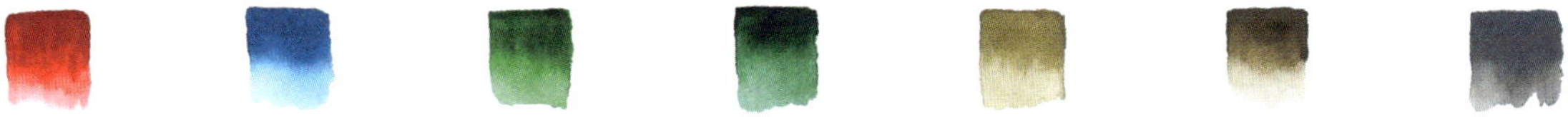

Hinweis: Die verwendeten Farben sind aus der Serie „Watercolor Paints" von STAEDTLER

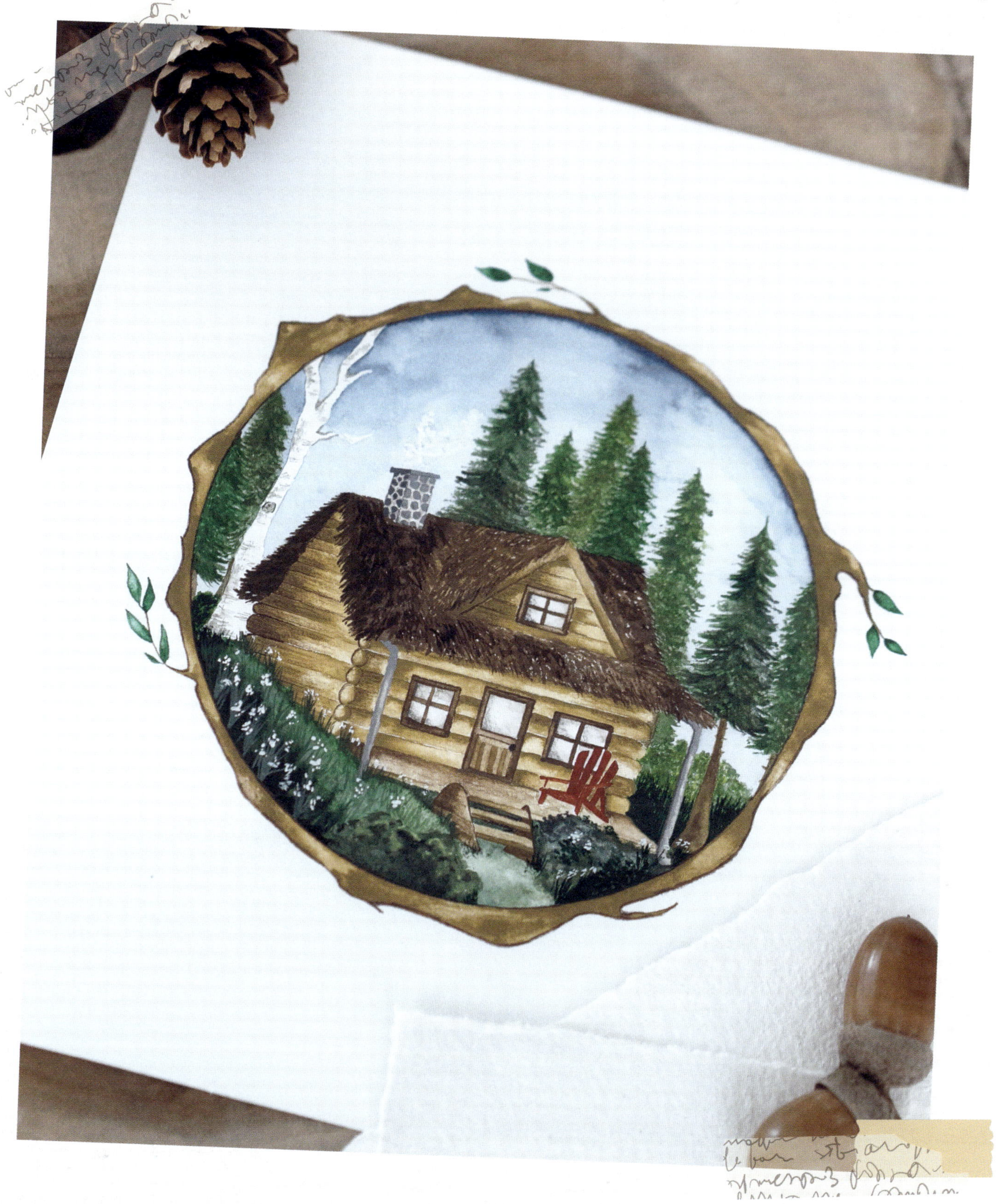

So geht's

1. Los geht's mit dem Hintergrund. Um den Himmel einzufärben, nimm ausreichend Pigment auf deinen Pinsel auf und beginne den Farbauftrag am oberen Rand. Verblende dann zügig nach unten, sodass die Farbe gleichmäßig trocknen kann und du einen leichten Farbverlauf im Himmel hast.

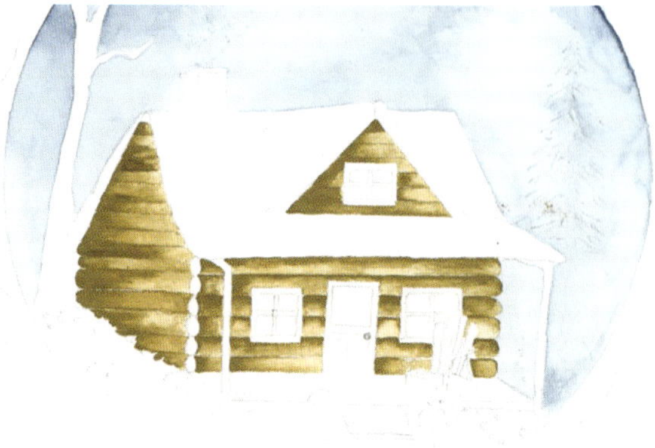

2. Nimm den Flachpinsel zur Hand und male jeden Holzbalken einzeln und auf Lücke. Versuche dabei, nicht zu viel Flüssigkeit auf dem Pinsel zu haben, denn hier ist die Kontrolle über den Pinsel wichtig. Wenn du die Holzbalken aufmalst, kannst du auch darauf achten, innerhalb der Balken Unterschiede in der Intensität einzubauen. So ist zum Beispiel die Schattenseite (hier die linke Seite) immer farbintensiver. Das bedeutet, du beginnst den Farbauftrag links und verblendest nach rechts.

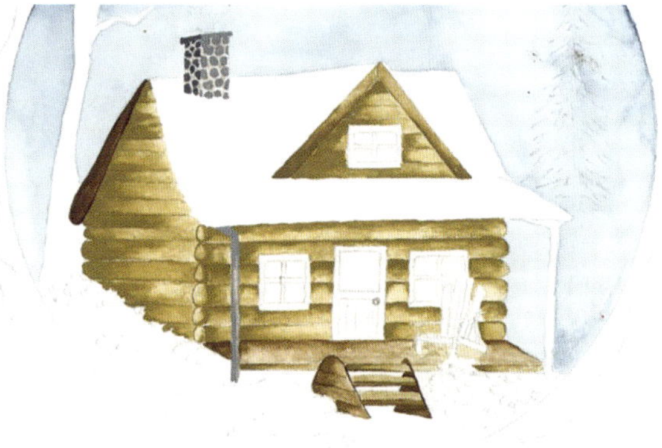

3.a Während die Holzfassade trocknet, können mit einem Minipinsel erste kleinere Elemente ergänzt werden. Mit deiner bereits angemischten braunen Farbe kannst du den Boden der Veranda und die kleine Holztreppe ausmalen. Male mit grauer Farbe das Muster des Schornsteins sowie die Regenwasserfallrohre.

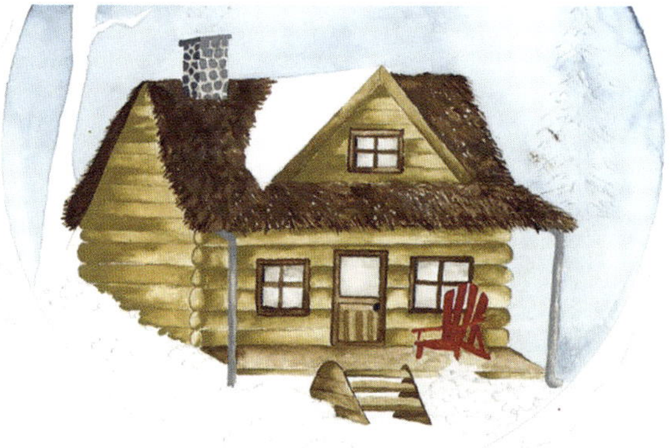

3.b Für den roten Stuhl und die Fensterrahmen wähle eine deckende Farbe. Mit dieser fällt es leichter, kleinere Flächen einzufärben. Für das Dach kannst du mit zwei verschiedenen Brauntönen helle und dunkle Pinselabstriche auftragen.

TIPP

In diesem Schritt ist es wichtig, fein zu arbeiten, damit man die Elemente später gut erkennen kann. Dies geht am besten mit einem feinen Pinsel und einem eher trockenen Farbauftrag.

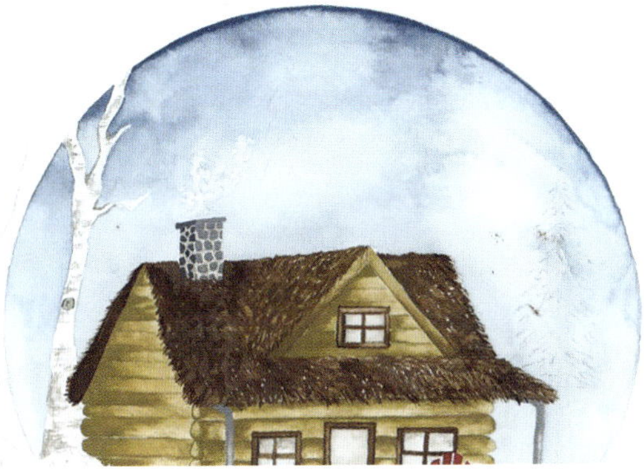

4. Nach Abschluss des Daches geht es weiter mit dem Hintergrund. Aktiviere graue Farbe und trage leichte Längslinien an der Birke auf. Du kannst dir beim Projekt „Buntspecht" auf Seite 83 auch noch mal im Detail ansehen, wie man eine Struktur auf den Baum aufzeichnet. Trage mit Deckweiß zusätzlich noch etwas Rauch oberhalb des Schornsteins auf.

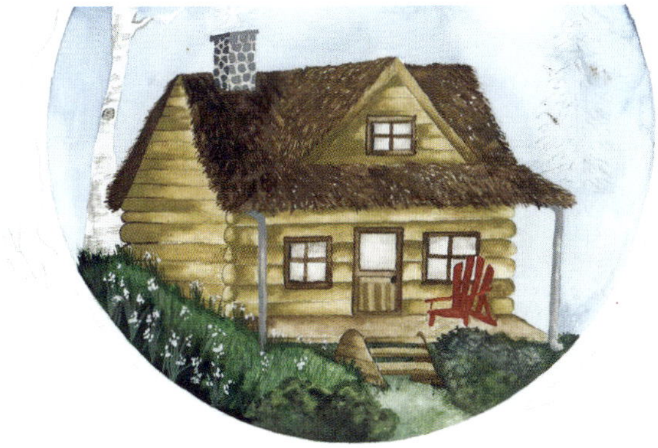

5. Für die Wiese vor der Cabin lassen sich mehrere Grüntöne kombinieren. Im ersten Schritt färbst du die Fläche gleichmäßig grün ein und schichtest anschließend neue Ebenen darüber. Mit der Tupftechnik kannst du rechts einen kleinen Busch ergänzen. Auf der linken Seite wächst eine kleine Blumenwiese. Male dazu viele Pinselaufstriche über die Grundierung. Diese können auch über die Holzbalken gezogen werden. Mit Deckweiß kannst du abschließend kleine Blüten andeuten.

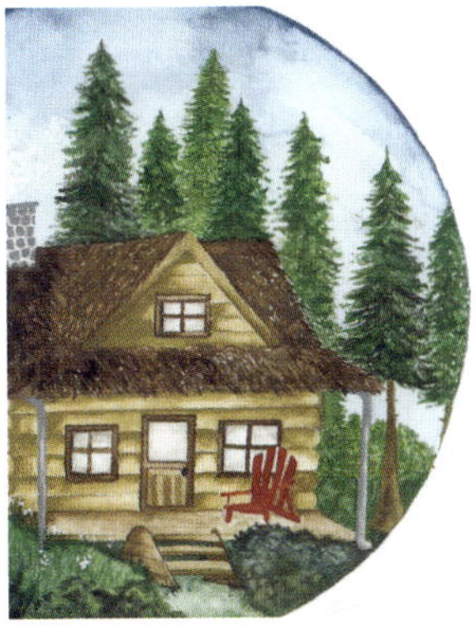

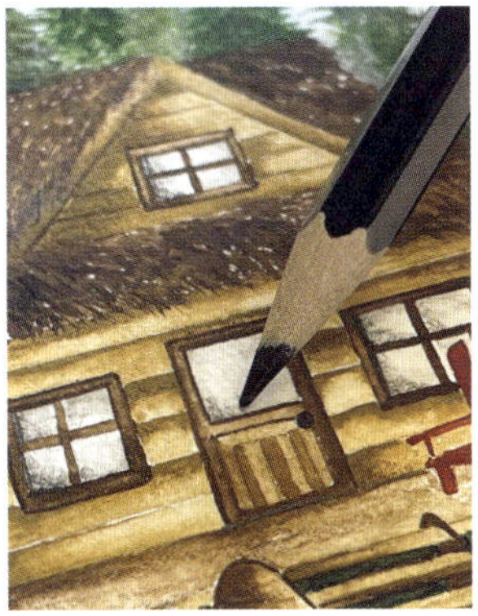

6. Auch für die Bäume im Hintergrund kannst du verschiedene Grüntöne verwenden. Sieh dir dazu noch mal die Tipps zum Malen von Bäumen auf der Seite 35 an.

7. Mit Buntstiften lassen sich nun zusätzliche Details ergänzen. Die Fensterscheiben bekommen dadurch noch mehr Perspektive, die Holzbalken mehr Struktur und auch kleine Grasbüschel lassen sich gut mit einem Buntstift ergänzen.

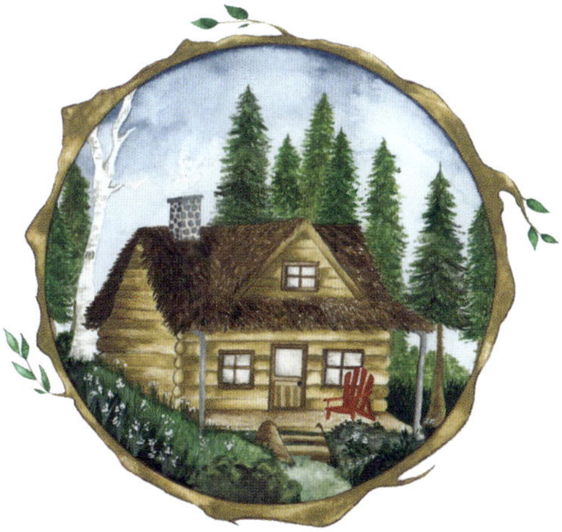

8. Um mehr Perspektive in das Bild zu bekommen, empfiehlt es sich, zum Schluss bestimmte Bereiche mit dunkleren Pigmenten zu versehen. Ergänze auch gerne hinter dem Haus noch eine Buschreihe mit einem dunkleren Grünton. Eine andere Möglichkeit sind weitere Sträucher und Blumenhalme. Gib dem Motiv dann einen Holzrahmen und färbe diesen in einem Braunton ein. Variiere hier zwischen mehr Pigment- und Wasseranteil, damit keine plane Fläche entsteht. Ergänze ein paar Blätter an den Ästen und fertig ist dein Bild von der Cabin.

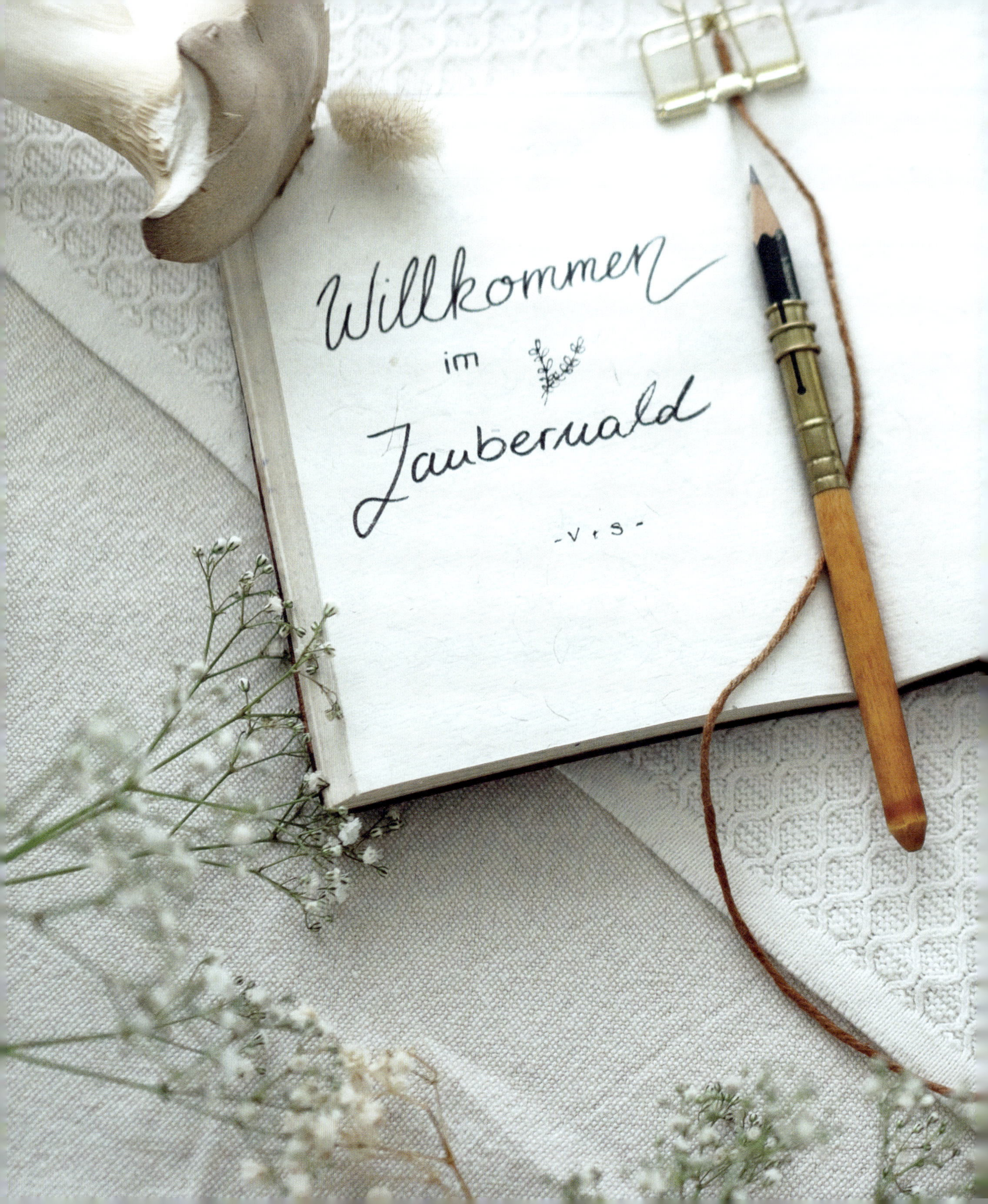
Willkommen
im
Zauberwald
-V+S-

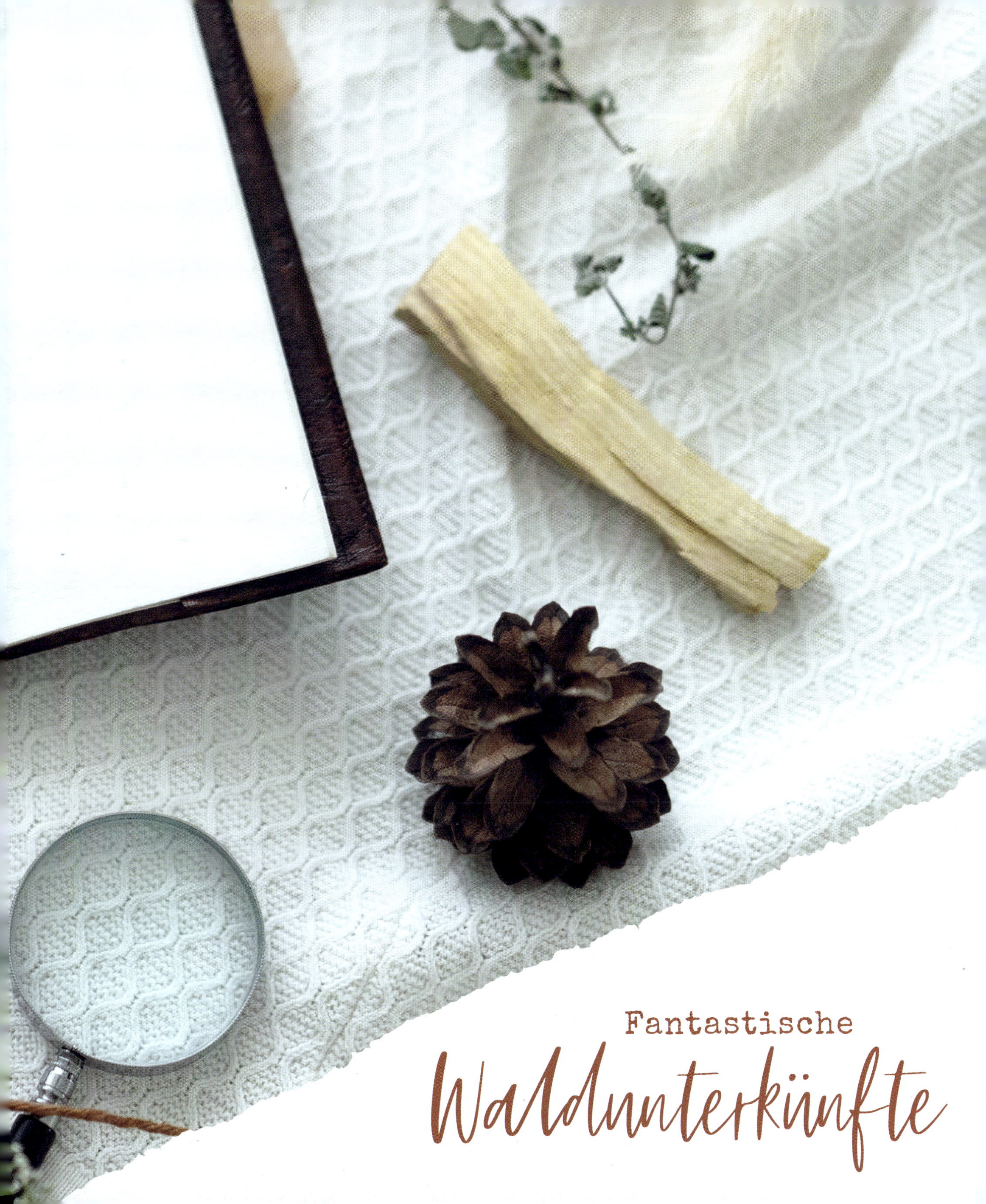

Fantastische Waldunterkünfte

Pilzhäuschen

In der fantastischen Welt des Waldes ist alles ein bisschen anders. Die Waldbewohner wohnen in alten Baumstümpfen, kleine Türen führen in das Innere der Bäume und der ein oder andere bezieht eine alte Eichel als sein neues Heim. Und so hat auch eine kleine Mäusefamilie eines Tages beschlossen, ein neues Zuhause zu finden. Auf der Suche haben die Mäuse den größten und rötesten Fliegenpilz des Waldes entdeckt und beschlossen, hier ihr eigenes, kleines Pilzhäuschen zu bauen.

MATERIAL

> Aquarellpapier, matt

> Rundpinsel Nr. 6 und 2 zum groben Kolorieren

> Minipinsel für Details, z. B. Nr. 0

> Fineliner für Konturen

> Rubbelkrepp

> optional: weißer Gelstift

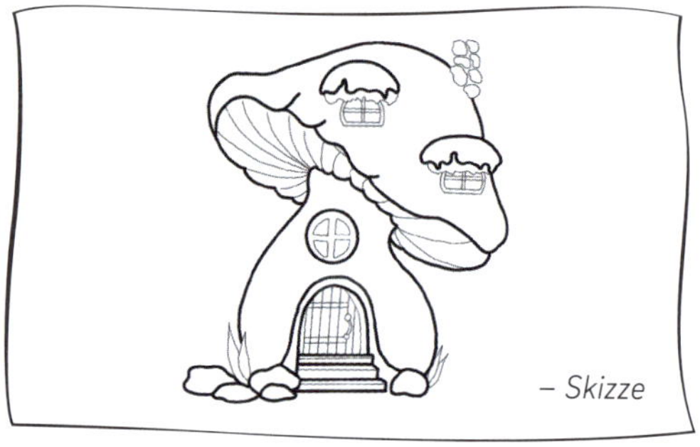

– Skizze

FARBPALETTE

- Titanium Buff (291) von van Gogh
- Neapelgelb (229)
- Englisch-Venezianisch Rot (649)
- Tundragrün (985)
- Umbra natur (667)
- Umbra gebrannt (668)
- Neutralgrau (785)

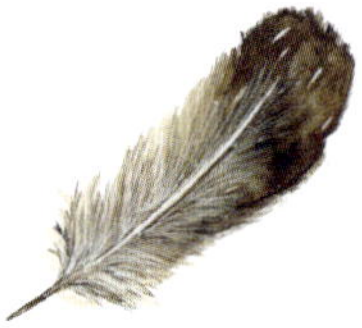

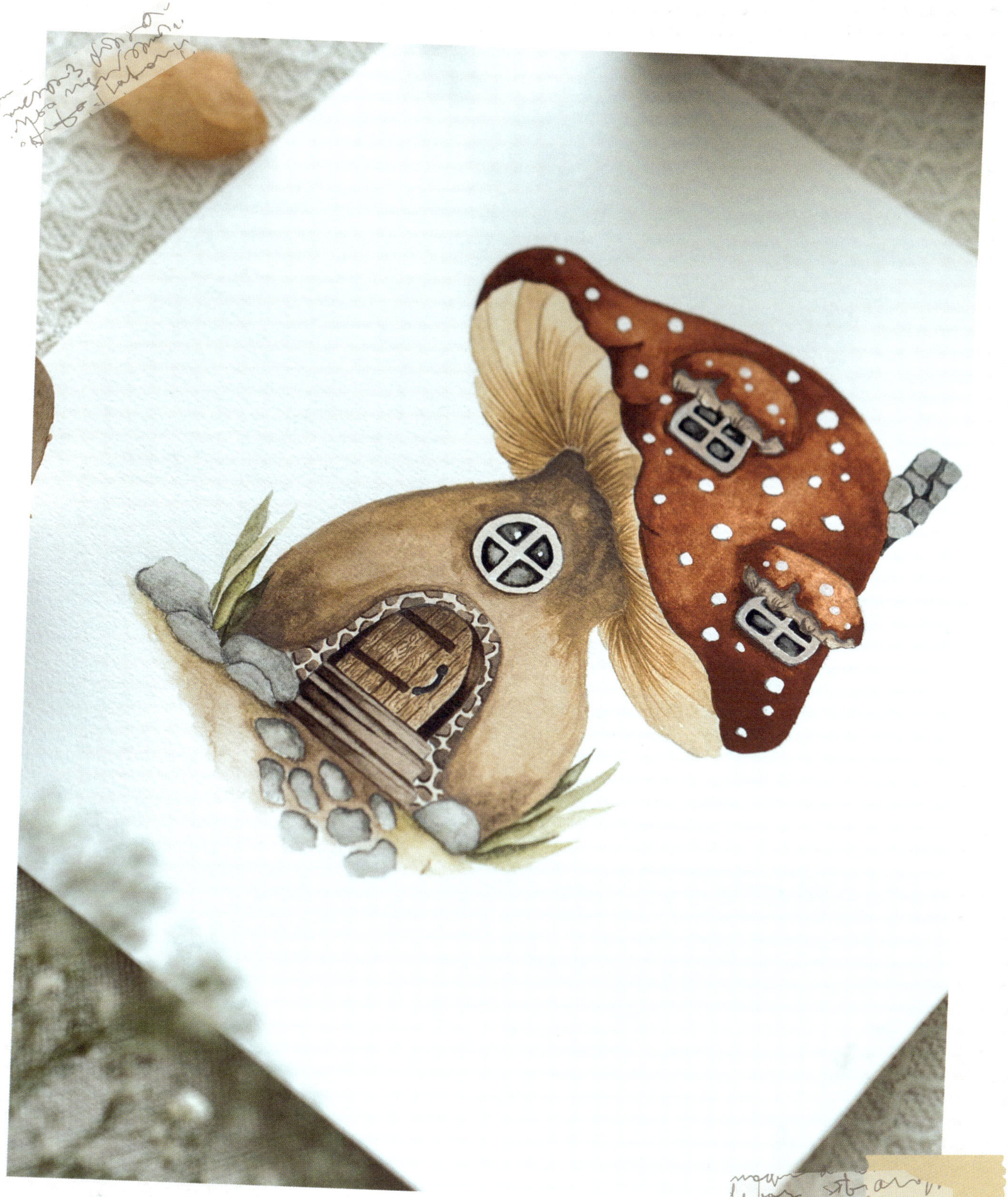

So geht's

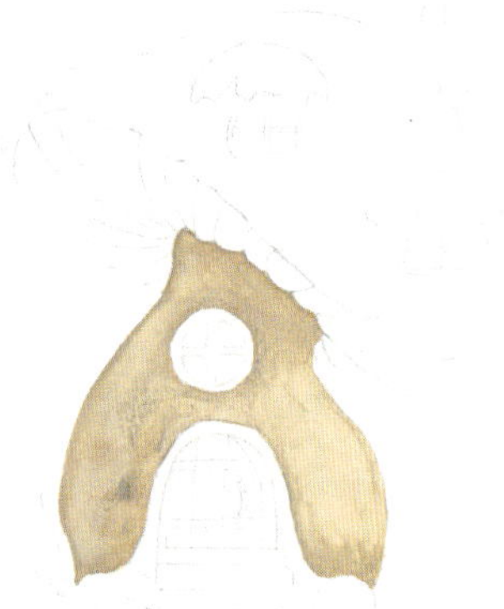

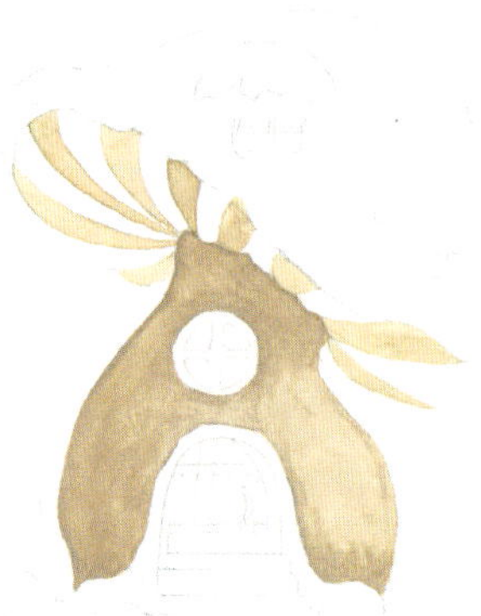

1. Nach dem Übertragen der Skizze geht es auch schon mit Pinsel und Farbe an den Stiel des Pilzes. Mische dir dazu ein Beige an. Mit einem verdünnten Hellbraun klappt das in der Regel sehr gut. Wenn du noch etwas Neapelgelb zum Mischen hinzunimmst, wird dein Beige deutlich deckender. Koloriere nun den Stiel und gib etwas mehr Pigment unter seinen Hut und am Stielende zum Boden hin. Dies ist nur die erste Farbschicht. In Step 4 ergänzen wir noch weitere Details.

2.a Nutze weiterhin den bereits angemischten Beigeton und widme dich den Lamellen. Male dazu die vorgezeichneten Abschnitte aus. Wenn du diese auf Lücke malst, kannst du verhindern, dass die Farben ineinanderlaufen.

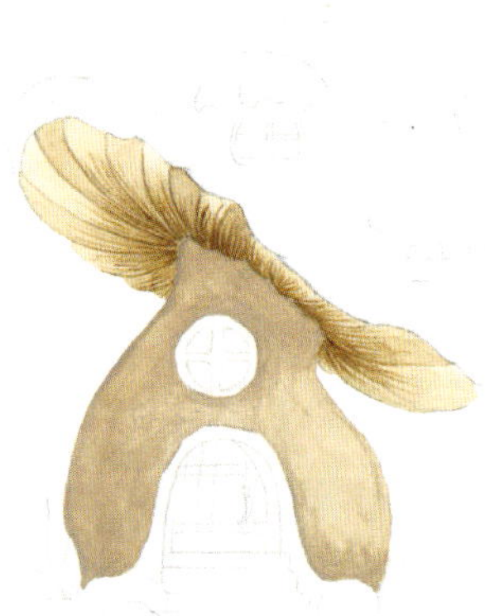

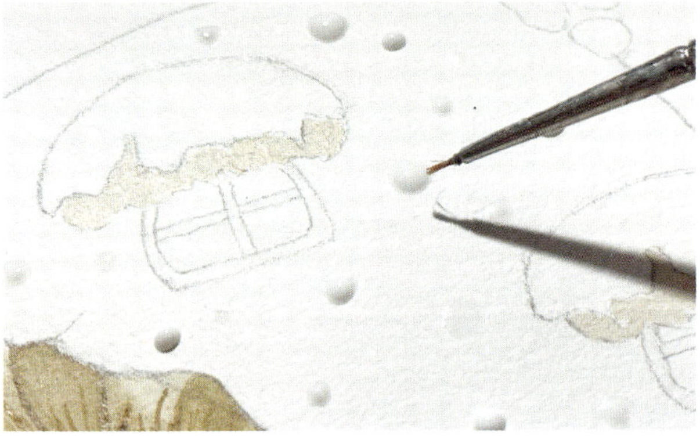

2.b Wenn die Grundierung getrocknet ist, mische dir einen dunkleren Braunton an und schnappe dir einen Minipinsel. Ausgehend von der Pilzmitte kannst du feine, gebogene Striche Richtung Hutkante malen. Auf diese Weise bekommen die Lamellen eine nach oben gewölbte Perspektive. Die Lamellen im oberen Stock des Häuschens kannst du in diesem Schritt ebenfalls schon kolorieren.

3. Wo später die charakteristischen weißen Fliegenpilzpunkte zu sehen sein sollen, muss nun das Rubbelkrepp aufgetragen werden. Schau dir dazu gerne noch mal die Seite 23 an. Dort erfährst du alles zur Anwendung von Rubbelkrepp.

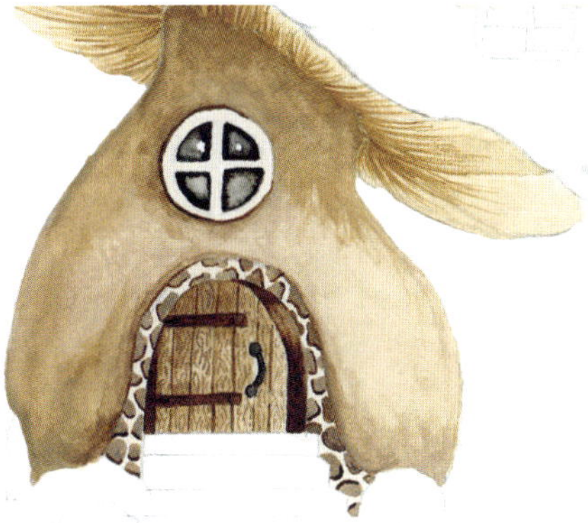

4. Während das Rubbelkrepp trocknet, kannst du mit den Details am Stiel des Pilzhäuschens beginnen. Ausgerüstet mit einem Minipinsel lassen sich die Tür und ein Fenster gestalten. Je nach gewünschter Detailtiefe kannst du hier Holzmaserungen auf die Tür aufmalen. Achte darauf, dass die einzelnen Elemente mit Konturen gut abgegrenzt werden. In diesem Schritt kannst du auch noch dunklere Stellen auf dem Stiel ergänzen, um ihm mehr Struktur zu verleihen.

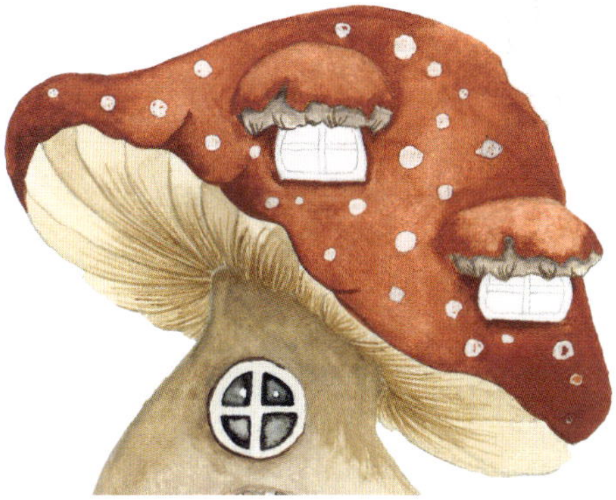

5. Jetzt geht es an den Hut! Nimm dazu ausreichend rotes Pigment auf deinen Pinsel auf, denn die Fläche sollte möglichst zügig koloriert werden, damit keine Flecken entstehen. Lasse die kleinen Dächer der Dachfenster erst mal noch aus. Platziere an den Hutenden (links und rechts) sowie unter den Fenstern etwas dunkleres Pigment. Anschließend kannst du auch die kleinen Dächer in einem schönen Rot einfärben.

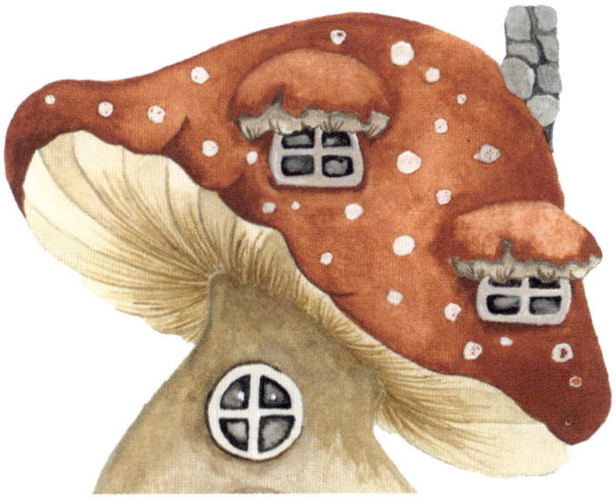

6. Wenn die rote Farbe getrocknet ist, kann der „Dachausbau" beginnen. Koloriere dazu mit einem Minipinsel die Fensterrahmen und die Fenster. Achte darauf, immer einen kleinen Lichtfleck im Fenster zu lassen. Male für den Kamin die Steine in einem hellen Grau an und koloriere die Zwischenelemente mit deinem dunkleren Grauton.

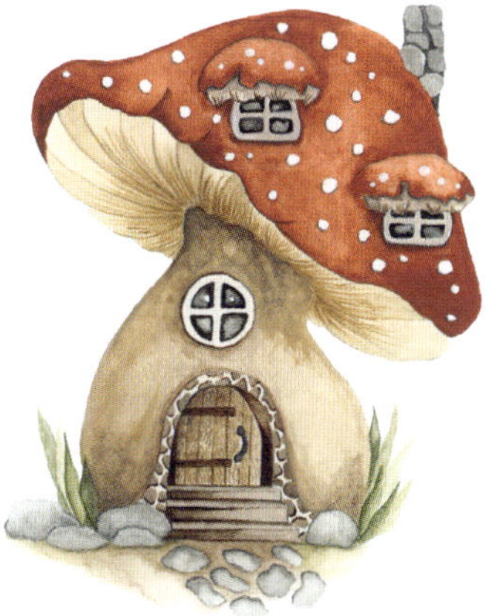

7. Im letzten Schritt steht noch der Außenbereich an. Wenn du Blattgrün, Steine oder die Treppe malst, achte auf deren Licht- und Schattenseiten. Wechsle also immer wieder pigmentreiche und pigmentarme Flächen ab. So wird dein ganzes Motiv lebhafter. Als großes Finale kannst du jetzt das Rubbelkrepp entfernen und ggf. mit einem weißen Gelstift die weißen Felder nachbessern oder zusätzliche Punkte ergänzen.

Kürbishäuschen

Am Waldrand wohnt ein Bauer mit vielen Feldern und gigantischem Gemüse. Als es langsam Herbst wird und jeder Waldbewohner sich einen Unterschlupf für den Winter sucht, leuchtet etwas in hellem Orange am Horizont. Ein Kürbis! Und so macht sich eine weitere Mäusefamilie auf den Weg, ihr neues Heim für den Winter zu beziehen – ein Kürbishäuschen.

MATERIAL

> Aquarellpapier, matt
> Rundpinsel Nr. 6 und 2 zum groben Kolorieren
> Minipinsel für Details, z. B. Nr. 0

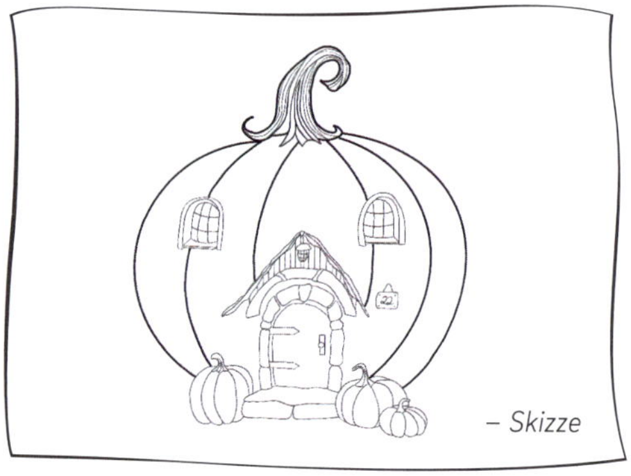

– Skizze

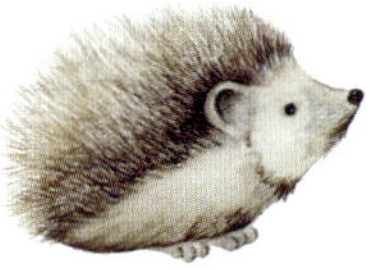

FARBPALETTE

Kadmiumorange (227)

Indischgelb (220)

Lasurgoldgrün (537)

Tundragrün (985)

Indigo (485)

Sepiabraun rötlich (662)

Lampenschwarz (781)

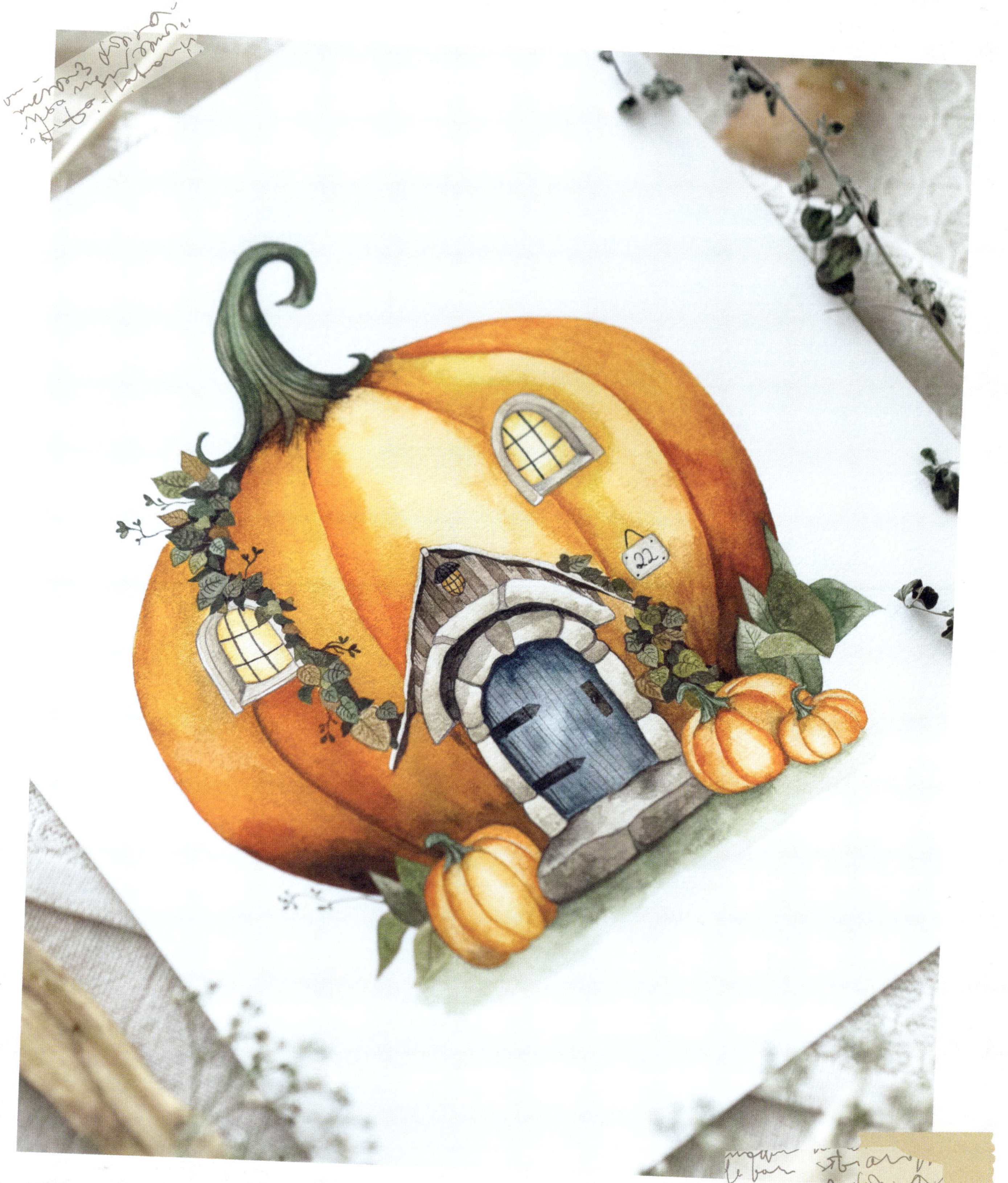
22

So geht's

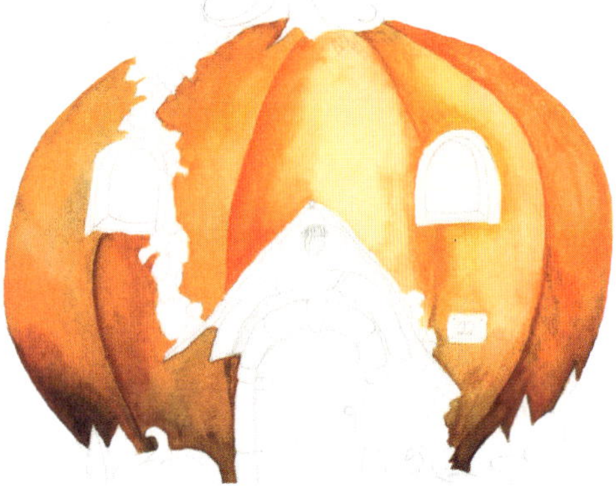

1. Mische dir verschiedene Orangetöne an. Der Körper des Häuschens unterteilt sich in fünf Flächen. Koloriere jede Fläche für sich und arbeite dich innerhalb der Fläche von links nach rechts vor. So hast du automatisch eine unterschiedliche Farbintensität. Damit die Flächen nicht ineinander verlaufen, male diese auf Lücke aus. Im unteren Teil des Kürbisses kannst du ein dunkleres Orange (z. B mit Braun gemischt) ergänzen.

2. Auch der Stängel des Kürbisses unterteilt sich in verschiedene kleinere Flächen, die einzeln ausgemalt werden sollten. Verwende dazu verschiedene Grüntöne. Die Fläche direkt unter dem Stängel wird mit einem Braunton leicht schraffiert.

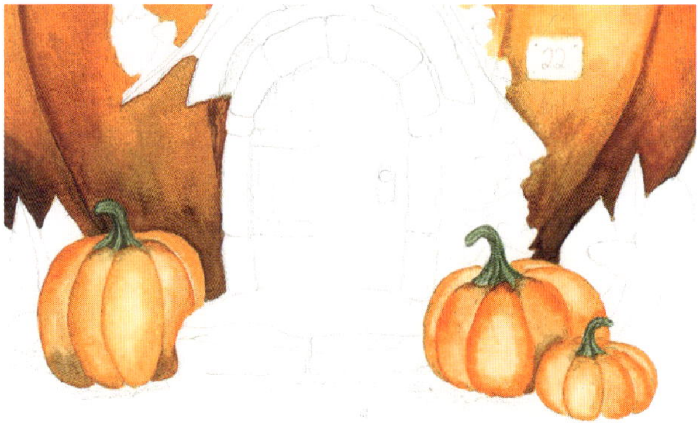

3. Bei den Kürbissen vor dem Haus kannst du analog zu den ersten beiden Schritten vorgehen.

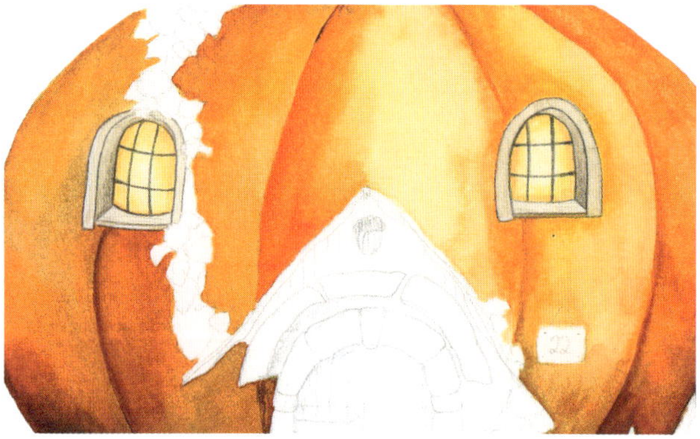

4. Als Nächstes folgen die Fenster. Da unser Häuschen bewohnt ist, kannst du das Innere in einem warmen Gelbton einfärben. Für die Flächen der Fensterrahmen eignet sich ein hellerer Farbton, da dieser später im Eingang für die Steine noch mal aufgegriffen wird. Mit einem Bleistift kannst du dem Fensterbrett noch etwas Struktur verleihen.

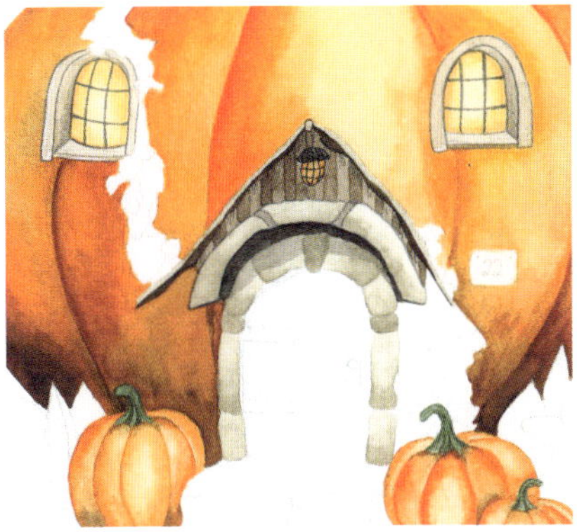

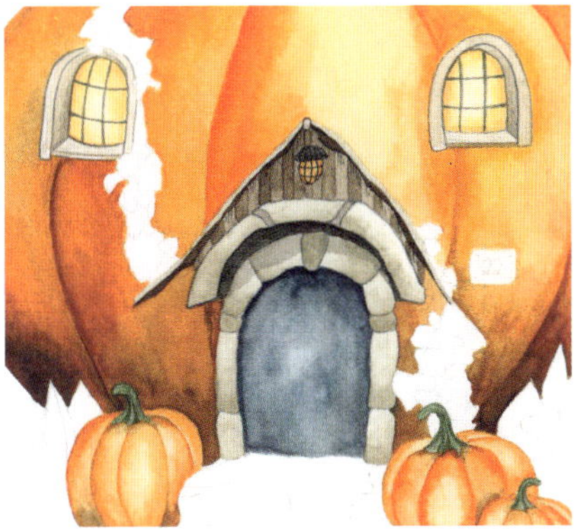

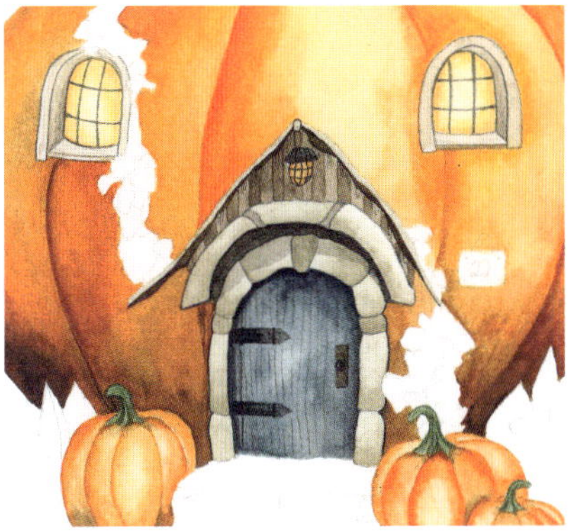

5. Koloriere nun die Steine rund um den Eingangsbereich. Mit einem hochpigmentierten Grauton wird der Bereich zwischen den beiden Steinbögen koloriert. Im Bereich oberhalb der Tür werden die Holzleisten ergänzt. Ein Detail, wie die kleine Lampe, gibt deinem Motiv einen besonderen Charme. Mit einer transparenten Mischung des Grautons wird der Schattenwurf auf den oberen Steinen des Rundbogens angedeutet.

6.a Die Tür wird im ersten Schritt als eine Fläche koloriert, aber mit dunkleren Stellen am Rand und im oberen Bereich.

6.b Wenn alles abgetrocknet ist, können die Details ergänzt werden. Male dazu mit einem Minipinsel Scharniere und einen Türknauf auf.

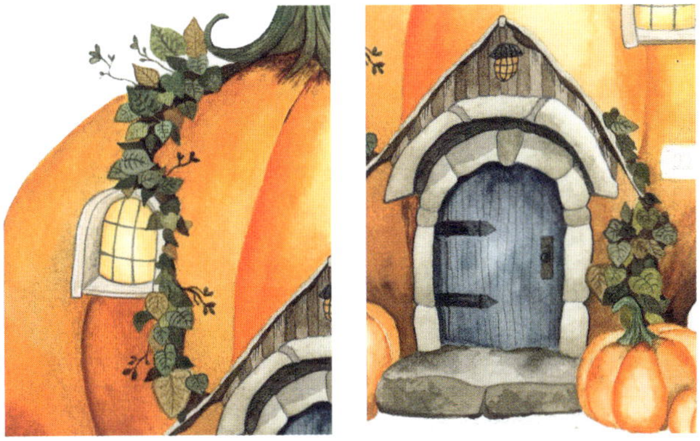

7. Male nun mit deinem bereits angemischten Grauton die Steine vor dem Haus aus. Anschließend geht es mit dem Efeu weiter. Koloriere Blatt für Blatt mit einem Minipinsel. In einigen Blättern kannst du noch die Blattadern aufmalen.

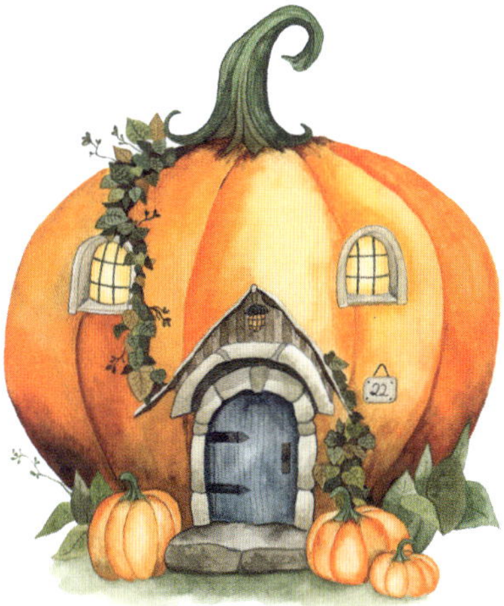

8. Im letzten Schritt kann noch der Vorgarten des Häuschens mit einer grünen Fläche und einigen Sträuchern ergänzt werden. Zudem wird dem Motiv etwas mehr Leben eingehaucht, indem weitere Schattenbereiche im Fenster- und Türbereich eingearbeitet werden. Und vergiss nicht, das Schild mit der Hausnummer zu kolorieren!

Terrarium

In einem Terrarium lassen sich auf kleinem Raum Tier- und Pflanzenräume nachbilden. Was allerdings nicht beachtet wurde: In den Pilzen haben sich verschiedene Waldbewohner eingenistet und leben fortan in dem Terrarium in ihrem kleinen Pilzdorf.

MATERIAL

> Aquarellpapier, matt
> Rundpinsel Nr. 6 und 2 zum groben Kolorieren
> Minipinsel für Details, z. B. Nr. 0
> Rubbelkrepp
> optional: weißer Gelstift
> weißer Wachsmalstift

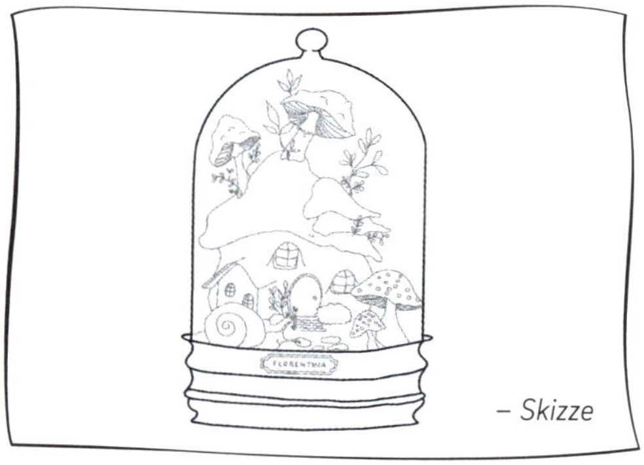

– Skizze

FARBPALETTE

Titanium Buff (291) von van Gogh

Sepiabraun rötlich (662)

Kadmiumrot dunkel (350)

Indischgelb (220)

Grünoliv (515)

Bergblau (480)

Spinellbraun (650)

Perylengrün (784)

Neutralgrau (785)

Umbra gebrannt (668)

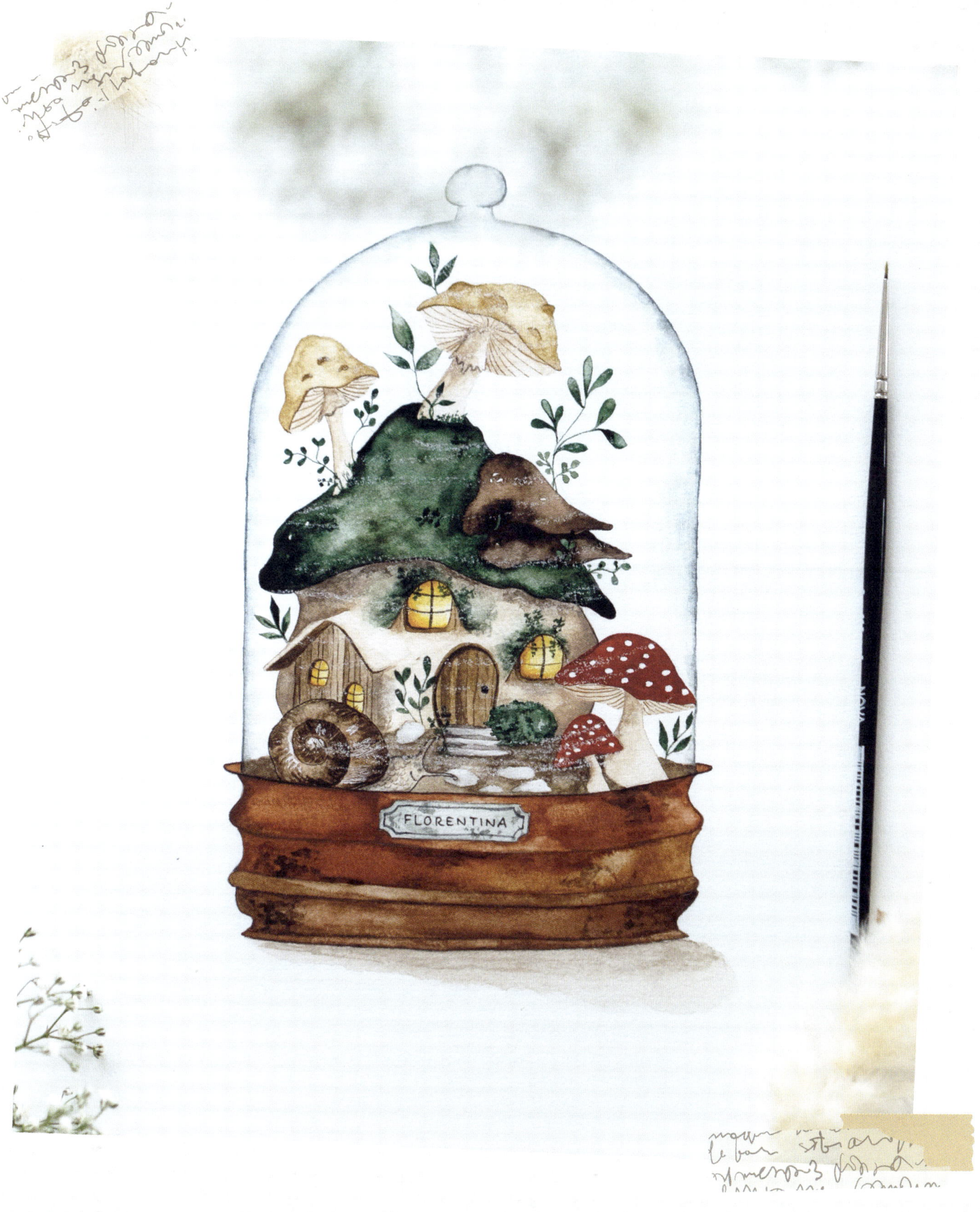
FLORENTINA

So geht's

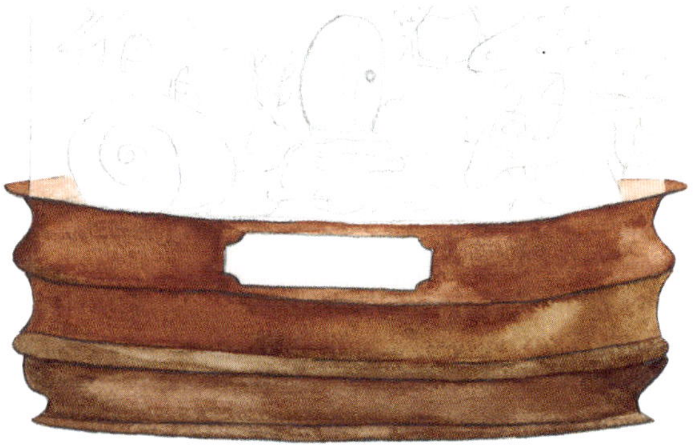

1. Beginne im ersten Schritt mit dem Boden des Terrariums. Koloriere dafür die einzelnen Flächen in unterschiedlichen Brauntönen. Um die Flächen anschließend voneinander abzugrenzen, kannst du mit einem Minipinsel und dunkleren Braun die Linien nachfahren.

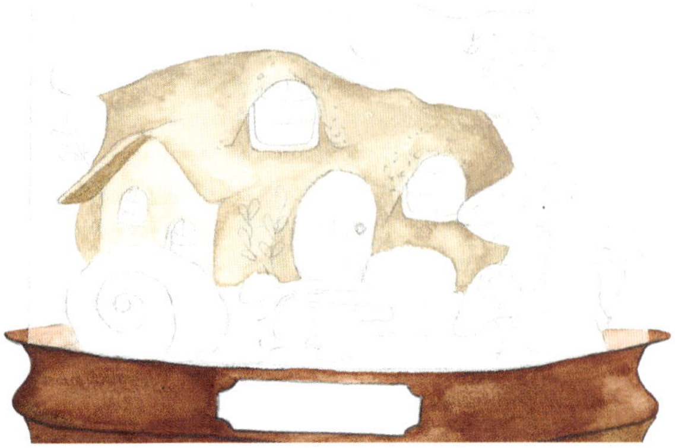

2. Mische dir anschließend einen Beigeton an und färbe damit das Pilzhäuschen ein. Wechsle auch hier wieder mit der Pigmentstärke ab, um dem Häuschen mehr Struktur zu geben. Unter dem Vordach sollte der Ton am dunkelsten sein, da hier ein Schatten liegt. Wenn du mit dem Beigeton weiterarbeiten möchtest, kannst du auch direkt die Anweisung aus Step 5 befolgen.

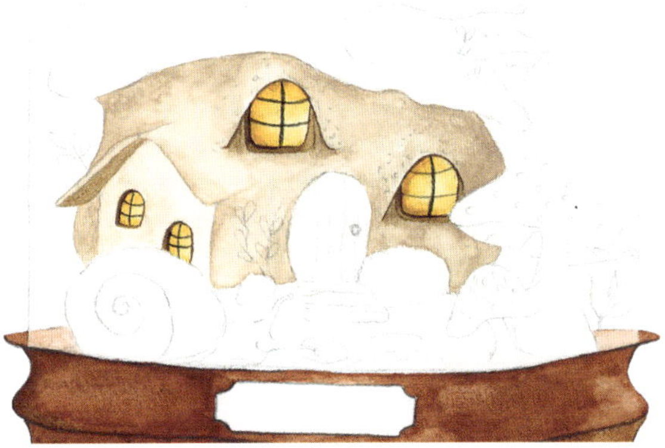

3. Als Nächstes kommen die Fenster an die Reihe. Mische dir einen Gelbton an und trage ihn auf. Etwas mehr Pigment (oder einen Orangeton) kannst du an den Außenseiten der Fenster hinzugeben. Sobald alles getrocknet ist, können in einem dunkleren Braun die Fensterrahmen aufgemalt werden.

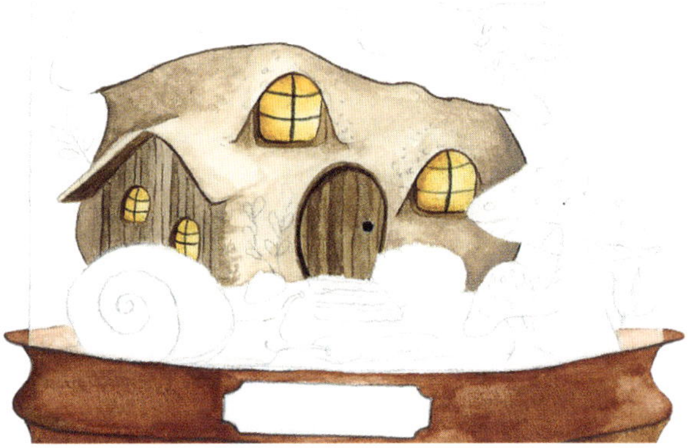

4. Um den kleinen Anbau und die Tür zu kolorieren, kannst du die einzelnen Holzlatten in unterschiedlichen Brauntönen färben. Mit einem Minipinsel lassen sich dann noch Strukturen ergänzen. Füge mit einem dunkleren Braun den Schatten des Türrahmens hinzu.

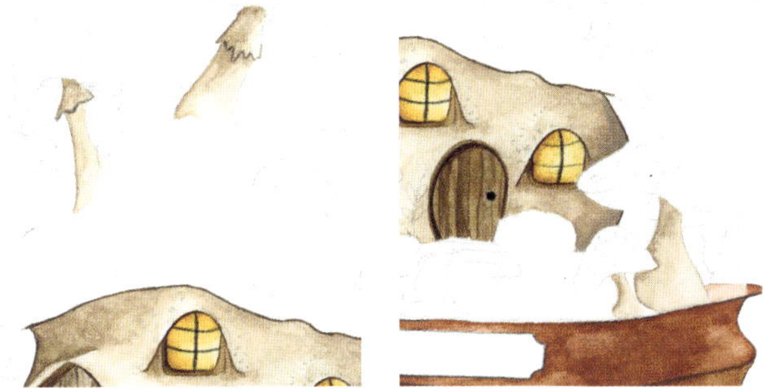

5. Falls du es noch nicht gemacht hast: Mit dem Beigeton aus Step 2 können nun die Stiele der Pilze koloriert werden.

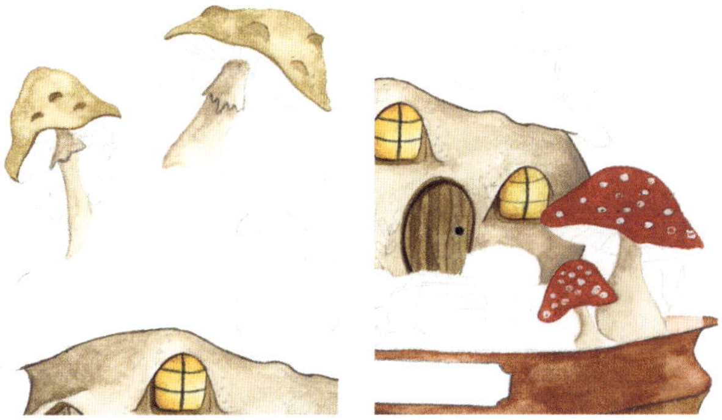

6. Jetzt sind die Pilzhüte an der Reihe. Je nach Belieben kannst du diese in Brauntönen oder in einem schönen Fliegenpilzrot anmalen. Um die weißen Punkte auszusparen, kannst du im Vorfeld Rubbelkrepp auftragen. Alternativ kannst du sie im Nachhinein mit einem weißen Gelstift ergänzen.

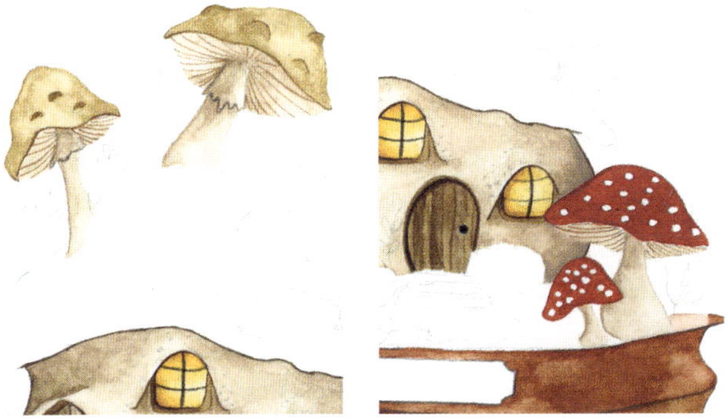

7. Sobald die Pilzkappen getrocknet sind, können die Lamellen ergänzt werden. Dafür wird die Fläche erst vollständig koloriert und dann werden mit einem Minipinsel die einzelnen Lamellen zur Pilzmitte aufgemalt.

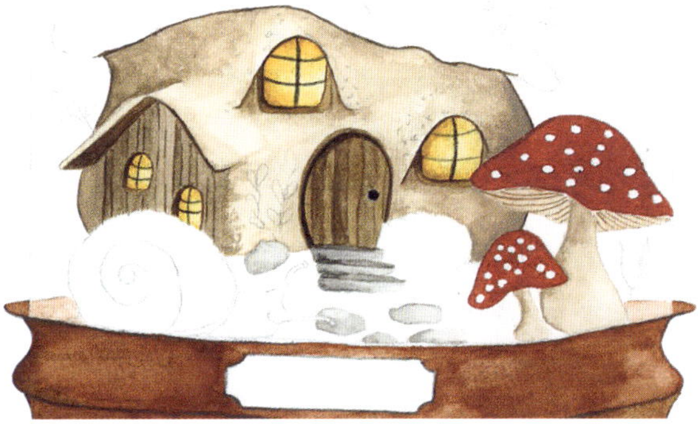

8. Damit das Pilzhäuschen einen schönen Eingang bekommt, werden die Steine in einem Grauton koloriert. Achte darauf, die Trittflächen der kleinen Treppe in einem dunkleren Ton zu malen. Auf diesem Weg entsteht der Eindruck einer Treppe.

Weiter geht's

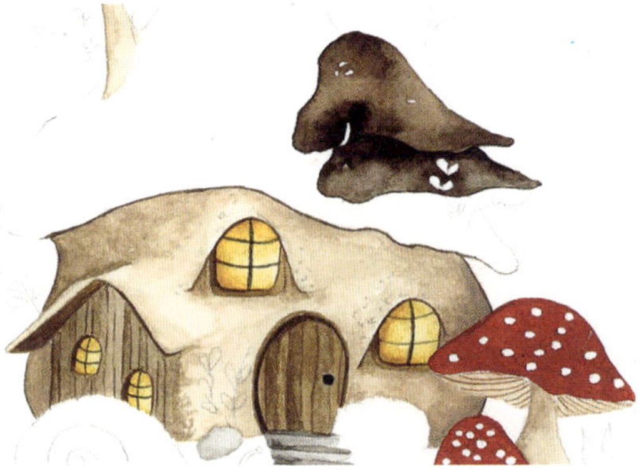

9. Aus dem Dach wachsen noch weitere Pilze, die mit einem dunkleren Braunton ergänzt werden. Achte auch hier wieder darauf, die Flächen nicht gleichmäßig zu kolorieren, sondern einen dunkleren Ton oder mehr Wasseranteil zu verwenden.

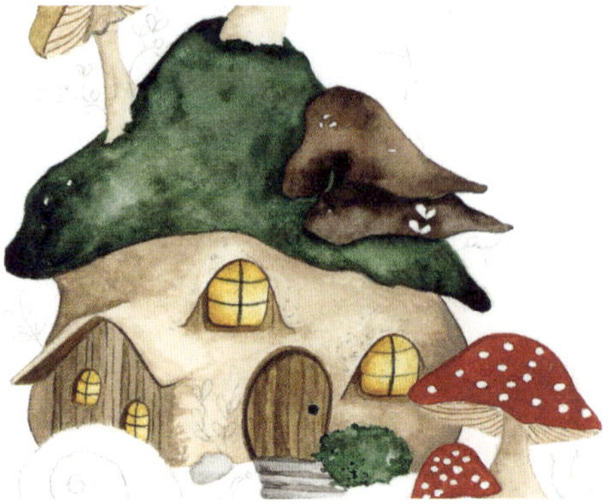

10. Weiter geht es mit dem Grünton. Starte mit dem Dach und verblende das Pigment von den Außenkanten nach innen. Auf diese Weise entsteht ein natürlicher Farbverlauf.

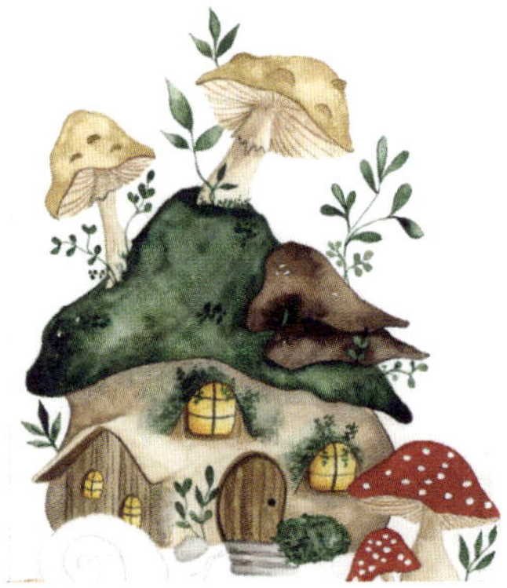

11. Es sprießt im Terrarium aus allen Ecken und Kanten! Mit dem Minipinsel kannst du nach Lust und Laune kleine Sträucher und andere Gewächse ergänzen. Vielleicht wächst das Grün sogar aus den Überbauten der Fenster heraus?

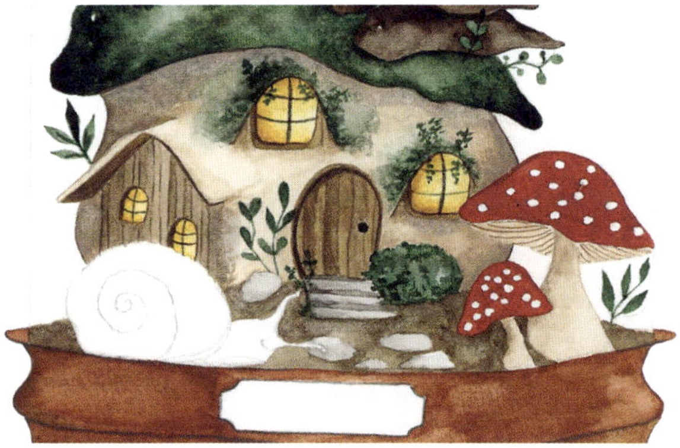

12. Nun fehlt noch die Erde, auf der das Häuschen steht. Hier kann ich dir empfehlen, auch mit dem Minipinsel zu arbeiten, da die Fläche sehr kleinteilig ist und ein sauberes Arbeiten wichtig ist.

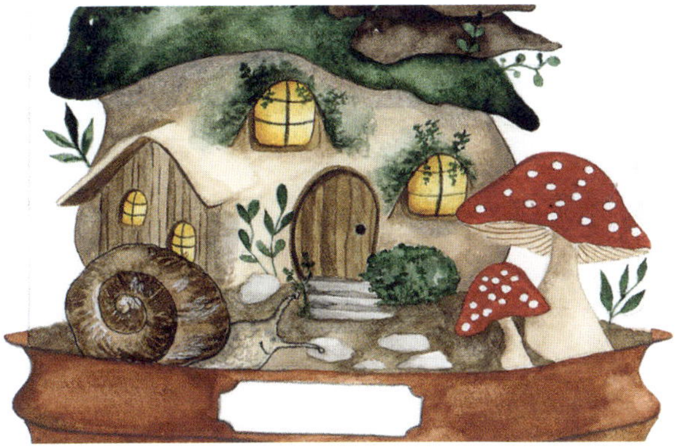

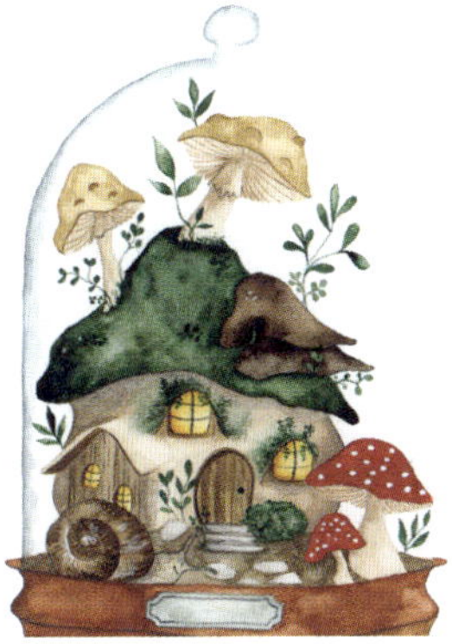

13. Für die Schnecke kannst du noch mal alle bereits gemischten Beige- und Brauntöne aktivieren. Bei dem Schneckenhaus werden verschiedene Farbschichten von hell nach dunkel überlagert.

14. Jetzt fehlt noch das Glas des Terrariums. Mische dir dazu einen Grau-Blauton an und trage ihn auf die vorgezeichnete Linie auf. Dann musst du flott sein und mit einem sauberen Pinsel das Pigment nach innen verblenden. Auf diese Weise erhältst du eine schöne Kante und einen natürlichen Verlauf.

15. Im letzten Schritt geht es noch um die Details. Ergänze eine Plakette an deinem Terrarium und entferne (wenn verwendet) das Rubbelkrepp von deinem Fliegenpilz. Füge letzte Schattierungen hinzu und fertig ist das Mini-Biotop.

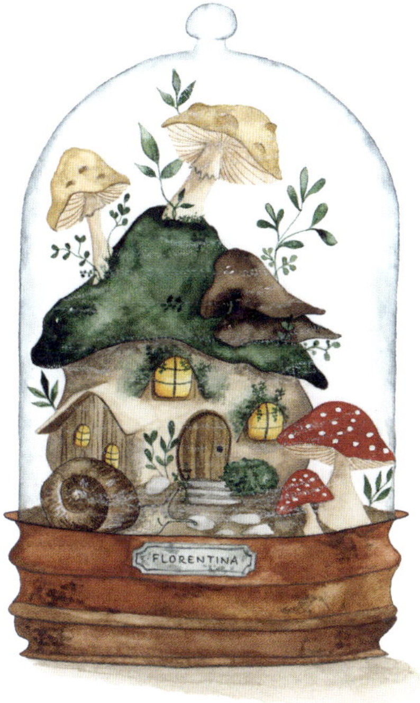

TIPP

Wenn du einen weißen Wachsmalstift (meine Empfehlung ist der Woody 3in1 von Stabilo) besitzt, kannst du von links nach rechts dünne „Schlieren“ über das Motiv auftragen, um den Eindruck von Glas zu erzeugen.

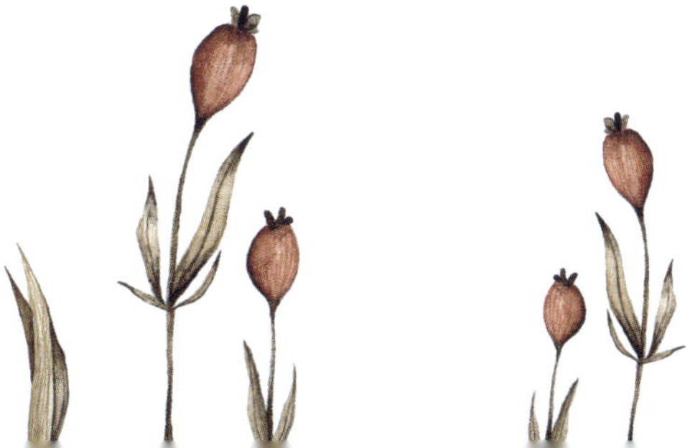

Eichelhäuschen

Im Herbst fallen die Blätter zu Boden, die Natur bereitet sich auf den Winter vor und alles wird langsam kahl. Auch eine kleine Eichel wird von einem Windstoß von ihrem Ast gerissen. Sie landet wie durch einen Zufall auf einem Seerosenblatt im Weiher. Nach nicht allzu langer Zeit denkt sich ein Waldbewohner, dass dies die perfekte Unterkunft für den Winterschlaf ist, und zieht in das kleine Eichelhäuschen ein. Wer der neue Mieter im Eichelhäuschen ist, darfst du dir selbst ausdenken.

MATERIAL

- Aquarellpapier, matt
- Rundpinsel Nr. 4 oder 2 zum groben Kolorieren
- Minipinsel für Details, z. B. Nr. 0
- weicher, brauner Buntstift

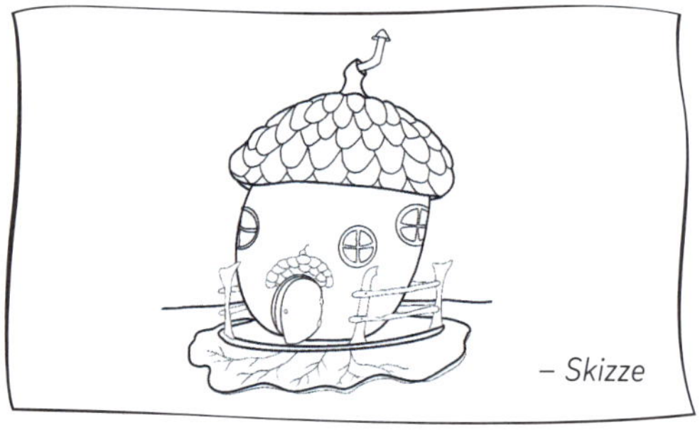

– Skizze

FARBPALETTE

- Titandeckweiß (101) zum Anmischen von deckenden Farbtönen
- Indischgelb (220)
- Lasurgoldgrün (537)
- Perylengrün (784)
- Indigo (485)
- Neutralgrau (785)
- Umbra natur (667)
- Umbra gebrannt (668)
- Sepiabraun rötlich (662)

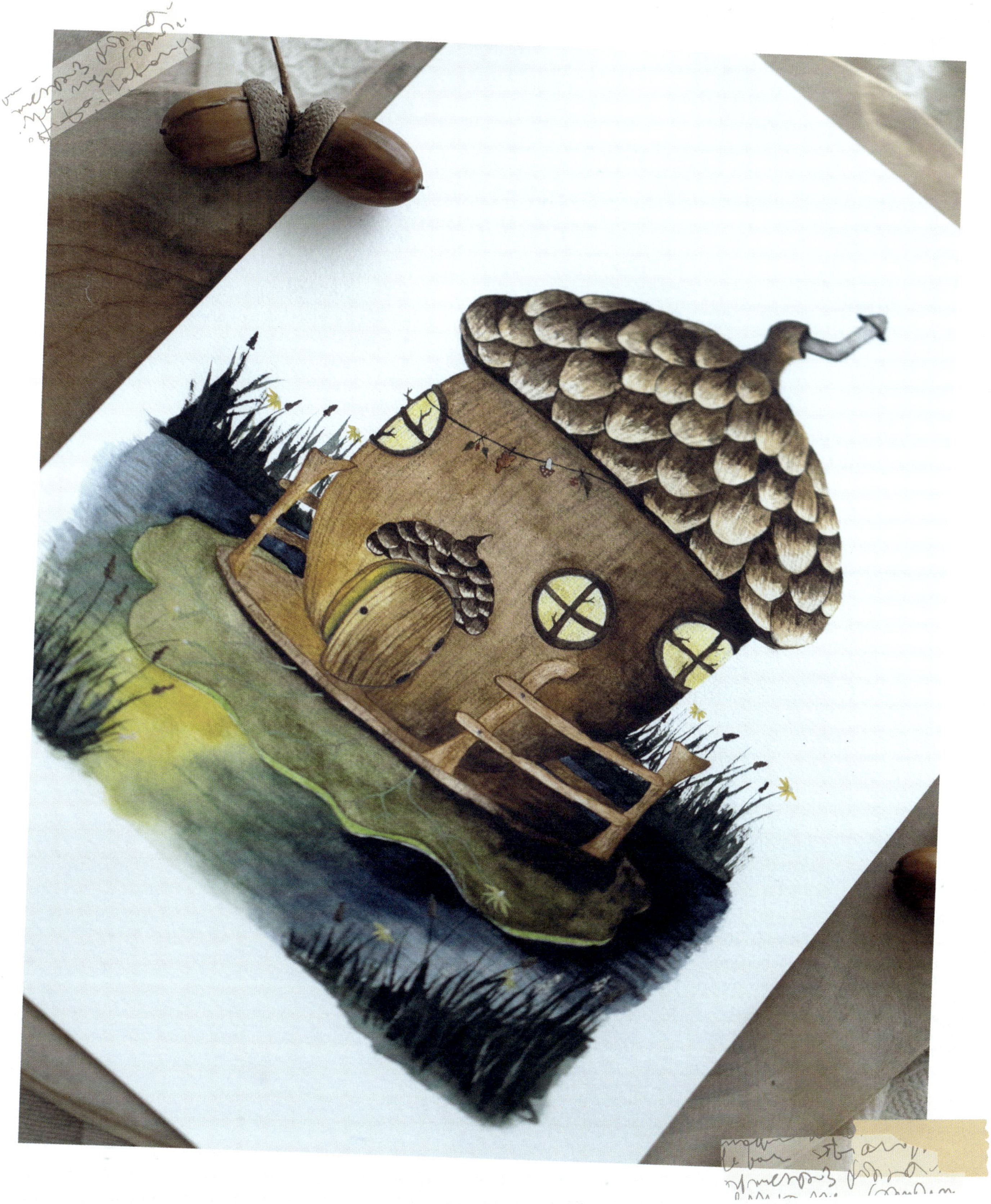

So geht's

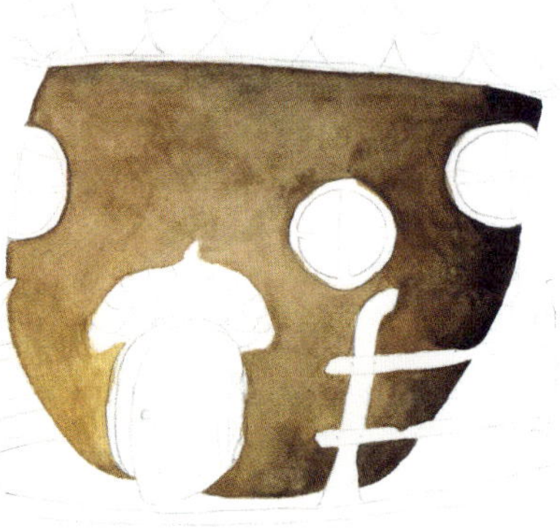

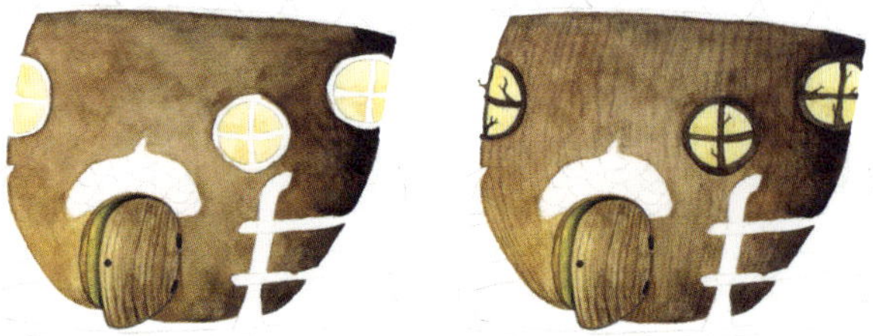

1. Im ersten Schritt wird die Grundform der Nuss koloriert. Mache dir dazu wieder im Vorfeld klar, wo dunklere und hellere Stellen sind, damit du weißt, wo du mehr Pigment auftragen musst. Aus dem Inneren der Eichel soll etwas Licht kommen, daher kannst du um die Tür einen Gelbton hinzugeben. Um die Fläche zu kolorieren, wähle einen größeren Rundpinsel, damit du die Farbe zügig verteilen kannst und alles gleichmäßig trocknet.

2. Nun widmen wir uns der Tür und den Fenstern. Male die Tür mit dem Braunton der Eichel an. Sobald die Fläche getrocknet ist, kannst du mit einem braunen Buntstift Holzstrukturen ergänzen. Male mit diesem auch Längslinien auf die Eichel. Hinter der Tür, im Inneren der Eichel, sollte das Licht durch gelbe Farbe aufgegriffen werden. Mit dieser kannst du auch das Innere der Fenster kolorieren. Wenn alles trocken ist, male die Fensterrahmen in einem dunklen Braun an. Vielleicht ragen bei dir auch kleine Äste aus dem Holz?

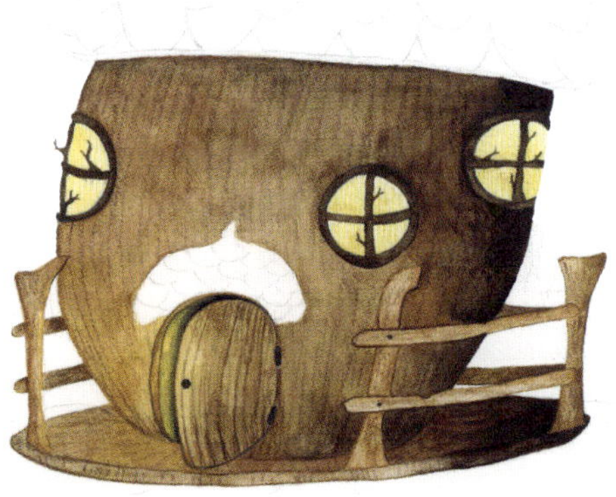

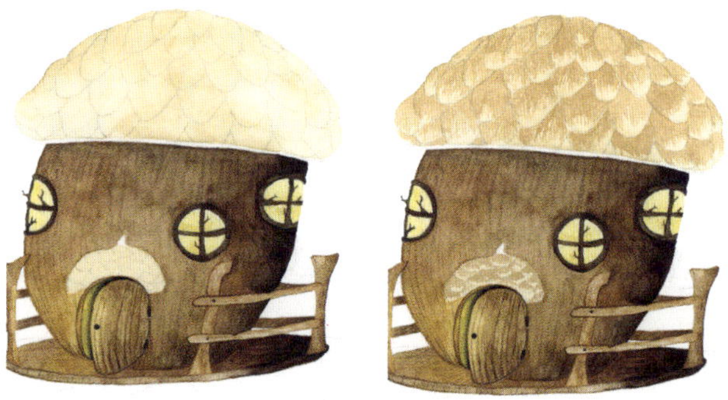

3. Gehe bei dem Boden der Terrasse vor wie bei Step 1. Dort, wo die Nuss dunkel ist, sollte auch Schatten auf dem Boden sein. Dort, wo die Tür aufgeht, kannst du mehr Gelb hinzufügen, da hier das Licht auf den Boden fällt. Mit dem Buntstift kannst du anschließend wieder Strukturen aufmalen. Gehe genauso auch bei den Pfosten und dem Geländer vor.

4. Um Struktur in das Dach zu bekommen, arbeite dich von hell nach dunkel vor. Koloriere in einem sehr hellen Braunton das gesamte Dach. Gehe dann einen Tonwert dunkler und male jede Schuppe von oben nach unten an. Achte darauf, das untere Drittel immer etwas frei zu lassen, damit die hellere Schicht sichtbar bleibt.

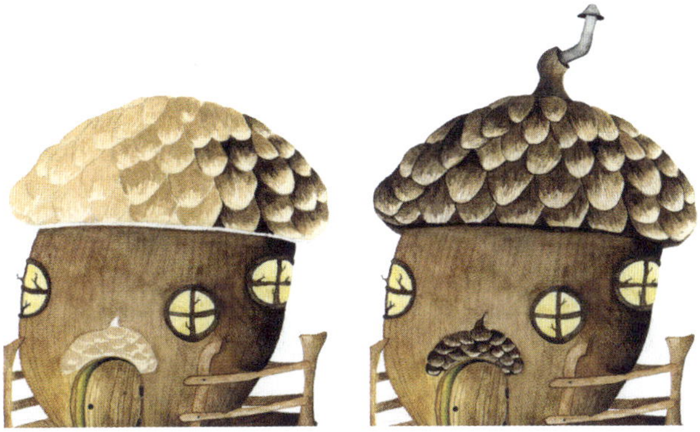

5. Wähle jetzt einen deutlich dunkleren Braunton und koloriere die Zwischenräume und die oberen Teile der Schuppen. Im letzten Schritt bekommt der Kamin noch seine Farbe.

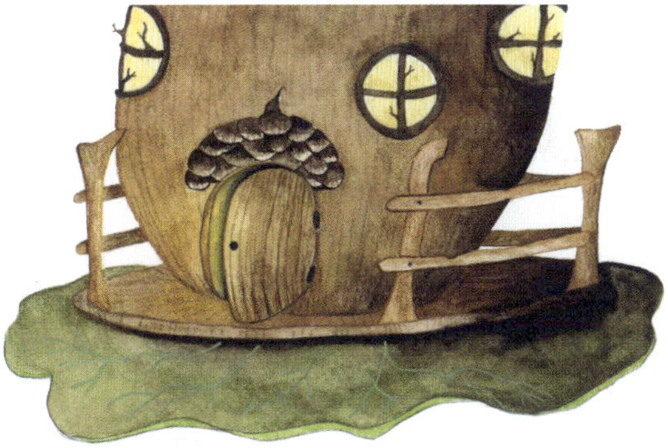

6. Bedenke beim Kolorieren der Seerose, dass unter der Terrasse und auf der rechten Seite des Motivs die Schattenseiten liegen. Hier kannst du einen sehr dunklen Grünton auftragen. Mit einem deutlich helleren Grünton kannst du nun die Kante ausmalen. Um die Blattadern der Seerose aufzumalen, kannst du etwas Deckweiß in deinen hellen Grünton mischen. So wird die Farbe deckender und hebt sich besser ab.

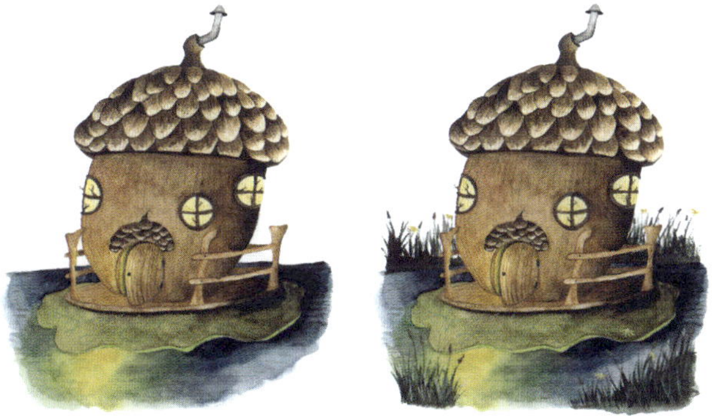

7. Koloriere nun mit einem größeren Rundpinsel das Wasser. Dafür ist es wichtig, vorab alle benötigten Farbtöne (Blau, Grün und Gelb) anzumischen, sodass du diese während des Farbauftrags zügig hinzugeben kannst. Die Pigmente verbinden sich dann auf dem Papier von allein und müssen nur mit dem Pinsel richtig platziert werden. Im Vorder- und Hintergrund des Weihers wächst Schilf. Diese zusätzlichen Ebenen geben dem Motiv mehr Perspektive. Mit einem Minipinsel und einem deckenden Grünton kannst du Schilf und Blumen lasieren.

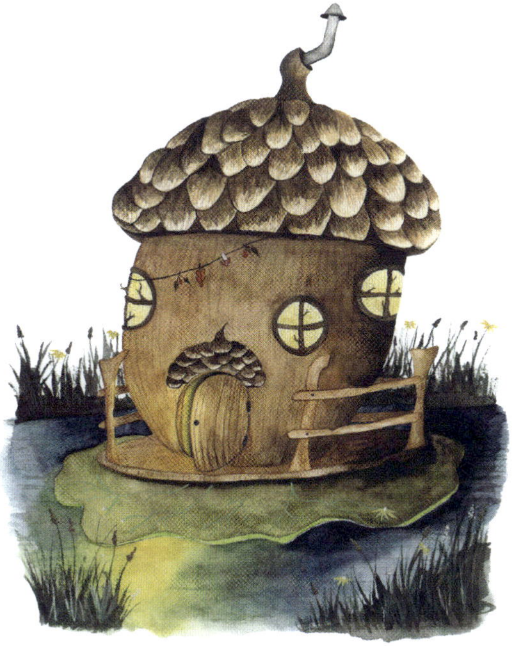

8. Setze zum Schluss kleine Details in dein Bild, wie zum Beispiel eine Girlande mit getrockneten Blättern und Pilzen.

Über die Autorin

Die Leidenschaft für Pinsel und Farben fand Victoria bereits als Kind am Küchentisch von ihrem Opa, als sie regelmäßig gemeinsam nach der Schule zusammen gemalt haben. Dieser prägte als Künstler und Vergolder maßgeblich ihre Verbindung zum Malen. Das kreative Arbeiten zieht sich dabei wie ein roter Faden durch Victorias Lebenslauf. Auch in ihrem Studium Mode- und Designmanagement begleitete sie das visuelle Gestalten. Heute arbeitet Victoria Teilzeit in einer Agentur als Mediaplanerin und Creative Media Managerin.

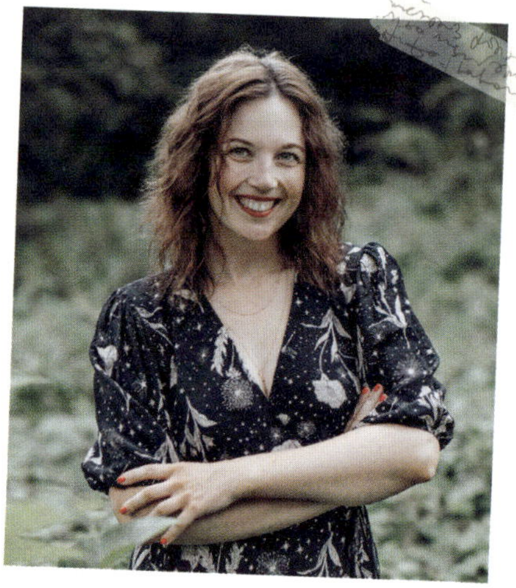

Mit der gewonnenen Zeit in 2020 probierte Victoria sich wieder mehr mit Aquarellfarben aus und teilte ihre Ergebnisse auf Instagram. Bereits drei Monate später startete ihr erster Watercolor-Kurs und seitdem gibt sie ihr Wissen zum Malen mit Watercolor an andere Kreativbegeisterte weiter. Neben Workshops kamen mit der Zeit Auftragsarbeiten, Onlinekurse und ein kleiner Etsy-Shop hinzu. Alles unter dem Dach von „Victoria Florentina Kreativstudio" – ein Herzensbusiness, welches mit ganz viel Freude und Liebe zum Detail betrieben wird.

Heute lebt die gebürtige Münchnerin im bayerischen Chiemgau und erfreut sich jeden Tag am Ausblick auf die umliegenden Berge, die jetzt auch wieder öfter auf das Blatt Papier kommen.

Du hast eine Anfrage für einen Workshop oder eine Auftragsarbeit? Melde dich gerne bei mir:

hallo@victoriaflorentina.de

@victoriaflorentina

Webseite: www.victoriaflorentina.de

HOL DIR AUCH MEIN ERSTES BUCH!

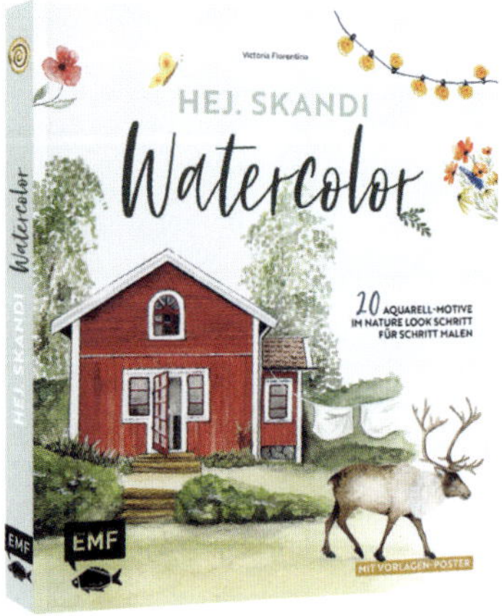

HEJ. SKANDI WATERCOLOR

€ 20,00 (D), € 20,60 (A)

ISBN 978-3-7459-1548-8

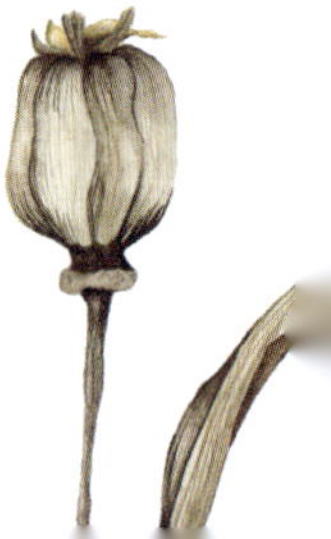

Vielen lieben Dank!

Zur Erscheinung meines ersten Buches habe ich eine kleine Buchparty gegeben. Zusammen mit meinen liebsten Freunden und meiner Familie haben wir gemeinsam bei Kuchen, guter Laune und mit bunten Aquarellpapieren meinen Start als Autorin gefeiert.

Es macht mich wahnsinnig stolz, ein Jahr später nun das zweite Werk zu schreiben und zu malen und dabei den gleichen, wundervollen Menschen in meinem Umfeld zu danken!

Vielen lieben Dank an dich, Salo (@salomesommer.videografie), für deine niemals endende Unterstützung. Du warst dabei, als ich meine ersten Bilder im Kunstunterricht gemalt habe, und auch dieses Mal hast du wieder die Bilder in diesem Buch so wunderschön fotografiert! Von ganzem Herzen: Danke!

Ein großer Dank geht auch an meine Familie: Mama, Tante Lisa, Papa, Claudia, Chiara & Carina – vielen Dank für euren so liebevollen Support und eure Begeisterung für meine kreativen Projekte.

Auch in dieser Danksagung möchte ich wieder meinem Opa danken. Auch wenn du schon lange nicht mehr bei uns bist: Deine Pinsel und deine Aquarellfarben sind weiterhin bei mir in besten Händen. Du lebst also auch mit diesem Buch ein Stückchen weiter.

Mein Lu! Was würde ich eigentlich ohne dich machen? Wahrscheinlich wäre ich schon längst im kreativen Chaos versunken und womöglich auch verhungert. Danke, dass du mir immer den Rücken stärkst, mich so unterstützt, damit ich mich kreativ ausleben kann.

Der Weg im Kreativbusiness ist natürlich auch nicht immer einfach, daher bin ich so dankbar, dich, Tanja (@tanja.kammler), als Freundin und kreative Partnerin in Crime an meiner Seite zu haben. Danke, dass du mich immer wieder inspirierst!

Natürlich geht auch ein ganz lieber Dank an den EMF Verlag. Es freut mich wahnsinnig, mit euch gemeinsam Projekte umzusetzen. Vielen Dank für die so unkomplizierte Zusammenarbeit! Gerade dir, liebe Saskia, möchte ich für dein Vertrauen und deine tolle Unterstützung danken.

Und ein Buch wäre natürlich kein Buch ohne Leser*innen – also dich! Vielen lieben Dank, dass du meine kreative Reise mit diesem Buch unterstützt. Ich wünsche dir von Herzen viele tolle Stunden voller Inspiration und bunter Farbe.

Eure Victoria

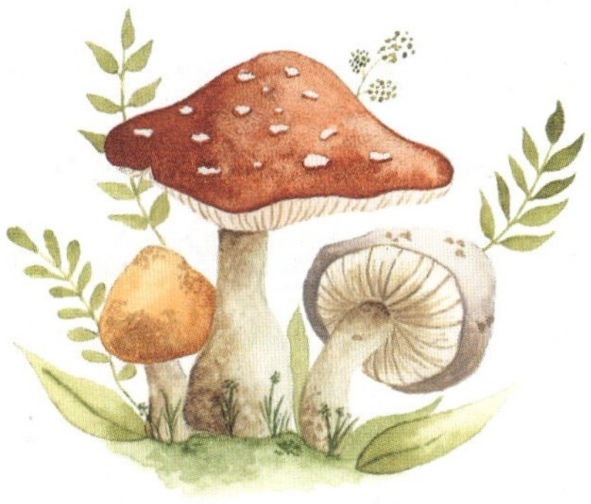

Impressum

Bibliografische Information der Deutschen Bibliothek.

Die Deutsche Bibliothek verzeichnet diese Publikation in der Deutschen Nationalbibliografie.

Detaillierte bibliografische Daten sind im Internet über http://www.dnb.de/ abrufbar.

Die im Buch veröffentlichten Aussagen und Ratschläge wurden von Verfasserin und Verlag sorgfältig erarbeitet und geprüft. Eine Garantie für das Gelingen kann jedoch nicht übernommen werden, ebenso ist die Haftung der Verfasserin bzw. des Verlags und seiner Beauftragten für Personen-, Sach- und Vermögensschäden ausgeschlossen.

Bei der Verwendung im Unterricht ist auf dieses Buch hinzuweisen.

EIN BUCH DER EDITION MICHAEL FISCHER

1. Auflage 2024

Cover, Layout & Satz: Anna Fiedler
Redaktion und Lektorat: Saskia Hauck

Bildnachweis: Alle Illustrationen und Fotos von der Autorin, ausgenommen Seiten 64/65: ©Nordfriisk Photography/Shutterstock.

ISBN 978-3-7459-2414-5

Gedruckt bei PNB Print SIA „Jansili", Silakrogs, Ropazu novads, LV-2133, Lettland

www.emf-verlag.de

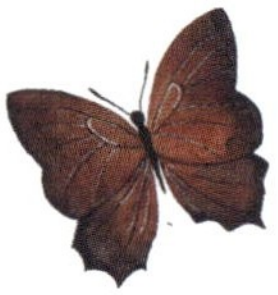

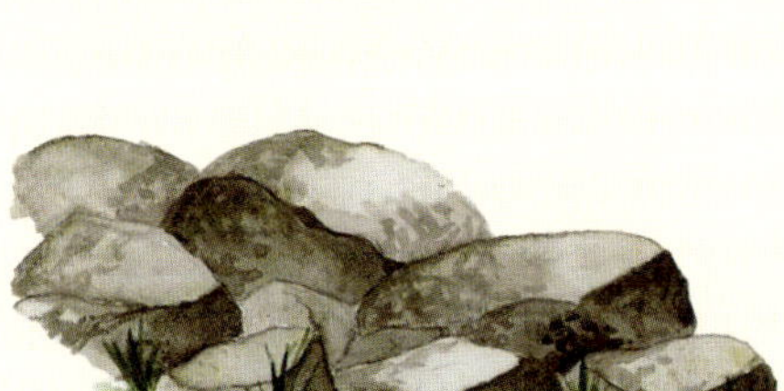